Oberloskamp
Kindschaftsrechliche Fälle für Studium und Praxis

FACHBÜCHEREI
Praktische Sozialarbeit

Herausgegeben von
Professor Dr. Helga Oberloskamp und Professor Kurt Witterstätter

Kinderschaftsrechtliche Fälle für Studium und Praxis

von

Dr. jur. Helga Oberloskamp

Professorin an der Fachhochschule Köln

5., völlig überarbeitete Auflage

Luchterhand

Die Deutsche Bibliothek – CIP-Einheitsaufnahme
Oberloskamp, Helga:
Kindschaftsrechtliche Fälle für Studium und Praxis / von Helga
Oberloskamp. – 5., völlig überarb. Aufl. –
Neuwied ; Kriftel : Luchterhand, 1998
(Fachbücherei praktische Sozialarbeit)
ISBN 3-472-03362-2

Satz: Satz-Offizin Hümmer, Waldbüttelbrunn.
Druck: Druckerei Plump OHG, Rheinbreitbach.
Papier: Permaplan von Arjo Wiggins Spezialpapiere, Ettlingen.
Printed in Germany, November 1998.

∞ Gedruckt auf säurefreiem, alterungsbeständigem und chlorfreiem Papier.

Vorwort zur 5. Auflage

Seit Jahrzehnten haftet dem deutschen Kindschaftsrecht der Ruf an, das Schlußlicht in Europa darzustellen. Mit einem Rundumschlag, wie ihn sich keiner vorgestellt hat, hat der deutsche Gesetzgeber der Fachöffentlichkeit und der Bevölkerung klargemacht, daß er dieses Negativ-Etikett wieder loswerden möchte. Beistandschaftsgesetz, Kindschaftsrechtsreformgesetz, Erbrechtsgleichstellungsgesetz, Kindesunterhaltsgesetz, Eheschließungsrechtsgesetz und Betreuungsrechtsänderungsgesetz, die in den letzten Monaten über Hochschulen und Praxis hereingebrochen sind, haben uns alle so in Atem gehalten, daß wir erst seit Inkrafttreten der Gesetze nach und nach begreifen, was sich im Rechtsalltag verändert hat und was sich in der Fachliteratur in nächster Zeit alles verändern muß.

Das vorliegende Buch, das bisher eine Mischung von systematisierter Theorie und ihrer Umsetzung auf den praktischen Fall darstellte, versucht sich auch auf diese Weise auf das neue Recht einzulassen. Da bekanntlich jeder Lebenssachverhalt nach jeder Rechtsordnung behandelt werden kann, läßt sich auch jeder Rechtsfall nach jeder Rechtsordnung lösen. Ich habe mich daher bemüht, die alten Fälle nach neuem Recht zu lösen und nur die weggelassen oder verändert, die alte Rechtsinstitute enthielten, für die es im neuen Recht nichts Vergleichbares gibt. Ob dieses Vorgehen in der Gänze sinnvoll ist, wird sich erst herausstellen. Insbesondere wird auch die Praxis der Gerichte und Jugendämter zeigen, wo das neue Recht alte Probleme löst und wo es neue produziert. Ein problemloses Recht gibt es leider nicht, da abstrakte Gesetze niemals die Vielfalt aller vorstellbaren Lebenssachverhalte einfangen können.

Machen wir uns also mutig gemeinsam an die Erprobung des neuen Rechts! Für kritische Hinweise bin ich dieses Mal noch dankbarer als sonst.

Köln, September 1998 Helga Oberloskamp

Vorwort zur 1. Auflage

In den letzten Jahren sind Familienrechtslehrbücher »wie die Pilze aus dem Boden geschossen«, davon eine ganze Reihe, die eigens für Studenten der Sozialarbeit/ Sozialpädagogik geschrieben wurden oder zumindest auch für sie geeignet sind. Von daher ist es eigentlich ein fragwürdiges Unternehmen, ein weiteres Buch dieser Art – wenn auch begrenzt auf das Kindschaftsrecht – auf den Markt zu bringen, zumal damit der Eindruck entsteht, anderen hervorragenden Werken (siehe dazu das Literaturverzeichnis) solle Konkurrenz gemacht werden. Dies ist nicht der Fall, da das Buch ein anderes Anliegen hat als die übrige derartige Literatur. Die Verfasserin weiß aus ihrer langjährigen Tätigkeit an einer Fachhochschule, wie schwer es den Studenten, Bereich Sozialwesen, und sogar auch teilweise den Praktikern fällt, theoretisch Gelerntes am Fall wiederzuentdecken und unterzubringen.

Das vorliegende Buch will dazu beitragen, dieses Problem abzubauen. Zwar ist es – pbwohl sicher nicht alle Rechtsfragen des Kindschaftsrechts erschöpfend behandelt sind – in sich so geschlossen, daß es auch ohne ein zusätzliches Theoriebuch verwandt werden kann. Optimal im Nutzen wird es allerdings sein, wenn ein beliebiges anderes Familienrechtslehrbuch (wenigstens vom Lehrenden) ergänzend oder begleitend hinzugezogen wird, insbesondere eins, das die soziologischen, psychologischen und methodischen Aspekte besser zur Geltung bringt, als es Rechtsfälle können.

Im übrigen soll darauf hingewiesen werden, daß der Teil »Einführungsfragen« keine theoretische Darstellung des danach am Fall zu vertiefenden Stoffes enthält. Vielmehr ist beabsichtigt, den Inhalt des Kinschaftsrechts am Fall direkt zu erarbeiten. Die Einführungsfragen sollen den lernenden hierbei in eine günstige Ausgangsposition bringen und darüber hinaus übergreifende, vergleichende Gesichtspunkte darstellen.

Literatur und Rechtsprechung sind sowohl in den Einführungsfragen als auch in den Fällen sparsam verwendet, allerdings ist zu Beginn jedes Kapitels auf neuere weiterführende Literatur hingewiesen. Der Sinn dieser Vorgehensweise besteht darin, den Studenten zu Beginn des Studiums nicht mir zu vielen Details zu verwirren, ihm andererseits ein vertiefendes Lernen zu ermöglichen.

Bonn, im März 1981 Die Verfasserin

Inhaltsübersicht

Tabellen und Schaubilder

I. Tabellen

II. Schaubilder

Erster Teil

Einführungsfragen

Kapitel 1

Grundbegriffe

I. Familienrecht/Kindschaftsrecht

Literatur: *Larenz:* Zur »Institution Ehe«, JZ 1968, 96; *Wolf:* Der Begriff Familienrecht, FamRZ 1968, 493; *Gernhuber:* Neues Familienrecht, Tübingen 1977; *Huhn:* Der Fall Familie, Recht und Unrecht einer bürgerlichen Einrichtung, Darmstadt/Neuwied 1977; *Kühn/Tourneau* (Hrsg.): Familienrechtsreform – Chancen einer bessern Wirklichkeit?, Bielefeld 1978; *Lecheler:* Der Schutz der Familie, FamRZ 1979, 1; *Gernhuber:* Ehe und Familie als Begriffe des Rechts, FamRZ 1981, 721; *Simon:* Neue Entwicklungstendenzen im Kindschaftsrecht, ZfJ 1984, 14; *Schlüter/Belling:* Die nichteheliche Lebensgemeinschaft und ihre vermögensrechtliche Abwicklung, FamRZ 1986, 405; *Loschelder:* Staatlicher Schutz für Ehe und Familie, FamRZ 1988, 333; *Diederichsen:* Rechtsprobleme der nichtehelichen Lebensgemeinschaft, FamRZ 1988, 889; *Münder:* Die Entwicklung autonomen kindschaftsrechtlichen Denkens, ZfJ 1988, 10; *Derleder:* Kind, Familie, Ehe – Eine Wertedegression, FuR 1991, 273; *Münder:* Vom vorgegebenen gesetzlichen Leitbild zur autonomen Gestaltung bei nichtehelicher Kindschaft, FuR 1992, 191; *Ollmann:* Eltern, Kind und Staat in der Jugendhilfe, FamRZ 1992, 388; *Herdegen, M.*: Die Aufnahme besonderer Rechte des Kindes in die Verfassung, FamRZ 1993, 374; *Derleder, P.*: Familienzusammenhang und Familienrecht, FuR 1993, 271; *Löw, K.*: Verfassungsgebot Kinderwahlrecht?, FuR 1993, 25; *Hermanns, M.*: Neuere sozialwissenschaftliche Befunde zum inhaltlichen Verständnis von Ehe und Familie, FamRZ 1994, 1001; *Oeter, F.*: Ausgangspunkt einer realitätsgerechten Familienpolitik, FamRZ 1994, 11; *Otto, G.*: Das Spannungsverhältnis zwischen der Regelungsautonomie der Kirchen und dem Grundrechtsschutz von Ehe, Familie und Religionsfreiheit, FamRZ 1994, 929; *Kaufmann, F.-X.*: Die Familie braucht Hilfe, aber es ist ihr schwer zu helfen, FamRZ 1995, 129; *Brudermüller, G.*: Solidarität und Subsidiarität im Verwandtenunterhalt – Überlegungen aus rechtsethischer Sicht, FamRZ 1996, 129; *Wagenitz/Barth*: Die Änderung der Familie als Aufgabe für den Gesetzgeber, FamRZ 1996, 577; *Wabnitz, R.*: Kinderrechte und Kinderpolitik, ZfJ 1996, 339; *Conen, G.*: Veränderte Lebenswirklichkeit von Kindern und Familien – Wurzeln der Kindschaftsrechtsreform, FuR 1996, 171; *Struck, G.*: Heteronomie, Autonomie und Privatheit der Ehe, FuR 1996, 118; *Brötel, A.*: Der Rechtsanspruch des Kindes auf seine Eltern – Positionsbeschreibung anhand der Europäischen Menschenrechtskonvention und der UN-Kinderrechtskonvention, DAVorm 1996, 745 und 843; *Coester, M.*: Elternautonomie und Staatsverantwortung bei der Pflege und Erziehung von Kindern, FamRZ 1996, 1181; *Peschel-Gutzeit, L. M.*: Das Familienrecht im Spannungsfeld zwischen Rechtssicherheit und Einzelfallgerechtigkeit, FamRZ 1996, 1446; *Rehberg, J.*: Kindeswohl und Kindschaftsrechtsreformgesetz, FuR 1998, 65; *Scholz, R.*: Kindschaftsrechtsreform und Grundgesetz, FPR 1998, 62; *Wiesner, R.* Die Reform des Kindschaftsrechts – Auswirkungen für die Praxis der Kinder- und Jugendhilfe, ZfJ 1998, 269.

Statistisches:

Tabelle 1: Entwicklung der Bevölkerung in den Jahren 1975–1996, absolut (in 1000) und in %

	1975	1980	1985	1989	1990*	1991*
Volljährige	45.743,9 = 72,2 %	47.440,3 = 76,9 %	49.190,4 = 80,6 %	51.268,1 = 81,8 %	64.409,5 = 80,8 %	64.752,7 = 80,7 %
Minder- jährige	15.900,7 = 25,8 %	14.217,6 = 23,1 %	11.830,1 = 19,4 %	11.410,9 = 18,2 %	15.343,7 = 19,2 %	15.521,8 = 19,3 %
insgesamt	61.644,6	61.657,9	61.020,5	62.679,0	79.753,2	80.274,5

	1992	1993	1994	1995	1996
Volljährige	65.261,4 = 80,6 %	65.497,7 =80,5 %	65.666,7 80,5 %	65.914,9 =80,6 %	66.091,0 =80,6 %
Minder- jährige	15.713,3 = 19,4 %	15.840,4 =19,5 %	15.871,9 =19,5 %	15.902,5 =19,4 %	15.921,2 =19,4 %
insgesamt	80.974,6	81.338,1	81.538,6	81.917,5	82.012,2

* Ab 1990 einschließlich neue Bundesländer.

Quelle: (hinsichtlich der absoluten Zahlen): Statistisches Jahrbuch 1977–1997, 3.8 bzw. 3.9 (Wohnbevölkerung nach dem Alter); für 1996 Auskunft des Statistischen Bundesamtes.

Tabelle 2: Eheschließungen, Geborene, Gestorbene 1950–1995

Jahr	Eheschließungen	Lebendgeborene	Gestorbene*
1950	535.708	812.835	528.747
1955	461.818	820.128	581.872
1960	521.445	968.629	642.962
1965	492.128	1.044.328	677.628
1970	444.510	810.808	734.843
1975	386.681	600.512	749.260
1980	362.408	620.657	714.117
1985	364.661	586.155	704.296
1990	414.475	727.199	713.335
1991**	454.291	830.019	911.245
1992	453.428	809.114	885.443
1993	442.605	798.447	897.270
1994	440.244	769.603	884.661
1995	430.534	765.221	884.588

* Ohne Totgeborene, nachträglich beurkundete Kriegssterbefälle und gerichtliche Todeserklärungen.

** Seit 1991 einschließlich neue Bundesländer.

Quelle: Statistisches Jahrbuch 1989–1997, 3.22 bzw. 3.24.2 (Eheschließungen, Geborene, Verstorbene)

Tabelle 3: Familien sowie Alleinstehende mit ledigen Kindern (ohne Altersbegrenzung) in 1000

Jahr	ledige Kinder	Familien		
		Insgesamt	Ehepaare	Alleinstehende
1974	Insgesamt	22.764	15.641	1.534
	ohne Kinder	11.559	5.908	1.341
	mit Kindern	11.205	9.733	194
	mit 1	5.128	4.130	134
	mit 2	3.724	3.411	39
	mit 3	1.501	1.403	14
	mit 4 und mehr	851	789	6
	Kinder insgesamt	21.053	18.844	283
1982	Insgesamt	22.882	15.117	7.765
	ohne Kinder	12.030	5.924	6.107
	mit Kindern	10.852	9.193	1.658
	mit 1	5.130	4.015	1.116
	mit 2	3.881	3.497	384
	mit 3	1.296	1.188	108
	mit 4 und mehr	544	493	51
	Kinder insgesamt	19.216	16.781	2.435
1990	Insgesamt	23.763	15.302	8.461
	ohne Kinder	13.163	6.524	6.639
	mit Kindern	10.600	8.778	1.822
	mit 1	5.458	4.147	1.312
	mit 2	3.799	3.400	399
	mit 3	1.019	934	85
	mit 4 und mehr	323	297	26
	Kinder insgesamt	17.539	15.061	2.478
1991	Insgesamt	30.373	19.492	10.881
	ohne Kinder	16.734	8.394	8.341
	mit Kindern	13.639	11.098	2.540
	mit 1	7.012	5.195	1.817
	mit 2	5.023	4.452	570
	mit 3	1.236	1.118	118
	mit 4 und mehr	368	333	35
	Kinder insgesamt	22.388	18.924	3.452
1993	Insgesamt	30.943	19.704	11.239
	ohne Kinder	17.347	8.756	8.592
	mit Kindern	13.596	10.948	2.647
	mit 1	6.999	5.118	1.881
	mit 2	4.981	4.375	605
	mit 3	1.262	1.137	125
	mit 4 und mehr	353	318	36
	Kinder insgesamt	22.351	18.678	3.626
1996	Insgesamt	22.363*	19.590	2.772
	ohne Kinder	9.182	9.182	–
	mit Kindern	13.181	10.408	2.772
	mit 1	6.692	4.766	1.926
	mit 2	4.879	4.211	668
	mit 3	1.236	1.099	137
	mit 4 und mehr	373	332	42
	Kinder insgesamt	21.805	17.951	3.854

* Ab 1996 nur Familien, ohne Alleinstehende

Quelle: Statistisches Jahrbuch 1976, 1984, 1991–1997, 3.17 bzw. 3.18 bzw. 3.19 (Familien nach der Zahl der ledigen Kinder …)

Tabelle 4: Nichteheliche Lebensgemeinschaften (in 1000)*

Nichteheliche Lebensgemein-schaften	April 1972	April 1982	April 1990	April 1991**	April 1993	April 1995
Ohne Kinder	111	445	856	1.015	1.146	1.266
Mit Kindern	25	71	107	1.378	436	475
insgesamt	137	516	963	1.393	1.582	1.741

* Schätzungen auf der Basis von Ergebnissen des Mikrozensus. – Die Partner nichtehelicher Lebensgemeinschaften werden bei den Nachweisen über Haushalte und Familien als Alleinstehende entsprechend ihrem jeweiligen Familienstand aufgeführt.

** Ab April 1991 einschließlich neue Bundesländer.

Quelle: Statistisches Jahrbuch 1997, 3.19 bzw. 3.20

(1) ***Was ist »Familie« im Recht?***

Der Gesetzgeber der Bundesrepublik Deutschland **definiert** den Begriff Familie weder im Grundgesetz (Art. 6 I GG) noch in sonstigen, dem GG nachgeordneten sog. einfachen Gesetzen. Damit akzeptiert er die Familie als soziales Phänomen in der jeweiligen gesellschaftlichen Erscheinungsform, und er hält sich die Möglichkeit offen, den Begriff Familie in den einzelnen Gesetzen in unterschiedlicher Weise zu benutzen. Diese fehlende Festlegung bedeutet aber nicht, daß der Gesetzgeber kein Bild von Familie gehabt hätte. Im Gegenteil: seine Vision von dem, was Familie ist oder sein soll, spiegelt sich in zahlreichen Einzelnormen, insbesondere des Bürgerlichen Gesetzbuches (BGB) wider. So liegt im Regelfall der Familie eine **Ehe** zugrunde, die sich als rechtlich anerkannte Lebensgemeinschaft von Mann und Frau zu dauernder Lebensgemeinschaft (§ 1353 I[1]) umschreiben läßt. Die Fortpflanzung ist kein notwendiger Ehezweck, jedoch mit dem Wesen der Ehe aufs engste verknüpft. Deshalb setzt Familie mindestens **zwei Generationen** voraus (Kernfamilie). In dieser Personengemeinschaft besteht ein Netz aus Rechten und Pflichten, z. B. Pflicht zur ehelichen Lebensgemeinschaft; Pflicht zur Pflege, Erziehung, Beaufsichtigung der Kinder durch die Eltern; gegenseitige Unterhaltsansprüche; gegenseitiges Erbrecht; gegenseitige Pflicht zu Beistand und Rücksichtnahme; Pflicht zur Haushaltsführung; Recht zur Erwerbstätigkeit der Eltern; Dienstleistungspflicht der Kinder etc.

Obwohl der Gesetzgeber bei seinem Konzept von Familie in der Regel von einer Ehe ausgeht, ist doch durchaus auch die **Teilfamilie** (Ein-Eltern-Familie) als Familie anerkannt. So fällt der geschiedene sorgeberechtigte Vater mit seinen Kindern, die ledige Mutter und ihr Kind, der verwitwete Elternteil mit seinen Kindern, der ledige Adoptivelternteil mit seinem Adoptivkind zweifelsfrei unter den Familienbegriff.

Anders war die Situation lange bei nichtehelichen Lebensgemeinschaften. Hier war die Jurisprudenz bisher nur bereit, in der nichtehelichen Familie zwei Teilfa-

1 Paragraphen ohne Gesetzesangabe sind solche des BGB.

milien (Mutter – Kind; Vater – Kind) zu sehen. Zwar wird auch künftig – trotz Inkrafttretens des neuen Kindschaftsrechts am 1. 7. 1998 und der darin enthaltenen Stärkung der Rechtsposition nicht mit der Mutter des Kindees verheirateter Väter – die nichteheliche Lebensgemeinschaft nicht generell einer Ehe gleichgestellt (jedenfalls nicht im Zivilrecht, im öffentlichen Recht dagegen ist die Gleichbehandlung stark forgeschritten). Man wird ihr jedoch wohl kaum mehr die Qualifizierung als (Gesamt-)Familie (nicht nur zwei Teilfamilien wie bisher) verwehren können, zumindest wenn die Beziehung des Mannes zu den Kindern legalisiert (Vaterschaftsanerkennung) ist[2]. Dies liegt nahe, weil das BVerfG mit seiner Rechtsprechung schon seit einigen Jahren verstärkt die Tendenz aufweist, in bestimmten Konstellationen auch faktischen Familien den Schutz des Grundgesetzes zuzubilligen, so z. B. Pflegefamilien[3].

In welchen Gesetzen finden sich Vorschriften, die die Familie betreffen? **(2)**
1. Es ist **zu unterscheiden** zwischen Gesetzen, die die Rechtsbeziehungen der Familienmitglieder untereinander betreffen (Privatrecht und Familienrecht im eigentlichen Sinn), und Gesetzen, die die Stellung der Familie gegenüber dem Staat angehen (öffentliches Recht).

2. **Privatrecht.** Wichtigste Rechtsquelle ist das 4. Buch des BGB, das in die Abschnitte Ehe, Verwandtschaft, Vormundschaft, Rechtliche Betreuung, Pflegschaft zerfällt. Daß die Vormundschaft zum Familienrecht gehört, hast historische Gründe[4]: der Schutzgewalt des Familienoberhauptes unterstanden Frau, Kinder und sonstige ihm unterstellte Personen. Heute hat die Vormundschaft nur noch als Ersatz für e. S. und in Form der Betreuung als Schutz für hilflose, gefährdete Erwachsene Bedeutung. – Weitere familienrechtliche Rechtsquellen sind u. a. die Verordnung über die Behandlung der Ehewohnung und des Hausrats (HausratsVO), das Gesetz über die religiöse Kindererziehung (RelKErzG), die Regelbetragsverordnung (RegBetrVO).

3. **Öffentliches Recht.** Dieses enthält in Art. 6 GG die Grundlage für alles Familienrecht überhaupt, indem es Ehe und Familie einen Freiraum zusagt und nur für Sachverhalte, in denen die schwächeren Familienmitglieder (= Kinder) gefährdet werden, ein »staatliches Wächteramt« schafft. Alle Gesetze und Verordnungen, die außerhalb dieser verfassungsrechtlichen Regelung geschaffen werden (= einfache Gesetze), müssen mit den Prinzipien der Verfassung im Einklang stehen. Fehlt es hieran, können sie vom Bundesverfassungsgericht (BVerfG) für verfassungswidrig erklärt werden. Zu einer solchen Entscheidung des BVerfG kann es kommen, wenn

a) ein **Betroffener** – in der Regel nach Erschöpfung des Rechtsweges – Verfassungsbeschwerde erhebt mit der Behauptung, er sei in einem seiner Grundrechte verletzt (Art. 93 I Nr. 4a GG, § 13 Nr. 8a BVerfGG i. V. m. § 90 BVerfGG);

---

2 So der Tendenz nach *Gernhuber/Coester-Waltjen*, § 42 I

3 Vgl. BVerfG v. 17. 10. 1984, FamRZ 1985, 39; BVerfG v. 19. 7. 1992, FamRZ 1993, 1420.

4 Vgl. *Beitzke/Lüderitz,* § 1 II 1.

b) ein **Gericht** ein Gesetz, auf dessen Gültigkeit es bei der Entscheidung ankommt, für verfassungswidrig hält, das Verfahren aussetzt und die Sache dem BVerfG zur Entscheidung vorlegt (Art. 100 I GG, § 13 Nr. 11 BVerfGG i. V. m. § 80 ff. BVerfGG).

Weitere öffentlich-rechtliche Gesetze, in denen die Familie eine Rolle spielt, sind u. a.: Kinder- und Jugendhilfegesetz (SGB VIII), Bundeskindergeldgesetz (BKGG), Unterhaltsvorschußgesetz (UVG), Gesetz zum Schutz der erwerbstätigen Mutter (MuSchG), Wohngeldgesetz (WoGG), Bundessozialhilfegesetz (BSHG), Gesetz über die Gewährung von Erziehungsgeld und Erziehungsurlaub (BErzGG), Personenstandsgesetz (PStG) etc.

(3) ***Inwiefern hat auch das an sich privatrechtliche Familienrecht einen öffentlich-rechtlichen Einschlag?***
Entgegen dem sonstigen Privatrecht, in dem die meisten Rechtsbeziehungen in ihrer Gestaltung und Form nur dem Parteiwillen unterliegen, bedarf die Gestaltung der Rechtsbeziehung im Familienrecht häufig der Mitwirkung von Behörden und Gerichten. So ist z. B. beteiligt: bei der Eheschließung der Standesbeamte; bei der Erteilung von Befreiungen von Ehevoraussetzungen und Eheverboten das FamG; bei der Auflösung der Ehe das FamG; bei der Annahme als Kind und ihrer Aufhebung das VormG; bei der Aufsicht über Vormundschaft und Pflegschaft das VormG; bei der Übertragung der e. S. bei Getrenntleben das FamG etc.

(4) ***Welche Funktion hat Art. 6 GG?***
Art. 6 GG hat drei Funktionen[5]. Er ist:

- **wertentscheidende Grundsatznorm.** Das heißt, daß Art. 6 GG Maßstäbe für Gesetzgebung, Verwaltung und Rechtsprechung setzt. Er ist daher nicht nur von den Parlamenten und Gerichten (insbesondere VormG/FamG) zu achten, sondern vor allem auch von der vollziehenden Gewalt, zu der der Sozialarbeiter/Sozialpädagoge (SA/SP), der im Jugendamt (JA), Sozialamt (SozA) oder Gesundheitsamt (GesA) arbeitet, gehört. Auch er ist also verpflichtet, zunächst die Familie zu fördern und in den Stand zu versetzen, ihre Probleme weitgehend ohne staatliche Eingriffe zu lösen, und vom »staatlichen Wächteramt« erst dann Gebrauch zu machen, wenn das Schutzbedürfnis des Kindes (Art. 1 I, 2 I GG) größer wird als der Anspruch der Familie auf Eigenständigkeit[6].
- **Institutsgarantie:** Das bedeutet, daß die Lebensbereiche Ehe und Familie im immateriell-persönlichen und materiell-wirtschaftlichen Sektor besonderen staatlichen Schutz genießen, d. h. z. B. nicht abgeschafft werden können zugunsten freier Verbindungen, und der Staat sich darüber hinaus verpflichtet, die Familie zu fördern[7].

---

5 *Schmidt-Bleibtreu/Klein,* Kommentar zum Grundgesetz, Art. 6, Rdnrn. 1–5.
6 BVerfGE 24, 135.
7 BVerfG v. 18. 3. 1970, FamRZ 1970, 304.

- **Grundrecht im ursprünglichen Sinn.** Das beinhaltet, daß dem einzelnen ein Abwehrrecht gegen störende und ungerechtfertigte Eingriffe des Staates zusteht[8].

Was versteht man unter Kindschaftsrecht? **(5)**
Der Begriff Kindschaftsrecht kommt in keinem Gesetz vor. Seit der Diskussion (1995–1997) über die verschiedenen Gesetzesentwürfe zur Reform des Kindschaftsrechts [KindRG v. 16. 12. 1997] ist es jedoch in aller Munde. Man versteht unter Kindschaftsrecht den Teil des Familienrechts, der sich speziell mit den Rechtsbeziehungen zwischen Eltern und (minderjährigen und volljährigen) Kindern (im wesentlichen biologische und künstliche Abstammung, Name, e. S., Unterhalt) und mit den Ersatzrechtsbeziehungen Vormundschaft und Pflegeschaft (anstelle von e. S. und Vormundschaft) befaßt. Im weiteren Sinne gehört auch das Verwandtenerbrecht als Korrelat zum Verwandtenunterhaltsrecht dazu.

Inwiefern ist das Kindschaftsrecht in der sozialen Arbeit von Bedeutung? **(6)**
Die Frage der Bedeutung des Kindschaftsrechts für die soziale Arbeit kann hier nur angedeutet werden. Umfassend ist sie dargestellt bei *Danzig*[9]. Im wesentlichen sind es folgende Arbeitsschwerpunkte in der Jugendhilfe, bei denen kindschaftsrechtliche Kenntnisse unentbehrlich sind:
- Gewährung ambulanter oder stationärer erzieherischer Hilfen zur Erziehung nach dem SGB VIII, mit der in der Regel der gesetzliche Vertreter (g. V.) einverstanden sein muß, §§ 27–40 SGB VIII.
- Mitwirkung in Verfahren vor den VormGen und FamGen, § 50 SGB VIII i. V. m. §§ 49, 49a FGG.
- Das JA als Vormund (VM), Pfleger (PFL) oder Beistand, §§ 55ff. SGB VIII.
- Das JA als Adoptionsvermittlungsstelle (AdVermiSt), § 51 SGB VIII; AdVermiG.
- Das JA als Beratungsstelle für Minderjährige (MJ), Schwangere, alleinstehende Elternteile und Eltern in Krisensituationen, §§ 8, 16ff. SGB VIII.
- Arbeit mit Kindern und Jugendlichen in familienergänzenden oder familienersetzenden Einrichtungen, bei der sich die Befugnisse des Sozialarbeiters/Sozialpädagogen (SA/SP) von der e. S. ableiten, §§ 32, 34 SGB VIII.
- Arbeit mit den Eltern der Kinder und Jugendlichen in sozialpädagogischen Einrichtungen, bei der Kenntnisse über die Rechtsbeziehung Eltern–Kind als rechtlicher Rahmen erforderlich sind, §§ 22ff. SGB VIII.
- Ausübung des »staatlichen Wächteramts« in Einrichtungen, indem der SA/SP bei der Gefährdung von MJ das JA einschaltet, § 50 III SGB VIII.

Über die Jugendhilfe hinaus hat das Kindschaftsrecht in fast allen Gebieten der sozialen Arbeit Bedeutung. Ob ein Altenheimbewohner nach dem gesetzlichen Erbrecht, ein Sozialhilfeträger nach Rückgriffsmöglichkeiten auf Verwandte, ein

8 BVerfGE 6, 388.
9 Kindschaftsrecht, S. 7ff.

Scheidungswilliger in einer Eheberatungsstelle nach Unterhaltspflichten gegenüber seinen oder des Partners Abkömmlingen fragt: immer ist die Antwort im Kindschaftsrecht zu suchen.

II. Verwandtschaft/Schwägerschaft

Literatur: *Gernhuber:* Die Schwägerschaft als Quelle gesetzlicher Unterhaltspflichten, FamRZ 1955, 193; *Frank:* Grenzen der Adoption, Frankfurt 1978; *Conradi*: Zivilrechtliche Regelung des Stiefkinderverhältnisses – Alternative zur Adoption des Stiefkindes, FamRZ 1980,103; *v. d. Weiden*: Vorschläge zur Neuregelung des Stiefkindes im Familienrecht, FuR 1991, 249; *Frank:* Die unterschiedliche Bedeutung der Blutsverwandtschaft im deutschen und französischen Familienrecht, FamRZ 1992, 1365; *Brudermüller, G.*: Solidarität und Subsidiarität im Verwandtenunterhalt – Überlegungen aus rechtsethischer Sicht, FamRZ 1996, 129.

(7) ***Was bedeutet Verwandtschaft und Schwägerschaft im Rechtssinne?***
Diese zwei Begriffe umschreiben Rechtsbeziehungen zwischen Personen, die ihren Ursprung in unterschiedlichen sozialen Gegebenheiten haben. Verwandtschaft beruht auf Abstammung (leiblich oder künstlich), Schwägerschaft auf Abstammung + Eheschließung, vgl. §§ 1589, 1590.

Das Gesetz unterscheidet zwischen **Verwandtschaft** (folglich auch Schwägerschaft) **in gerader Linie,** bei der einer vom anderen abstammt (z. B. Sohn vom Vater und Großvater und Urgroßvater etc.), und **in der Seitenlinie,** bei der die Betroffenen einen gemeinsamen Vorfahren haben (z. B. Vetter und Cousine die Großeltern).

Der **Grad** der Verwandtschaft (somit auch Schwägerschaft) richtet sich nach der Anzahl der sie vermittelnden Geburten (z. B. Großvater – Enkel: Dazwischen liegen zwei Geburten, die von Vater und Enkel. Vetter – Cousine: Dazwischen liegen vier Geburten, nämlich die von den jeweiligen zwei Elternteilen, die von den Großeltern abstammen – also Tante/Onkel bzw. Vater/Mutter –, und die von Vetter und Cousine. Eselsbrücke: Man zähle die beteiligten Personen und ziehe eine ab. Oder: Man zähle die Striche im Stammbaum).

Verschwägert ist man

1. mit dem (jeweiligen) Ehegatten seiner Verwandten und
2. den Verwandten seines (eigenen) Ehegatten.

Schwägerschaft gibt es – spiegelbildlich zur Verwandtschaft – in der geraden und in der Seitenlinie. Auch der Grad der Schwägerschaft errechnet sich nach der Zahl der sie vermittelnden Geburten zwischen den die Schwägerschaft begründenden Verwandten.

Schaubild 1: Verwandtschaft und Schwägerschaft

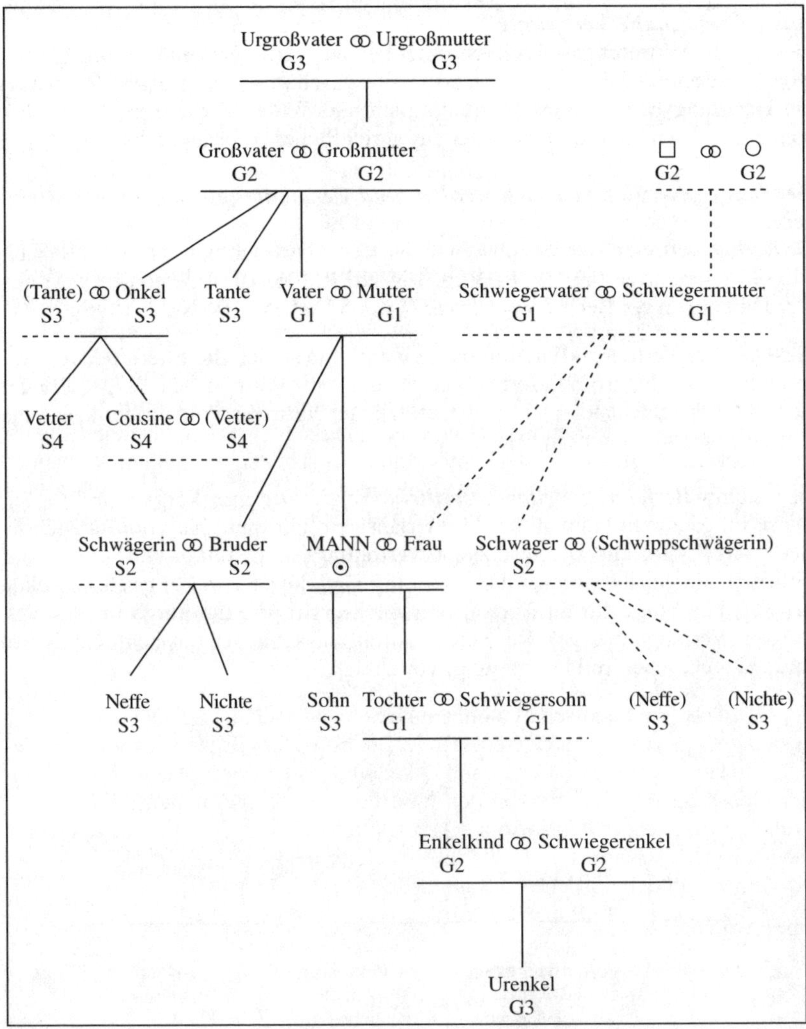

Erläuterung: Bei dem Schaubild ist Ausgangspunkt der Betrachtung der Mann im Zentrum. Die Angaben wie Neffe, Enkelkind etc. beziehen sich auf ihn. Im übrigen bedeutet:

———	Verwandtschaft
– – – – –	Schwägerschaft
……..	keine Verwandtschaft oder Schwägerschaft
G	gerade Linie
S	Seitenlinie
1, 2, 3	1., 2., 3. Grad

III. Gesetzliche Vertretung

(8) ***Was ist gesetzliche Vertretung?***
Gesetzliche Vertretung ist das Recht einer Person (Vertreter), mit Wirkung für und gegen eine andere Person (Vertretener) rechtsgeschäftlich tätig zu werden, wobei die Handlungsbefugnis des Vertreters nicht auf Willenserklärung (Vollmacht), sondern auf dem Gesetz selber oder auf gerichtlicher Anordnung beruht.

(9) ***Wer kann gesetzlich vertreten werden, und wer kann gesetzlicher Vertreter sein ?***
Gesetzlich vertreten werden müssen in der Regel (Ausnahmen: §§ 107, 110, 112, 113) Minderjährige (§§ 105 I i. V. m. 104 Nr. 1; 106, 107), gesetzlich vertreten werden können bei Bedarf Volljährige (§§ 105 I i. V. m. 104 Nr. 2; 1896).

Gesetzlicher Vertreter Minderjähriger sind grundsätzlich die Eltern oder ein Elternteil (§§ 1626, 1629), ferner bei Bedarf ein Vormund (§ 1773), Pfleger (§ 1909) oder Beistand (§ 1712). – Gesetzlicher Vertreter Volljähriger kann eine Betreuer (§ 1902) oder ein Pfleger (§ 1909) sein.

(10) ***In welcher Beziehung stehen gesetzliche Vertretung und Sorgerecht?***
Diese Frage ist nur sinnvoll bei Minderjährigen. Für diese hat grundsätzlich jemand das Sorgerecht. Die gesetzliche Vertretung ist ein Teil dieses Sorgerechts. Grafisch läßt sich das Sorgerecht als »Torte« darstellen, die in vier große »Stücke« zerfällt: Die Sorge für die Person (Personensorge) und die Sorge für das Vermögen (Vermögenssorge). Bei beiden ist ein tatsächlicher (tatsächliche Sorge) und ein rechtlicher Teil (Vertretung) vorhanden.

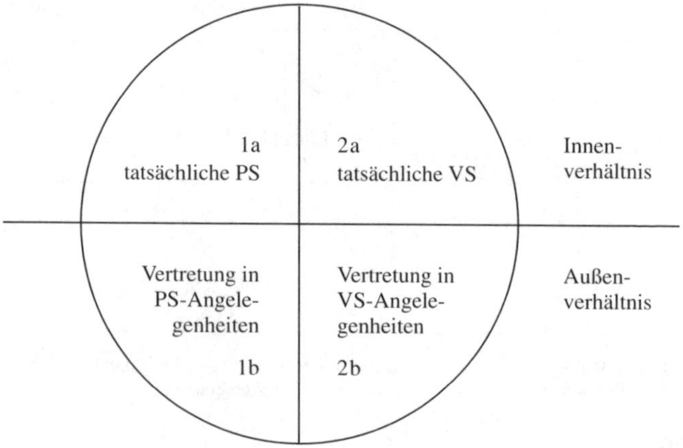

Jemand, der in dem Vertretungsteil zu handeln befugt ist, ist gesetzlicher Vertreter. Ist dieser jemand anstelle der Eltern im kompletten Vertretungsteil oder gar im gesamten Sorgerecht zu handeln befugt, so ist er ein Vormund (§§ 1773, 1793). Ist er anstelle der Eltern oder anstelle eines Vormunds in Teilbereichen zu handeln befugt, so ist er ein Pfleger (§ 1909) (»ein kleines Tortenstück ist herausgeschnitten«). Ist er zwar in diesen Teilbereichen zu handeln befugt, dürfen Eltern oder Vormund aber trotzdem noch handeln, dann ist er ein Beistand (§§ 1712, 1716).

Wer kann Vormund, Pfleger, Beistand sein, und wie kommen sie in diese Rechtsposition? **(11)**

Vormund und Pfleger können natürliche Personen, rechtsfähige Vereine und Behörden (Jugendämter, Sozialämter, Gesundheitsämter) sein. Beistände sind primär Jugendämter, evtl. nach Landesrecht auch rechtsfähige Vereine.

Pflegschaft wird immer (§§ 1915, 1774 S. 1), Vormundschaft in der Regel gerichtlich angeordet (§ 1774 S. 1). Vormundschaft tritt in einigen Fällen kraft Gesetzes ein (§ 1791c, § 1751 I). Beistandschaft tritt nur kraft Gesetzes ein, bedarf aber eines willentlichen Anstoßes, den das Gesetz »Antrag« nennt.

Für die Bestellung von Vomündern oder Pflegern durch das Gericht gilt das Prinzip der Subsidiariät. Wenn das Gesetz einen Eintritt kraft Gesetzes vorsieht, muß immer erst einmal das Jugendamt diesen Platz einnehmen. Es kann allerdings abgelöst werden. Die Beistandschaft wird nicht gerichtlich angeordnet, sondern tritt kraft Gesetzes ein. Deswegen kommt hierfür keine Einzelperson, sondern nur das Jugendamt in Betracht. Es kann (nach Landesrecht) auf Wunsch des Elternteils von einem Verein (Freier Träger der Jugendhilfe) abgelöst werden.

Kapitel 2

Abstammung

IV. Natürliche Abstammung: Genetische/biologische Herkunft

Literatur: *Tiedke:* Die Bedeutung des § 1593 BGB bei der Geltendmachung von Schadensersatzansprüchen, FamRZ 1970, 232; *Göppinger:* Zur Vaterschaftserkennung (§ 1600a BGB) vor Feststellung der Nichtehelichkeit des Kindes (§ 1593 BGB), FamRZ 1987, 764; *Deichfuß:* Recht des Kindes auf Kenntnis seiner blutsmäßigen (genetischen) Abstammung?, NJW 1988, 113; *Manses:* Jeder Mensch hat ein Recht auf Kenntnis seiner genetischen Herkunft, NJW 1988, 2984; *Frank:* Recht auf Kenntnis der genetischen Abstammung?, FamRZ 1988, 113; *Hassenstein:* Der Wert der Kenntnis der eigenen genetischen Abstammung, FamRZ 1988, 120; *Strack:* Anm. zu BVerfG v. 31. 1. 1989, JZ 1989, 338; *Enders:* Das Recht auf Kenntnis der eigenen Abstammung, NJW 1989, 881; *Giesen:* Genetische Abstammung und Recht, JZ 1989, 4; *Schmidt-Didczuhn:* (Verfassungs-)Recht auf Kenntnis der eigenen Abstammung, JR 1989, 228; *v. Renesse:* Personen- und familienrechtliche Aspekte moderner Gentechniken, in: *Baltzer* (Hrsg.): Gentechniken und Individuum, Köln 1989; *Böhm/v. Luxburg/Epplen:* DNA-Fingerprinting, ein gentechnologisches Verfahren erleichtert, beschleunigt und verbilligt die Vaterschaftsfeststellung durch Gutachten, DAVorm 1990, 1101; *Reichelt:* Anwendung der DNA-Analyse (genetischer Fingerabdruck) im Vaterschaftsfeststellungsverfahren, FamRZ 1991, 1265; *Feuerborn:* Sperrwirkung des § 1593 BGB bei Schadensersatzklagen wegen fehlgeschlagener Sterilisation, FamRZ 1991, 515; *Oberloskamp:* Recht auf Kenntnis der eigenen Abstammung, FuR 1991, 263; *Coester-Waltjen:* Künstliche Fortpflanzung und Zivilrecht, FamRZ 1992, 369, *Hummel, K.*: Der Beitrag des DNA-Gutachtens zur Klärung strittiger Blutsverwandschaft, DAVorm 1994, 961; *Edenfeld, St.*: Das neue Abstammungsrecht in der Bundesrepublik Deutschland im nationalen und internationalen Vergleich, FuR 1996, 190; *Helms, T.*: Reform des deutschen Abstammungsrechts, FuR 1996, 178; *Bentert, H.*: Der Vater, aber nicht der Vater – Zur Neuregelung der Vaterschaftsanfechtung im Entwurf des Kindschaftsrechtsreformgesetz, FamRZ 1996, 1386; *Mutschler, D.*: Interessenausgleich im Abstammungsrecht – Teilaspekte der Kindschaftsrechtsreform, FamRZ 1996, 1381; *Roth, A.*: Die Zustimmung einens Mannes zur heterologen Insemination bei seiner Ehefrau, FamRZ 1996, 769; *Weber, R.* Der Auskunftsanspruch des Kindes und/oder des Scheinvaters auf namentliche Benennung des leiblichen Vaters gegen die Kindesmutter, FamRZ 1996, 1254; *Schlegel, Th.*: Die Auswirkungen des Kindchaftsrechtsreformgesetzes auf den Bereich der künstlichen Fortpflanzung, FuR 1996, 248; *Frank/Helms*: Der Anspruch des nichtehelichen Kindes gegen seine Mutter auf Nennung des leiblichen Vaters – Zugleich eine Besprechung der Entscheidung des BVerfG v. 6. 5. 1997, FamRZ 1997, 1258; *Gaul, H. F.*: Die Neuregelung des Abstammungsrechts durch das Kindschaftsrechtsreformgesetz, FamRZ 1997, 1441; *Lenze, A.*: Kriterien für eine Rechtsgüterabwägung zwischen dem Recht des Kindes auf Kenntnis der eigenen Abstammung und dem Schutz der Intimsphäre der Mutter, ZfJ 1998, 101; *Niemeyer, G.*: Anspruch des nichtehelichen Kindes gegen seine Mutter auf Auskunft über seinen Vater, FuR 1998, 41; *Sachs, M.*: Auskunftsrecht des nichtehelichen Kindes auf Benennung des Vaters, JuS 1998, 262; *Wieser, E.* Zur Feststellung der nichtehelichen Vaterschaft nach neuem Recht, NJW 1998, 2023; *Wieser, E.*: Zur Anfechtung der Vaterschaft nach neuem Recht, FamRZ 1998, 1004.

Statistisches:

Tabelle 5: Geburten ehelicher/nichtehelicher Kinder 1950–1997

Jahr	Kinder insgesamt	ehelich	nichtehelich
1950	812.835	733.760 = 90,3 %	79.075 = 9,7 %
1955	820.128	755.701 = 92,1 %	64.427 = 7,9 %
1960	968.629	907.299 = 93,7 %	61.330 = 6,3 %
1965	1.044.328	996.048 = 95,4 %	48.977 = 4,6 %
1970	910.808	766.528 = 94,5 %	44.280 = 5,5 %
1975	600.512	563.738 = 93,9 %	36.774 = 6,1 %
1980	620.657	573.734 = 92,4 %	46.923 = 7,6 %
1985	586.155	531.085 = 90,6 %	55.070 = 9,4 %
1990	727.199	650.899 = 89,5 %	76.300 = 10,5 %
1991*	830.019	704.832 = 84,9 %	125.187 = 15,1 %
1992	809.114	688.666 = 85,1 %	120.448 = 14,9 %
1993	798.447	680.163 = 85,2 %	118.284 = 14,8 %
1994	769.603	651.143 = 84,6 %	118.460 = 15,4 %
1995	765.221	642.345 = 83,9 %	122.876 = 16,1 %
1996	796.013	660.313 = 83,0 %	135.700 = 17,0 %
1997	812.173	666.340 = 82,0 %	145.833 = 18,0 %

* Ab 1991 einschließlich neue Bundesländer.

Quelle: Statistisches Jahrbuch 1997 (hinsichtlich der absoluten Zahlen), 3.22 bzw. 3.24.1 (Eheschließungen, Geborene …) und Fax-Auskunft des Stat. BA.

Tabelle 6: Vaterschaftsfeststellungen (Kinder in 1000)

Jahr	geborene ne. Kinder	erledigte Vaterschaftsfälle			
		absolut	Vaterschaft festgestellt		Vaterschaft nicht festgestellt
			erfolgreiche Klage	Anerkenntnis	
1975	36.774	38.695	17,5 %	62,6 %	19,9 %
1980	46.923	46.587	12,6 %	74,6 %	12,8 %
1990	76.300	88.226	7,2 %	76,4 %	16,4 %
1991*	125.187	116.199	6,0 %	85,7 %	8,3 %
1992	120.448	126.994	5,7 %	86,0 %	8,3 %
1993	118.284	127.456	6,0 %	86,3 %	7,7 %
1994	118.460	125.958	6,3 %	86,0 %	7,7 %
1995	122.876	127.865	6,2 %	86,7 %	7,1 %
1996	135.700	137.417	6,1 %	87,5 %	6,5 %

* Ab 1991 einschließlich neue Bundesländer.

Quelle: Jugendhilfestatistik des Statistischen Bundesamtes, 1977–1993, Punkt 5 bzw. 6.3; Stat. Jahrbuch 1994–1997, 19.13.5

(12) ***Auf welchen historischen Gegebenheiten baut unser Kindschaftsrecht vom 1. 7. 1998 auf?***

Jahrhundertelang haben die europäischen Rechtsordnungen, die vom **Römischen Recht** beeinflußt waren, zwischen legitimen und illegitimen Kindern unterschieden. Auch das **Bürgerliche Gesetzbuch**, das nach der Schaffung des 2. Deutschen Reiches 1871 die Vereinheitlichung der Rechte der deutschen Staaten zum 1. 1. 1900 bewerkstelligte, ging noch selbstverständlich davon aus, daß Kinder lediger Mütter rechtlich anders behandelt werden müßten als die in einer Ehe geborenen.

Jedoch schon die **Weimarer Verfassung** von 1919 forderte in ihrem Art. 121: »Den unehelichen Kindern sind durch die Gesetzgebung die gleichen Bedingungen für ihre leibliche, seelische *und gesellschaftliche Entwicklung* zu schaffen wie den ehelichen Kindern.« Allerdings veränderte sich trotz dieses Postulats wenig. Das **RJWG** von 1922 schaffte es lediglich, die unehelichen Kinder besser zu schützen, indem es die gesetzliche Amtspflegschaft der Jugendämter für uneheliche Kinder einführte.

Das **Bonner Grundgesetz** (GG) von 1949 nahm das Ziel der Gleichbehandlung beider Kindergruppen wieder auf und formulierte in Art. 6 V: »Den unehelichen Kindern sind durch die Gesetzgebung die gleichen Bedingungen für ihre leibliche und seelische *Entwicklung und ihre Stellung in der Gesellschaft* zu schaffen wie den ehelichen«.

Mit der **Reform des Nichtehelichenrechts**, das zum 1. 7. 1970 in Kraft trat, wurde zumindest die juristische Lüge, daß uneheliche Kinder nicht mit ihren Vätern verwandt seien, aufgegeben. Im übrigen erhielt die Mutter zwar grundsätzlich das Sorgerecht, aber das Jugendamt blieb zur Regelung der Rechtsbeziehung Kind–Vater gesetzlicher Amtspfleger.

Es sollten noch einmal genau 28 Jahre vergehen, bis Deutschland mit dem **Kindschaftsrechtsreformgesetz**, das am 1. 7. 1998 in Kraft trat, endlich den Anschluß an die europäische Rechtsentwicklung erreichte und aus ehelichen und nichtehelichen Kinder nur noch Kinder machte, die vollwertige Rechtsbeziehungen zu einer Mutter und einem Vater haben, und Eltern schuf, die in eigener Verantwortung die Rechtsbeziehungen zu ihren Kindern gestalten.

(13) ***Welche Regeln für die rechtliche Zuordnung von Kindern kennt das BGB?***

1. Das Gesetz unterscheidet die natürliche und die künstliche Abstammung oder Verwandtschaft.

Kraft Gesetzes ist ein Kind mindestens einem Elternteil, und zwar der Mutter, automatisch zugeordnet, d. h. mit ihr verwandt, § 1591. Ist die Mutter verheiratet, ist das Kind auch dem Ehemann als Vater rechtlich zugeordnet, ohne daß es irgendeiner Willenserklärung der betroffenen Erwachsenen bedürfte, § 1592 Nr. 1. Dies gilt selbst dann, wenn das Kind tatsächlich nicht vom Ehemann der Mutter stammt.

Neben dieser kraft Gesetzes bestehenden natürlichen Verwandtschaft gibt es eine natürliche Verwandtschaft, die erst juristischer Bestätigung bedarf. Sie beruht auf einer Willenserklärung (Vaterschaftsanerkennung) oder gerichtlicher Feststellung, daß jemand Vater ist, § 1592 Nrn. 2 und 3.

2. Schließlich sieht das Gesetz eine künstliche Verwandtschaft vor, d. h. eine, die auf einer Kindesannahme beruht, §§ 1741, 1754.

Woran knüpft das Gesetz die Zuordnung eines Kindes zu einem Vater? **(14)**
1. Wichtigster Anknüpfungspunkt ist die Ehe. Existiert sie zur Zeit der Geburt des Kindes, hat dieses juristisch einen Vater. Besteht sie nicht mehr, ist zu unterscheiden:
- Ist die Ehe durch Scheidung oder Eheaufhebung aufgelöst worden, so ist maßgebend, ob das Auflösungsurteil rechtskräftig ist. Wenn ja, ist das Kind kraft Gesetzes keinem Vater zugeordnet (vgl. § 1592 Nr. 1 BGB). Ist das Kind in einer Zeit zwischen Stellung eines Scheidungs- oder Eheaufhebungsantrages und Rechtskraft des dem Antrag stattgebenden Urteils geboren, so ist es grundsätzlich dem Noch-Ehemann der Mutter zugeordnet. Es kann jedoch einem Dritten zugeordnet werden, wenn dieser die Vaterschaft anerkennt und der bisherige Ehemann zustimmt (§ 1599 II).
- Ist die Ehe durch Tod aufgelöst worden, so wird das Kind noch 300 Tage lang dem verstorbenen Ehemann der Mutter zugerechnet (§ 1593 S. 1), ggfs. sogar länger (§ 1593 S. 2).

2. Fehlt der Anknüpfungspunkt Ehe, so genügt es nicht, daß ein Mann mit der Mutter zusammengelebt hat. Es ist vielmehr ein juristischer Akt nötig, um die Zuordnung des Kindes zu einem Mann zu erreichen. Er muß entweder die Vaterschaft anerkennen – Voraussetzung ist Zustimmung der Mutter – (§ 1592 Nr. 2), oder er muß gerichtlich als Vater festgestellt worden sein (§ 1592 Nr. 3).

Kann die Zuordnung eines Kindes nachträglich wieder verändert werden? **(15)**
1. Zuordnung zur Mutter
Das Kind könnte genetisch von einer anderen Mutter als der, die es geboren hat, stammen. Trotzdem läßt das Gesetz keine Korrektur in der Zuordnung zu.

2. Zuordnung zum Vater
Ist die Zuordnung durch die Ehe oder durch ein Vaterschaftsanerkenntnis erfolgt, so kann die Vaterschaft angefochten werden (§ 1599 I). Die Anfechtung erfolgt durch Klage vor dem FamG (§ 1600e). Klagebefugt sind Kind, Mutter und der Mann.

Ist die Zuordnung durch ein Vaterschaftsfeststellungsurteil geschehen (§ 1600d), so kann die Beseitigung der Vaterschaft möglicherweise durch ein Rechtsmittel (Berufung beim OLG, Revision beim BGH), u. U. durch ein Wiederaufnahmeverfahren erreicht werden.

Inwieweit spielt die Wahrheit bei der Klärung der Abstammung eine Rolle? **(16)**
Nur wenn zur Feststellung einer Abstammung ein gerichtliches Verfahren durchgeführt wird, spielt die Wahrheit eine Rolle. Stammt ein Kind kraft Geburt von einem Mann gem. § 1592 Nr. 1 oder kraft Anerkennung gem. § 1592 Nr. 2, so macht es nichts, wenn die Väter im Rechtssinne nicht die Väter im biologischen Sinne sind. In den Kindschaftsprozessen (§ 640 II ZPO) dagegen muß das Gericht vAw die Wahrheit erforschen (§§ 640 I i. V. m. 616 I ZPO). Allerdings gilt dieser Untersuchungsgrundsatz (auch Inquisitionsmaxime) zugunsten des Kindes in Prozessen, in denen die Vaterschaft angefochten wird (§ 640d ZPO), nur eingeschränkt. Hier können vAw festgestellte (also nicht von den Parteien vorgetra-

gene) Tatsachen nur zugunsten des Kindes, also zur Erhaltung seiner Zuordnung, verwendet werden.

(17) ***Wer ist bei der Regelung der Vater-Kind-Beziehung beteiligt?***

Schaubild 2: Regelung der Vater-Kind-Beziehung

	A. Vaterschaft durch Ehe	B. Vaterschaftsanerkenntnis
I. Behörde	–	Notar, §§ 1, 8 ff. BeurkG, JA, § 59 SGB VIII, Standesbeamter, § 29 PStG, Richter, § 62 PStG } öffentl. Beurkundung
II. Beteiligte		
1. zu Lebzeiten beider Beteiligter	1.1 Ehemann der Mutter = Vater, § 1592 Nr. 1 – fehlende Geschäftsfähigkeit – Betreuung } irrelevant 1.2 Von der Mutter geborenes Kind des Ehemannes	1.1 Anerkennender = Vater, § 1592 Nr.2 – bgf: V + g. V., § 1596 I 1, 2 – gunf: g. V. + VormG, § 1596 I 3 – betreut: • gf: V, § 1596 III • gunf: g. V. + VormG, §§ 1596 III iVm 1596 I 3 1.2 Zustimmende = Mutter, § 1595 I – bgl: M + g. V., § 1596 I 4 iVm 1 – gunf: – (→ C.) – betreut: • gf: M, § 1596 III, 1595 I • gunf: – 1.3 Zustimmender = Kind (wenn M keine e. S.), § 1595 II – gunf:/ unter 14 J.: g. V. (AmtsVM), § 1596 II 1 – über 14 J.: K + g. V. (AmtsVM), § 1596 II 2
2. Nach Tod eines Beteiligten	2.1 Ehemann, § 1593 S. 1, 2.2 Kind: –	2.1 – 2.2 – (→ C.)
3. Vor Geburt des Kindes	–	3.1 Anerkennender = Vater, § 1594 IV [wie 1.1] 3.2 Zustimmende = Mutter, § 1595 III iVm I [wie 1.2] 3.3 Zustimmender = Kind, § 1595 III iVm II g. V., § 1912 I
III. Vermutungen	1. Vermutung, daß K von M stammt, der Ehemann der M, § 1600c I 2. Entkräftung → D., § 1599 I	1. Vermutung, daß k von M stammt, der anerkannt hat, § 1600c I 2. Entkräftung → D., § 1599 I
IV. Wahrheit	BiologischeWahrheit = unbedeutend	Biologische Wahrheit = unbedeutend

Legende: gf = geschäftsfähig; gunf = geschäftsunfähig; bgf = beschränkt geschäftsfähig; ngf = nicht geschäftsfähig

C. Gerichtliche Vaterschaftsfeststellung	D. Vaterschaftsanfechtung
FamG: Urteil	FamG: Urteil
1.1 Kläger: Mann, Mutter, Kind, § 1600e I – V + M, bgf: V+ M allein, § 1600a II 2 gunf: g. V., § 1600a II 3 – K ngf: g. V. (M/AmtsVM, Beistand), § 1600a III (KiWo) 1.2 Beklagter: Vater oder Kind § 1600e I [s.o. 1.1]	1.1 Kläger: Vater, Mutter, Kind, § 16001 I – V + M vgf. oder gunf: g. V. – K ngf: g. V. (M/AmtsVM) 1.2 Beklagter: Vater oder Kind, § 1600e I [s.o. 1.1]
2.1 Tod des Ma, § 1600e II: Antrag der Mu oder des K (Mu, AmtVM, Beistand) 2.2 Tod des Kindes, § 1600e II: Antrag des Ma oder der Mu	2.1 } 2.2 } wie C, nur nicht Beistand
3. Noch keine Feststellung möglich. Gem. § 52a II SGB VIII kann JA vorbereitend tätig sein. Nach § 1912 Pflegerbestellung möglich. Nach § 1713 Beantragung eines Beistandes	–
1. Vermutung, daß K von Ma stammt, der Mu während EZ beigewohnt hat, § 1600d II 1. 2. Entkräftung: Schwerwiegende Zweifel, § 1600d II 2	1. Vermutung, daß K von Ma stammt, der mit Mu verheiratet oder K anerkannt hat, § 1600c I. 2. Entkräftung: Naturwissenschaftlicher Nachweis der Unmöglichkeit der Abstammung
Die Wahrheit muß vAw erforscht werden. (§§ 640 I iVm 616 I ZPO).	Die Wahrheit muß zur Erhaltung der Vaterschaft vAw erforscht werden (§ 640 ZPO).

Legende: gf = geschäftsfähig; gunf = geschäftsunfähig; bgf = beschränkt geschäftsfähig; ngf = nicht geschäftsfähig

V. Künstliche Abstammung: Annahme als Kind

Literatur: *Engler:* Das neue Adoptionsrecht, FamRZ 1976, 584; *Lüderitz:* Das neue Adoptionsrecht, NJW 1976, 1865; *Oberloskamp:* Annahme als Kind und Adoptionsvermittlung seit dem 1. 1. 1977, DAVorm 1977, 89; *Frank:* Grenzen der Adoption, Frankfurt 1978; *Groß:* Ersetzung der Einwilligung eines Elternteils zur Adoption seines Kindes, NDV 1979, 158; *Simitis:* Kindeswohl, Frankfurt 1979; *Oberloskamp:* Die Ersetzung der Einwilligung der leiblichen Eltern in die Annahme ihres Kindes (§ 1748 BGB), ZblJugR 1980, 581; *Baer/Groß:* Adoption und Adoptionsvermittlung, Kleinere Schriften des DV, Heft 59, 2.Aufl., Frankfurt 1981; *Lüderitz:* Problemfelder des Adoptionsrechts, FamRZ 1981, 524; *Kühl-Meyer:* Rechtliche Probleme einer sog. Kaufmutterschaft, ZblJugR 1982, 763; *Barth:* Adoption in der Literatur – Entscheidungshilfe und Aufklärung, ZblJugR 1983, 384; *Hellermann:* Kindesannahme durch den Ehegatten nach dem Tod des anderen mit der Rechtswirkung des § 1754 I BGB, FamRZ 1983, 659; *Barth:* Vaterschaftsfeststellung bei gleichzeitiger Adoptionsvermittlung, ZfJ 1984, 68; *Bosch:* Entwicklungen und Probleme des Adoptionsrechts in der Bundesrepublik Deutschland, FamRZ 1984, 829; *Oberloskamp:* Wie adoptiere ich ein Kind? Wie bekomme ich ein Pflegekind?, 3.Aufl., München 1993 (4. Aufl. i. V.); *Liermann, St.*: Änderungen im Adoptionsrecht, FamRZ 1993, 1263; *Coester, M.*: Elternrecht des nichtehelichen Vaters und Adoption – Zur Entscheidung des BVerfG v. 7. 3. 1995, FamRZ 1995, 1245; *Schlegel, Th.*: Zur Wirksamkeit von Ersatzmutterschaftsverträgen und deren Rechtsfolgen für das Kind, FuR 1996, 116; *Liermann, St.*: Auswirkungen der Reform des Kindschaftsrechts auf das Recht der Adoption, FuR 1997, 217 und 266; *Frank, R.*: Die Neuregelung des Adoptionsrechts, FamRZ 1998, 393.

Statistisches:
Tabelle 7: Minderjährigenadoptionen

	1982	1986	1990	1991*	1992	1993	1994	1995	1996
ausgesprochene Adoptionen	9.145	7.875	6.947	7.142	8.403	8.687	8.449	7.969	7.420
adoptiert: – durch – Verwandte	535 = 5,9 %	370 = 4,7 %	324 = 4,7 %	306 = 4,3 %	399 = 4,8 %	411 = 4,7 %	411 = 4,9 %	375 = 4,7 %	452 = 6,1 %
– durch – Stiefeltern	3.433 = 37,5 %	3.497 = 44,4 %	3.407 = 49,0 %	3.950 = 55,3 %	4.040 = 48,1 %	4.340 = 50 %	4.340 = 51,4 %	4.151 = 52,1 %	3.903 = 52,6 %
– mit ersetzter – Einwilligung	426 = 4,7 %	409 = 5,2 %	317 = 46,3 %	442 = 6,2 %	441 = 5,3 %	499 = 5,7 %	562 = 6,7 %	524 = 6,6 %	509 = 6,9 %
aufgehobene Adoptionen	32 = 0,3 %	10 = 0,1 %	14 = 0,2 %	14 = 0,2 %	18 = 0,2 %	19 = 0,2 %	16 = 0,2 %	13 = 0,2 %	25 = 0,3 %
– nach § 1760	9	1	3	} nicht mehr mitgeteilt					
– nach § 1763	23	9	11						
vorgemerkte Minderjährige	1.035	726	711	1.285	1.357	1.402	1.414	1.331	1.311
vorgemerkte Bewerber	20.746	21.071	19.576	21.826	25.744	21.711	23.189	19.426	17.310

* Ab 1991 einschließlich neue Bundesländer.
Quelle: Jugendhilfestatistik des Statistischen Bundesamtes 1984–1992, Punkt 4.1.1; 1993, Teil I, 5.1.1

Wie wird die künstliche Abstammung eines Kindes hergestellt? **(18)**

1. Zuordnung zu einem Elternpaar durch Annahme als Kind

Voraussetzungen:
- das Elternpaar muß verheirate sein (»Ehepaar«, § 1741 II 1)
- das Kind muß für beide fremd (im Sinne von: nicht ihr eigenes) oder Stiefkind vom jeweils anderen sein, § 1741 II 2,3
- die erforderlichen Einwilligungen müssen vorliegen:
  * des Kindes, § 1746 I 1
  * des g. V.des Kindes, § 1746 I 2,3
  * der leiblichen Eltern des Kindes, 1747 I
  * des Ehegatten des Adoptierenden, wenn es sich um ein Stiefkind handelt, § 1749 I
- das Ehepaar bzw. der Stiefelternteil muß die Kindesannahme beantragen, § 1752 I

Folge:
Das Kind erlangt die rechtliche Stellung eines gemeinschaftlichen Kindes der Ehegatten, § 1754 I.

2. Zuordnung zu einem einzelnen Elternteil durch Annahme als Kind

Voraussetzungen:
- der Elternteil muß ledig sein, § 1741 II 1, oder er muß ein Ehegatte sein, dessen Ehepartner aus Rechtsgründen nicht adoptieren kann, § 1741 II 4
- das Kind muß für den Adoptierenden fremd sein, § 1741 II 1 oder 4
- die erforderlichen Einwilligungen müssen vorliegen:
  * des Kindes (wie oben)
  * des g. V. (wie oben)
  * der leiblichen Eltern des Kindes (wie oben)
  * des Ehegatten, wenn dieser selber nicht adoptieren kann, § 1749 I
- der Elternteil muß die Kindesannahme beantragen, § 1752 I.

Folge: Das Kind erlangt die rechtliche Stellung eines Kindes des Annehmenden, § 1754 II.

Was für Arten der Adoption gibt es, und was bewirken sie? **(19)**

1. Es gibt drei **Arten** der Kindesannahme:
   - durch Fremde, § 1741 II
   - durch Stiefelternteile, § 1741 II 3
   - durch Verwandte oder Verschwägerte im 2. oder 3. Grad, § 1741 II.

2. Die **Folgen** sind je nach Adoptionsart unterschiedlich:
   - §§ 1754 I Alt. 1, II, 1755 I: Das Kind wird gemeinsames Kind der Annehmenden bzw. Kind des Annehmenden. Die Rechtsbeziehungen zur Ursprungsfamilie brechen völlig ab.
   - §§ 1754 I Alt. 2, 1755 II, 1756 II: Hier ist zu unterscheiden, ob es sich um ein Stiefkind handelt, dessen Eltern das Sorgerecht gemeinsam hatten oder

nicht. Hatten sie es nicht, so tritt das Erlöschen der Rechtsbeziehungen nur im Verhältnis zum anderen Elternteil und dessen Verwandten ein. Hatten sie es gemeinsam, so ist wiederum zu differenzieren: Ist die Beziehung, aus der das Kind stammt, durch Tod aufgelöst worden, tritt das Erlöschen nicht im Verhältnis zu den Verwandten des toten Elternteils ein; wohl aber, wenn die Ehe durch Scheidung und Aufhebung aufgelöst wurde.

– § 1756 I: Das Kind wird zwar Kind des/der Annehmenden. Es erlöschen aber nur die Rechtsbeziehungen des Kindes und seiner Abkömmlinge zu den Eltern des Kindes, nicht zu den übrigen Verwandten.

(20) ***Welche der für eine Adoption erforderlichen Einwilligungen sind ersetzbar und welche verzichtbar?***

1. Einwilligung des Kindes: Nicht ersetzbar und nicht verzichtbar.

2. Einwilligung des g. V.: Hinsichtlich Ersetzbarkeit ist zu unterscheiden:
* Eltern: ersetzbar gem. § 1666 III bei Gefährdung des Kindeswohls
* Vormund oder Pfleger: § 1746 III bei Verweigerung ohne triftigen Grund.
Nicht verzichtbar. Wenn jedoch Eltern gem. § 1747 in die Adoption eingewilligt haben, so bedarf es ihrer Einwilligung als g. V. nicht mehr, § 1746 III Hs. 2.

3. Einwilligung der Eltern: Ersetzbar gem. § 1748, verzichtbar gem. § 1747 IV bei dauernder Unfähigkeit oder dauernd unbekanntem Aufenthalt.

4. Einwilligung des Ehegatten: ersetzbar, wenn keine berechtigten Interessen entgegenstehen, § 1749 I 2, 3. Verzichtbar gem. 1749 III bei dauernder Unfähigkeit oder dauernd unbekanntem Aufenthalt.

(21) ***Welche Gemeinsamkeiten und Unterschiede weisen § 1666 und § 1748 auf?***
Beide Normen sind Reaktionen auf elterliches Fehlverhalten.

Schaubild 3: Struktur von § 1666:

	Tun	Unterlassen
schuldhaft	Mißbrauch	Vernachlässigung
schuldlos	unverschuldetes Versagen	

Schaubild 4: Struktur von § 1748:

	Tun	Unterlassen
schuldhaft	– anhaltend gröbliche Pflichtverletzung – einmalige besonders schwere Pflichtverletzung	Gleichgültigkeit
schuldlos	Erziehungsunfähigkeit wegen einer besonders schweren psychischen Kranheit oder einer besonders schweren geistigen oder seelischen Behinderung	

Beide Normen weisen also vergleichbare Strukturen auf. Allerdings sind die Rechtsfolgen unterschiedlich schwer. § 1666 ermöglicht einen Eingriff ins Sorgerecht mit der Möglichkeit der Rückübertragung der weggenommenen Rechte. § 1748 ersetzt eine Einwilligung mit dem Ziel, das Kind neuen Eltern zuzuordnen. Diese Maßnahme ist in der Regel nicht rückgängig zu machen. Da die Rechtsfolge in § 1748 ungleich härter ist als die in § 1666m muß das elterliche Fehlverhalten oder der elterliche Zustand im § 1748 auch erheblich gravierender als im § 1666 sein.

Wie sich § 1748 IV, der zum 1. 7. 1998 eingefügt wurde, mit diesen Überlegungen verträgt, ist noch nicht abzusehen. Er läßt in den Fällen des § 1626a II (Alleinsorge der ledigen Mutter) die Ersetzung der Einwilligung des Vaters bereits dann zu, wenn das Unterbleiben der Annahme dem Kind zu unverhältnismäßigem Nachteil gereichen würde. Dies bedeutet, daß eine Ersetzung selbst dann in Betracht kommt, wenn in der Person des Vaters überhaupt kein Grund für eine Ersetzung vorliegt. Die Tatsache, daß er kein Sorgerecht hat, muß ja nicht an ihm liegen. Bekanntlich müssen für eine gemeinsame Sorge Mutter und Vater Sorgeerklärungen abgeben. Daß er nach § 1672 keine Alleinsorge hat, muß auch nicht an ihm liegen; denn hierfür ist, solange die Mutter noch nicht in die Adoption des Kindes durch Dritte eingewilligt hat (§ 1747 III Nr. 2, § 1751 I 6), ihre Zustimmung erforderlich. Es könnte also durchaus sein, daß diese neue Vorschrift sich als verfassungswidrig herausstellt.

(22) ***Welche Rechtsfolgen hat die Abgabe bzw. Ersetzung der Einwilligung der Eltern in die Annahme ihres Kindes?***
Die Folgen sind in § 1751 geregelt.

1. **Zuordnung:** Ändert sich noch nicht, arg. § 1754.
2. **Name:** Ändert sich noch nicht, arg. §§ 1754, 1757. Allenfalls kann eine Namensänderung nach NÄG erfolgen.
3. **E.S.:** Die der leiblichen Eltern ruht, das Umgangsrecht entfällt, das JA wird Adoptions-Vormund, § 1751 I, II.
4. **Unterhalt:** Die Annehmenden werden vorrangig unterhaltspflichtig, sofern sie das Kind in ihrer Obhut haben, § 1751 IV.
5. **Erbrecht:** Besteht noch zwischen leiblichen Eltern und Kind, arg. § 1754.

(23) ***Was ist eine Inkognito-Adoption, was eine Blanko-Einwilligung und was eine pränatale Einwilligung?***
Alle drei Rechtsinstitute sind direkt und indirekt in § 1747 II geregelt.

Wenn der Abgebende den Annehmenden nicht kennt (nicht umgekehrt!), spricht man von einer **Inkognito-Adoption.** Sie ist »auch« zulässig (II S. 2). Das bedeutet, daß sog. offene Adoptionen, bei denen die Abgebenden die Annehmenden kennen, selbstverständlich möglich und sogar das sind, woran der Gesetzgeber primär gedacht hat.

Um eine Inkognito-Adoption in diesem Sinne handelt es sich aber nur dann, wenn es schon Annehmende gibt (»die schon feststehenden Annehmenden«). Könnten die leiblichen Eltern eine Einwilligung in eine mögliche Adoption geben, ohne daß es schon Bewerber für das Kind gäbe, würde es sich um eine sog. **Blanko-Einwilligung** handeln. Diese ist nicht erlaubt, damit Kinder nicht rechtlich »in der Luft hängen«.

Wenn die leiblichen Eltern schon vor der Geburt des Kindes wirksam einwilligen können, spricht man von einer **pränatalen Einwilligung.** Diese ist – wie sich aus § 1747 II 1 ergibt – grundsätzlich nicht möglich. Der Gesetzgeber will die Mutter (warum auch den Vater?) eine so schwere Entscheidung nicht vor Ablauf einer angemessenen Überlegungsfrist, die nach der Geburt liegt, treffen lassen können. Wenn der Vater kein Sorgerecht hat, kann er schon vor der Geburt des Kindes in die Kindesannahme einwilligen (Abs. 3 Nr. 1).

(24) ***Welche Folgen hat die Tatsache, daß ein Kind von einer bestimmten Person abstammt ?***
1. Begründung einer Rechtsbeziehung
Die Tatsache der Abstammung hat die Entstehung gegenseitiger Rechte und Pflichten der betroffenen Personen zur Folge. Diese können sich entweder nur auf die Eltern und Kinder beziehen oder auch auf andere Angehörige.

2. Folgen nur in der Eltern-Kind-Beziehung

- Allgemeine Folgen: Gegenseitige Pflicht zu Beistand und Rücksicht, § 1618a; Dienstleistungspflicht von Kindern, § 1619; Aufwendungen und Ausstattungen, §§ 1624, 1625
- Name, §§ 1616ff.
- Wohnsitz, §§ 8, 11
- Staatsangehörigkeit, §§ 4–6 RuStAG
- Elterliche Sorge, §§ 1626ff.

3. Folgen in der Beziehung auch zu anderen Angehörigen

- Unterhalt, §§ 1601 ff.
- Erbrecht, §§ 1922ff.

Kapitel 3

Eltern-Kind-Beziehung im allgemeinen

VI. Familiäre Rechtspositionen

Literatur: *Weimar:* Die Dienstleistungspflicht der Kinder im elterlichen Haushalt und Betrieb, FamRZ1955, 158; *Kropholler:* Die Rechtsnatur der Familienmitarbeit und die Ersatzpflicht bei Verletzung oder Tötung des mitarbeitenden Familienangehörigen, FamRZ 1969, 241; *Sturm:* Deutsch wie Mutter oder Vater, FamRZ 1974, 617; *Braasch:* Einführung in das deutsche Staatsangehörigkeitsrecht unter besonderer Berücksichtigung der staatsangehörigkeitsrechtlichen Situation von Kindern, ZblJugR 1979, 89; *Hegenauer:* »Eltern und Kinder sind einander Beistand und Rücksicht schuldig«, ZblJugR 1980, 685; *Knöpfel:* Beistand und Rücksicht zwischen Eltern und Kindern (§ 1618a BGB), FamRZ 1985, 554; *Baldus, M.*: Die Crux mit den Doppelnamen. Das neue Namensrecht auf dem verfassungsrechtlichen Prüfstand, FuR 1996, 3; *Michalski, L.*: Das Namensrecht des ehelichen Kindes nach den §§ 1616, 1616a BGB unter Berücksichtigung des Regierungsentwurfs eines Kindschaftsrechtsreformgesetzes, FamRZ 1997, 977.

(25) ***Worauf kann der Namenserwerb eines Kindes beruhen?***

1. Auf zivilrechtlichem Erwerb

1.1 kraft Gesetzes. Es erwirbt
- den Ehenamen der Eltern, § 1616
- den Namen des alleinsorgeberechtigten Elternteils, § 1617a I
- den Namen des bestimmungsberechtigten mitsorgeberechtigten Elternteils, der sein Bestimmungsrecht nicht ausgeübt hat, § 1617 II 4
- den Namen des Annehmenden, § 1757 I

1.2 rechtsgeschäftlich durch Erklärung

1.2.1 als Erstbenennung. Es erwirbt
- den Namen des mitsorgeberechtigten (Adoptiv-)Elternteils, den beide Eltern einvernehmlich bestimmt haben, § 1617 I 1, § 1757 II 1
- den Namen des mitsorgeberechtigten Elternteils, den der bestimmungsberechtigte Elternteil bestimmt hat, § 1617 II 1

1.2.2 als Umbenennung
- nach Begründung einer gemeinsamen e.S., § 1617b I (Neubestimmung)
- nach Verlust des Vaters durch erfolgreiche Vaterschaftsanfechtung, § 1617b II (Antrag)
- nach Erwerb eines Ehenamens durch die Eltern, § 1617c (Anschließung)

- nach Änderung des Ehenamens, der Geburtsname des Kindes geworden ist, § 1617c II Nr. 1 (Anschließung)
- nach Änderung des Familiennamens, der Geburtsname des Kindes geworden ist, § 1617c II Nr. 2 (Anschließung)

1.2.3 als sog. Einbenennung
- durch den alleinsorgeberechtigten leiblichen Elternteil in den Namen des Stiefelternteils, § 1618
- durch den alleinsorgeberechtigten leiblichen Elternteil in den Namen des anderen Elternteils, § 1617a II

2. Auf öffentlich-rechtlichem Erwerb
- rechtsgeschäftlich durch Erklärung gem. dem Gesetz über die Änderung von Familiennamen und Vornamen (NamÄndG) bei Vorliegen eines »wichtigen Grundes«, § 3 NamÄndG (Antrag)

Inwieweit spielt der Wille des Kindes beim Namenserwerb eine Rolle? **(26)**

1. Beim Erwerb kraft Gesetzes: nicht

2. Bei der Erstbenennung: nicht

3. Bei der Umbenennung:
   - Kind unter 5 Jahren: nicht
   - Kind zwischen 5 und 14 Jahren: sein Wille verteten durch den g. V. ist nötig
   - Kind über 14 Jahren: es muß selber eine Erklärung abgeben, der g. V. muß zustimmen

4. bei der Einbenennung:
   - Kind unter 5
   - Kind zwischen 5 und 14
   - Kind über 14

   } wie 3.

5. bei Namensänderung aufgrund des NamÄndG: Antrag des Kindes vertreten durch g. V., ohne Abstufung nach Altersgruppen

Welche Behörden spielen im Namensrecht eine Rolle ? **(27)**

1. Der Standesbeamte
- Er trägt die kraft Gesetzes eingetretenen Namenserwerbe in das Geburtenbuch ein (§ 21 I Nr. 4 PStG)
- er ist Adressat der (öffentlich beglaubigten) Erklärungen zum Erwerb von Namen (§ 31a PStG)
- er kann alle Erklärungen über den Namen von Kindern und die dazu gehörigen Einwilligungen beglaubigen (§ 31a I PStG).

2. Das FamG
- Es überträgt das Bestimmungsrecht, wenn Eltern sich nicht über den Namen des Kindes einigen (§ 1617 II)

- Es ersetzt bei der Einbenennung die Einwilligung des anderen Elternteils (dessen Namen das Kind verliert), wenn die Erteilung des Namens zum Wohl des Kindes erforderlich ist (§ 1618 S. 4).

3. Die obere Verwaltungsbehörde
Sie ist zuständig für die Änderung für Familiennamen nach dem NamÄndG. In NRW ist dies der Regierungspräsident.

(28) ***Welche zwei Prinzipien gibt es, die über den Erwerb der Staatsangehörigkeit bei Geburt eines Kindes entscheiden können, und was gilt in der Bundesrepublik Deutschland?***
1. Es gibt das **Abstammungsprinzip** (ius sanguinis) und das **Bodenprinzip** (ius soli).

2. In Deutschland gilt grundsätzlich das Abstammungsrecht, nur für Findelkinder gilt das Bodenrecht. Das Bodenrecht haben u. a. zahlreiche Einwanderungsländer. Die Einzelheiten des Erwerbs der deutschen StA sind im Reichs- und Staatsangehörigkeitsgesetz (RuStAG) von 1913 geregelt. Das Deutsche Reich vermittelte die Reichszugehörigkeit (= heute Staatsangehörigkeit), das jeweilige Land (z. B. Bayern, Preußen, Sachsen) die Staatsangehörigkeit (heute nicht mehr vorhanden).

(29) ***Wie kann ein Kind die deutsche Staatsangehörigkeit erwerben?***
Das RuStAG kennt sieben Sachverhalte, bei denen Kinder die deutsche StA erhalten:

1. Kraft Gesetzes
- Kinder eines deutschen Elternteils aufgrund Geburt, § 4 I 1;
- Findelkinder bei Geburt auf deutschem Boden, § 4 II;
- mj. ausländische oder staatenlose Kinder, die durch Deutsche adoptiert werden, § 6 S. 1.

2. Auf Antrag
- durch Einbürgerung, wenn bei MJ über 16 Jahren diese mit Zustimmung ihres g. V. dies beantragen bzw. wenn bei MJ unter 16 Jahren deren g. V. es beantragt, sofern der MJ einen unbescholtenen Lebenswandel geführt hat, an dem Orte seiner Niederlassung eine eigene Wohnung oder ein Unterkommen gefunden hat und an diesem Orte sich und seine Angehörigen zu ernähren imstande ist, § 8 I i. V. m. § 7 II;[1]
- durch erleichterte Einbürgerung oder durch Einbürgerung unter Hinnahme von Mehrstaatigkeit gem. §§ 85 ff. AuslG;

(30) ***Wie kann ein deutsches Kind seine Staatsangehörigkeit verlieren?***
Das RuStAG benennt vier Sachverhalte, bei denen deutsche Kinder ihre StA verlieren:

---

1 Vgl. zu den Einzelheiten die Einbürgerungsrichtlinien – RdSchr. BMJ v. 15. 12. 1977 – VII 5 – 124 311/3b – GMBl. 1978, 16–21; sowie Stand 1. 6. 1991, Mbl. NW, Nr. 18.

1. Kraft Gesetzes

- wenn ein MJ mit Einverständnis seines g. V. eine ausländische StA erworben hat und seine personensorgeberechtigten Eltern ebenfalls die StA wechseln oder wenn ohne den Wechsel der Eltern das deutsche VormG den Wechsel des Kindes genehmigt, § 25 i. V. m. § 19;
- wenn ein deutscher MJ von einem Ausländer als Kind angenommen wird und dadurch die ausländische StA erwirbt, § 27.

2. Aufgrund ausdrücklicher Willenserklärung

- durch Entlassung auf Antrag des g. V. des MJ, wenn entweder das deutsche VormG dies genehmigt oder wenn die personensorgeberechtigten Eltern ihre Entlassung gleichzeitig beantragen, sofern der Erwerb einer ausländischen StA beantragt und ihre Verleihung vom Ausland zugesichert ist, §§ 18–24, speziell § 19;
- durch Verzicht, wenn der MJ mehrere StAen besitzt und das deutsche VormG den Verzicht genehmigt oder die personensorgeberechtigten Eltern gleichzeitig die deutsche StA verlieren, § 26 i. V. m. § 19.

Inwieweit ist die Staatsangehörigkeit für die Regelung zivilrechtlicher, speziell familienrechtlicher Rechtsverhältnisse von Bedeutung? **(31)**

Wenn Ausländer an regelungsbedürftigen Sachverhalten beteiligt sind, stellt sich die **Frage, ob deutsches oder ausländisches Recht** auf sie **anzuwenden** ist. Diese Frage beantwortet das sog. Internationale Privatrecht (IPR), das teilweise im Einführungsgesetz zum BGB (EGBGB, Art. 3–38), teilweise in internationalen Abkommen geregelt ist. Für das Personen-, Familien- und Erbrecht sind insbesondere die Art. 7–26 EGBGB von Bedeutung. Allerdings hat das EGBGB insbesondere im Bereich des Kindschaftsrechts (Art. 18–24 EG) heute weitgehend an Bedeutung verloren, weil seine Anwendung durch internationale Abkommen bilateraler und multilateraler Art ausgeschlossen ist. Für das Kindschaftsrecht sind speziell das Haager Vormundschaftsabkommen vom 12. 6. 1902, das Haager Unterhaltsstatutabkommen (UStA) vom 24. 10. 1956 bzw. vom 2. 10. 1973 sowie das Haager Minderjährigenschutzabkommen (MSA) vom 5. 10. 1961 zu beachten.

Von der **Frage** des anzuwendenden Rechts ist die **der internationalen Zuständigkeit** zu unterscheiden. Die internationale Zuständigkeit entscheidet, ob deutsche Gerichte und Behörden in einem Fall mit Auslandsberührung überhaupt tätig werden dürfen. Sie ist im nationalen (autonomen) Recht in der ZPO und im FGG geregelt. Im internationalen Recht ist im Bereich des Kindschaftsrechts im engeren Sinn wichtigste Rechtsquelle das MSA. Im Bereich des Unterhaltsrechts gilt hierfür das Europäische Zuständigkeits- und Vollstreckungsabkommen (ZVÜ).

Die neueren internationalen Abkommen, die sich mit dem anzuwendenden Recht beschäftigen, stellen nicht mehr auf die StA der Betroffenen, sondern – auch und gerade bei Kindern – auf deren »gewöhnlichen Aufenthalt« ab. Die internationale Zuständigkeit ist – sogar im nationalen Recht – in großem Umfang abhängig vom gewöhnlichen Aufenthalt.

(32) ***Was ist mit dem »Wohnsitz« i.S.d. BGB gemeint, und wie erwirbt ein Kind ihn?***
1. Der WS des BGB (§§ 7–11) ist nicht identisch mit dem **Wohnsitz des öffentlichen Rechts** (z.B. nach dem Meldegesetz für das Land NW). Er kann sich allerdings mit ihm decken. In der Regel wird der öffentlich-rechtliche WS begründet durch die Anmeldung bei der Meldebehörde. Er hat u.a. Bedeutung für die Steuerpflicht, die Wahlberechtigung, die Schulpflicht etc. Andere Gesetze (z.B. § 30 III 1 SGB I) sehen andere Wohnsitzbegriffe vor.

Ein **zivilrechtlicher Wohnsitz** ist vorhanden, wenn sich jemand an einem Ort ständig niedergelassen und den rechtsgeschäftlichen Willen hat, den Ort zum Mittelpunkt seiner Lebensverhältnisse zu machen. Er hat insbesondere Bedeutung für die örtliche Zuständigkeit des Gerichts. Grundsätzlich ist zuständig das Gericht am WS des Beklagten (§§ 12, 13 ZPO) bzw. am Wohnsitz dessen, der der Fürsorge bedarf (§§ 36ff. FGG).

2. Der MJ leitet seinen WS von seinen PSB ab, § 11e entweder kraft Gesetzes oder durch rechtsgeschäftliche Bestimmung durch den g.V. oder durch Wahl mit Zustimmung seines g.V.

VII. Familiäre Rechtspflichten

(33) ***Was für Rechtspflichten außer elterlicher Sorge und Unterhalt ergeben sich aus der Verwandtschaft zwischen Eltern und Kindern?***
1. Dienstleistungspflicht (§ 1619): Sie ist eine einseitige Pflicht, die nur die Kinder, nicht die Eltern trifft und ein gewisses Äquivalent für die Erziehungs- und Unterhaltsleistungen der Eltern darstellt. Sie beruht darauf, daß es sich um Personen handelt, die in einem komplexen familienrechtlichen Rechtsverhältnis stehen und in einer Hausgemeinschaft, d.h. einer engen räumlichen Beziehung zusammenleben. Da dieser Rechtsgedanke ebenso für Kinder, die ihre Eltern versorgen, zutrifft, dürfte eine analoge Anwendung auch z.B. für Großeltern möglich sein, die im Haus ihrer Kinder und Enkelkinder leben und mit Naturalien aller Art (Essen, Wäsche, Einkaufen…) versorgt werden.

2. Pflicht zu Beistand und Rücksichtnahme (§ 1618a): Diese Pflicht ist eine gegenseitige für Eltern und Kinder und ist nicht beschränkt auf Personen, die in häuslicher Gemeinschaft zusammenleben. Sie ist sehr allgemein gehalten. Sie dürfte weniger als eigenständige Rechtsgrundlage, als vielmehr als Auslegungsmaßstab dienen. Der die Norm tragende Rechtsgedanke findet sich in konkreterer Form in anderen Vorschriften, z.B. in § 1619 oder § 1612 II 1 oder § 1626 II.

Kapitel 4

Elterliche Sorge

VIII. Erwerb, Inhalt und Umfang der elterlichen Sorge

Literatur: *Lange:* Schenken an beschränkt Geschäftsfähige und § 107 BGB, NJW 1955, 1339; *Glässing:* Kann der Vormundschaftsrichter die Erstbestimmung der Religion des Kindes vornehmen?, FamRZ 1962, 350; *Gernhuber:* Kindeswohl und Elternwille, FamRZ 1973, 229; *Schwerdtner:* Kindeswohl und Elternrecht, AcP 173 (1973), 227; *Mnookin:* Was stimmt nicht mit der Formel Kindeswohl?, FamRZ 1975, 1; *Münder:* Elterliche Gewalt und Wohl des Kindes, RdJB 1977, 358; *Münder:* Die Kosten von Erziehung und Aufziehung, ZblJugR 1978, 29; *Schwerdtner:* Kindeswohl oder Elternwille?, AcP 178 (1978), 263; *Zenz:* Kindeswohl und Selbstbestimmung, in: *Kühn/Tourneau* (s. o.I), S. 169; *Kropp:* Herausgabe des Kindes, DRiZ 1979, 84; *Brüggemann:* Elterliche Vermögenssorge – Alte und neue Fragen, ZblJugR 1980, 53; *Diederichsen:* Die Neuregelung des Rechts der elterlichen Sorge, NJW 1980, 1; *Friedrichs:* Ausbildungs- und Berufskonflikte in der Eltern-Kind-Beziehung (§ 1631a BGB), ZblJugR 1980, 313; *Schüler:* Die Kindesherausgabevollstrekkung seit dem 1. 1. 1980, ZblJugR 1981, 173; *Albrecht-Schäfer:* Zum Erfordernis der vormundschaftsgerichtlichen Genehmigung bei der Unterbringung Minderjähriger, DA-Vorm 1981, 15; *Christian:* Die Herausgabe eines vom nichtsorgeberechtigten Elternteil oder einem Dritten entführten Kindes, DAVorm 1983, 417 und 689; *Simon:* Neuere Entwicklungstendenzen im Kindschaftsrecht, ZfJ 1984, 14; *Helle:* Freiheitsentziehung und Freiheitseinschränkung bei der bürgerlich-rechtlichen Unterbringung Minderjähriger, ZfJ 1986, 40; *Moritz:* Genehmigungspflicht nach § 1631b BGB bei Unterbringung des Kindes, ZfJ 1986, 440; *Kunz:* Zur Rechtsstellung des Kindes, ZfJ 1986, 187; *Fuchs:* Religionsmündigkeit und Teilnahme am schulischen Religionsunterricht, ZfJ 1989, 224; *Harrer:* Zivilrechtliche Einflußmöglichkeiten des künftigen Vaters auf die Durchführung des Schwangerschaftsabbruches, ZfJ 1989, 238; *Peschel-Gutzeit:* Elterliche Vertretung und Minderjährigenschutz, FamRZ 1993, 1009; *Belling/Eberl*: Der Schwangerschaftsabbruch bei Minderjährigen, FuR 1995, 287; *Niemeyer, G.*: Zur Reform des Kindschaftsrechts: Sorgerecht allein oder zu zweit?, FuR 1995, 221; *Oelkers, H.*: Die Rechtsprechung zur elterlichen Sorge – eine Übersicht über die letzten fünf Jahre, FamRZ 1995, 1097; *Gollwitzer/Rüth*: § 1631b BGB – Die geschlossene Unterbringung Minderjähriger aus kinder- und jugendpsychiatrischer Sicht, FamRZ 1996, 1388; *Fegert, J.-M.* u. a.: Das Dilemma zwischen familienbezogener Hilfe und staatlichem Wächteramt, ZfJ 1996, 448 und 483; *Finger, P.*: Gemeinsame Sorge unverheirateter Eltern – zum Stand der Gesetzes-Reform, ZfJ 1997, 301; *Jenckel/Peschel-Gutzeit*: § 1629 BGB oder: Vom langen Leben einer Gesetzeslücke, FuR 1997, 34; *Knittel, B.*: Reform des Kindschaftsrecht vor dem Ziel, DAVorm 1997, 649 = ZfJ 1997, 355; *Schwab/Wagenitz*: Einführung in das neue Kindschaftsrecht, FamRZ 1997, 1377; *Deinert, H.*: Die Entwicklung des Kindschaftsrecht, DAVorm 1998, 197 und 257 und 337; *Diederichsen, U.*: Die Reform des Kindschafts- und Beistandschaftsrechts, NJW 1998, 1977; *Dickerhoff-Brello, E.*: Die Sorgeerklärung eines geschäftsunfähigen Elternteils, FuR 1998, 70 und 154; *Dörndorfer, J.*: Einführung in das neue Kindschaftsrecht, ZfJ 1998, 202;

Fthenakis, W.: Ta panta rei: Auf dem richtigen Weg zu einer Kindschaftsrechtsreform, FPR 1998, 8; *Greßmann, M.*: Einführung in das neue Kindschaftsrecht, Kind-Prax 1998, 3 und 35; *Hinz, M.*: Die gemeinsame Sorge, Sorgerechtsentscheidungen und ergänzende Normen nach dem neuen Recht, FPR 1998, 76; *Keller, T.*: Das Kindschaftsrechtsreformgesetz, NJ 1998, 234; *Lipp, M.*: Das elterliche Sorgerecht für das nichteheliche Kind nach dem Kindschaftsrechtsreformgesetz (KindRG), FamRZ 1998, 66; *Mühlens, E.*: Einführung in das neue Kindschaftsrecht, Kind-Prax 1998, 3; *Mühlens, E.* Kindschaftsrechtsreform: Die Neuregelung im Sorge- und Umgangsrecht, FF 1998, 42; *Peschel-Gutzeit, L.M.*: Das Minderjährigenhaftungsbeschränkungsgesetz oder: Wo bleibt der Schutz der Kinder vor Überschuldung?, FPR 1998, 74; *Piper, K.*: Die wichtigsten Änderungen durch das neue Kindschaftsrecht, FuR 1998, 1; *Renesse von, M.*: Die Kindschaftsrechtsreform – Neue Erkenntnisse, neues Recht, FPR 1998, 59; *Rummel, C.*: Die Kindschaftrechtsreform – ein einführender Überblick, RdJB 1998; *Willutzki, S.*: Kindschaftsrechtsreform – Versuch einer wertenden Betrachtung, Kind-Prax 1998, 8.

(34) ***Welche Personen erwerben auf welchem Weg die e.S.?***

1. Erwerbsgründe

Die e.S. kann auf drei Wegen erworben werden:
- kraft Gesetzes
- durch Willenserklärung
- aufgrund gerichtlicher AO.

2. Gemeinsames Sorgerecht

2.1 Bei Geburt des Kindes verheiratete Eltern, § 1626a a.e.c. i.V.m. § 1592 Nr. 1

2.2 Nach Geburt verheiratete Eltern, wenn Vaterschaft des Ehemannes der Mutter feststeht, § 1626a Nr. 2 i.V.m. § 1592 Nrn. 2, 3

2.3 Nicht miteinander verheiratete Eltern, die Sorgeerklärungen abgeben, § 1626a Nr. 1 i.V.m. §§ 1626b–e, sofern die Vaterschaft des Mannes feststeht

2.4 Getrenntlebende Eltern mit gemeinsamem Sorgerecht, deren Antrag auf Alleinsorge vom FamG abgeleht wird, § 1671 II a.e.c.

2.5 Eltern, von denen der Vater aufgrund gerichtlicher AO Alleinsorge hatte (§ 1672 I) und die jetzt auf Antrag das gemeinsame Sorgerecht erhalten haben, § 1672 II 1

2.6 Eltern, von denen der Vater aufgrund gerichtlicher AO Alleinsorge hatte (§ 1672 I) und denen diese AO aufgehoben wird (§ 1696) und die jetzt auf Antrag gemeinsam das Sorgerecht erhalten haben, § 1672 II 2.

3. Alleinsorgerecht

3.1 Mutter, die bei Geburt ledig ist, § 1626a II

3.2 Vater, dessen Vaterschaft feststeht und der vom FamG mit Zustimmung der Mutter Alleinsorge erhalten hat, § 1672 I

3.3 Mutter oder Vater, die aufgrund Getrenntlebens (nie verheiratet; verheiratet–geschieden; verheiratet – nicht geschieden) und Antrags kraft richtlicher AO Alleinsorgerecht erhalten haben, § 1671

3.4 Mutter oder Vater, die aufgrund von Störungen im Eltern-Kind-Verhältnis (Tod, Todeserklärung, Ruhen, Entzug) kraft Gesetzes oder richterlicher AO Alleinsorgerecht erhalten haben, §§ 1678, 1680, 1681.

Wie ist die elterliche Sorge strukturiert? **(35)**
Wie in Frage 10 bereits dargestellt, besteht die e. S. gemäß §§ 1626 I 2, 1629 I 1 aus den vier Elementen
1a tatsächliche Personensorge,
1b Vertretung in persönlichen Angelegenheiten,
2a tatsächliche Vermögenssorge,
2b Vertretung in Vermögensangelegenheiten:

Zu 1a gehören u. a.: Pflege, Erziehung, Aufsicht, Aufenthaltsbestimmung, Herausgabeanspruch, §§ 1631 1 I, II; 1631a; 1631b; 1632.

Zu 1b zählen alle Tätigkeiten, die 1a betreffen und rechtliche Maßnahmen im Außenverhältnis erfordern, z. B. Vertragsabschlüsse, Stellung von Anträgen etc.

Zu 2a gehören vermögenserhaltende und vermögensvermehrende Maßnahmen, die keine Aktivitäten Dritten gegenüber erfordern, z. B. Pflege eines Gartens, Anstrich von Fenstern, Reparatur defekter Lampen etc.

Zu 2b rechnen alle Tätigkeiten, die sich auf 2a beziehen, jedoch rechtliche Maßnahmen im Außenverhältnis nötig machen, z. B. Anlegung von Geld (Sparbuch, Aktien), Vermietung von Wohnungen etc.

Wie sind die Vorschriften über die elterliche Sorge gegliedert? **(36)**

§§ 1626–1630	: Allgemeines zur e. S. insgesamt
§§ 1631–1635	: Personensorge
§§ 1638–1649, 1698–1698b	: Vermögenssorge
§ 1664	: Haftung der Eltern
§§ 1666–1688	: Störungen im Eltern-Kind-Verhältnis
§§ 1693–1697a	: Bestimmungen zu gerichtlichen Regelungen

Inwiefern kann es im Rahmen der Ausübung der e. S. zu Streitigkeiten kommen? **(37)**
Streit ist denkbar zwischen:
- den Eltern untereinander: §§ 1627; 1628; 1632 I, III Hs. 2, 1687, 1688
- den Eltern einerseits und dem (verheirateten) Kind andererseits: §§ 1626 II, III; 1633, 1666
- den leiblichen Eltern einerseits und Pflegeeltern andererseits: § 1632 IV; 1688
- den Eltern einerseits und einem PFL oder VM andererseits: §§ 1630 II, 1673 II 3 Hs. 1.

(38) ***Welchen Grenzen in der Vertretungsbefugnis unterliegen Eltern und Vormund gem. §§ 1795, 1629, 181?***
Siehe Schaubild zur Vertretungsbefugnis, S. 35

Erläuterungen zum Schaubild

1. § 181 läßt **Rechtsgeschäfte (RGe) in sich** ausnahmsweise wirksam sein, wenn sie
   - gestattet sind (vom Vertretenden) oder
   - ausschließlich in der Erfüllung einer Verbindlichkeit bestehen.

Bei strenger Anwendung dieser Vorschrift bedeutet das z. B. folgendes:

a. Schenken Eltern einem beschränkt geschäftsfähigen MJ etwas zu Weihnachten, so ist dieses RG gem. § 181 an sich verboten (vgl. oben Bild 1a). Die in einem solchen Fall für die Rechtswirksamkeit dann eigentlich notwendige Pflegerbestellung (§ 1909 I 1) erübrigt sich hier nur deswegen, weil das RG wegen § 107 (lediglich rechtlicher Vorteil von Schenkung und Übereignung) bereits gültig ist.

b. Schenken dagegen Eltern einem geschäftsunfähigen MJ etwas, so kann § 107 nicht eingreifen, da dieser nur für beschränkt Geschäftsfähige gilt. Würde man nur an dem Wortlaut des § 181 festhalten, so müßte für jede noch so geringe Schenkung ein Pfleger bestellt werden – ein Ergebnis, das nicht stimmen kann, weil es unsinnig wäre. Zur Wirksamkeit des RG kommen Rspr. und Lit., indem sie den Rechtsgedanken des § 107 auf § 181 übertragen. Weil die Interessenlage in beiden Vorschriften die gleiche ist, kann § 181 nicht enger sein als § 107. Oberbegriff, der in beiden Vorschriften stehen müßte, ist »lediglich rechtlich vorteilhaft«. Die eine Untergruppe von RGen ist die in **Erfüllung** einer Verbindlichkeit vorgenommenen, die andere die rechtlich vorteilhaften **Verpflichtungs**geschäfte.

RGe, die rechtlich lediglich vorteilhaft sind

RGe in Erfüllung einer Verbindlichkeit (= Erfüllungsgeschäfte), z. B. Übereignung	Rechtlich lediglich vorteilhafte Verpflichtungsgeschäfte, z. B. Schenkung ohne Auflage

Interpretiert man den § 181 derart, dann sind auch Schenkungen an Geschäftsunfähige wirksam, weil der Schenkungsvertrag als lediglich rechtlich vorteilhaftes Verpflichtungsgeschäft und die Übereignung als RG in Erfüllung einer Verbindlichkeit ohne Pflegebestellung getätigt werden kann.

2. Für die §§ 1629 II, 1795 I Nr. 1 gilt Entsprechendes wie für § 181. Auch hier ist dem Wortlaut nach z. B. eine Schenkung der Großmutter an ihre Enkelkinder nur mittels eines Pflegers möglich. Durch eine erweiternde Auslegung mit dem Rechtsgedanken des § 107 lassen Rspr. und Lit. jedoch auch derartige RGe ohne Pflegerbestellung gültig sein.

Schaubild 5: Vertretungsbefugnis nach §§ 181, 1629 II 1 und 1795 I Nr. 1

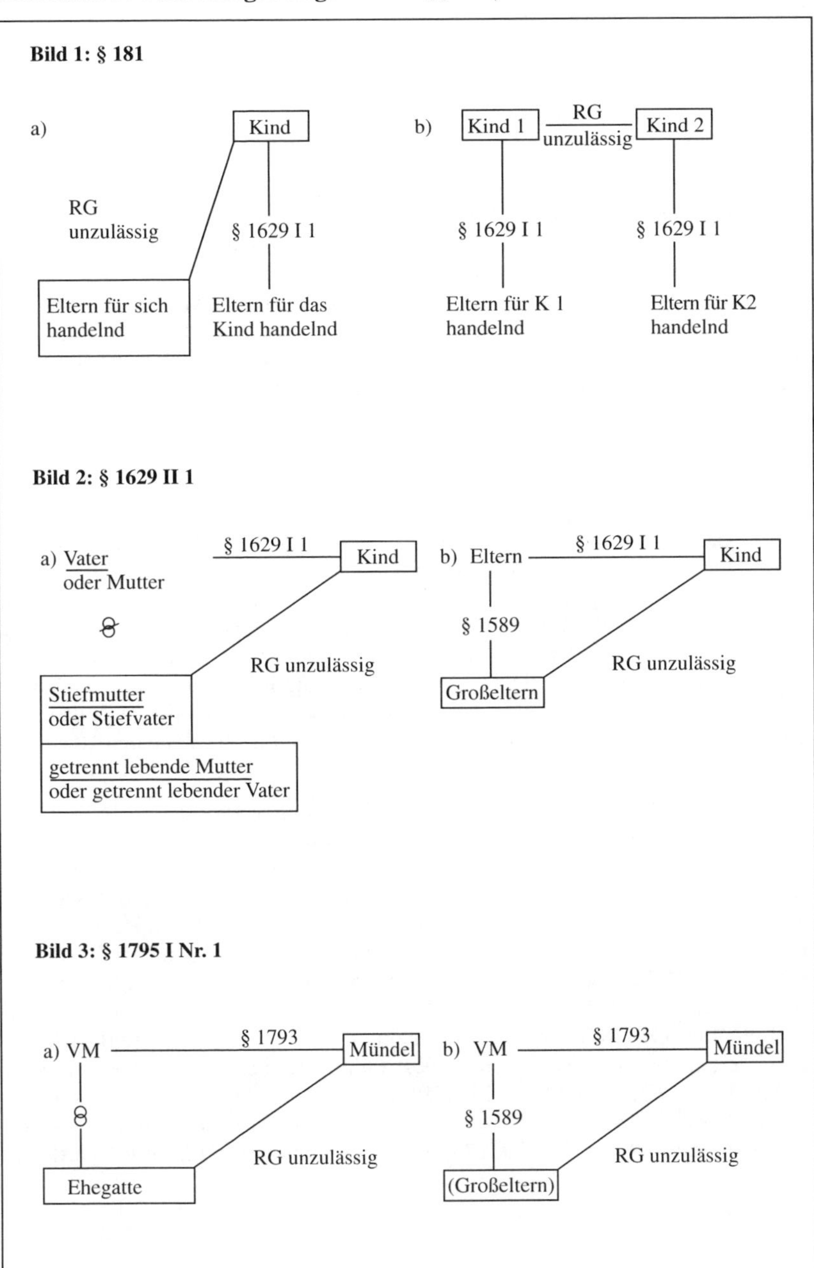

Für Schenkungen, die nach allgemeiner Anschauung sittlich geboten sind (z. B. zu Weihnachten, Geburtstag, Namenstag etc.) kommt ein Teil der Literatur zu dem gleichen Ergebnis mit der Begründung, es handele sich bei diesen Zuwendungen um Unterhaltsleistungen.

3. Die unter 1. und 2. angestellten Überlegungen werden in der nachfolgenden Entscheidung des Bundesgerichtshofes überzeugend zusammengefaßt:[1]

»Wie beim Selbstkontrahieren (§ 181) ist auch beim Kontrahieren des gesetzlichen Vertreters (§§ 1629 II, 1795 I Nr. 1) der gesetzgeberische Grund für den Ausschluß der Vertretungsmacht die **abstrakte Gefährdung** des Vermögens des Vertretenen (Kind/Mündel), die darin besteht, daß der Vertreter in einen **Interessenkonflikt** gerät und aus diesem heraus die Vermögensinteressen des Vertretenen (Kind/Mündel) verletzt. Normzweck der Vorschriften ist daher der Schutz des Vermögens des Vertretenen. Dabei ist für das Vertretungsverbot grundsätzlich nicht maßgebend, ob im **Einzelfall** ein Interessenkonflikt besteht und sich praktisch auswirkt oder nicht, maßgebend ist im Interesse der Klarheit und Sicherheit des Rechtsverkehrs die Art der Vornahme des RGs, nicht die Interessenlage des Einzelfalls …

Der Grundsatz erleidet jedoch … eine Einschränkung dahin, daß das Vertretungsverbot dann nicht gilt, wenn nach der Natur des RGs eine Gefährdung der Vermögensinteressen des Vertretenen nicht nur im konkreten Einzelfall, sondern abstrakt generell ausgeschlossen ist, denn dann besteht für ein Vertretungsverbot nach dem Normzweck und auch aus Gründen der Sicherheit des Rechtsverkehrs kein Bedürfnis … Das Vertretungsverbot des § 181 wurde … verneint bei Insichgeschäften des Vertreters, die dem Vertretenen lediglich einen rechtlichen Vorteil bringen, weil der besagte Interessenkonflikt bei der ausschließlichen Zuwendung eines rechtlichen Vorteils nach der allgemeinen Natur eines solchen RGs nicht entstehen kann …

Dieselbe Einschränkung hat auch für das Vertretungsverbot der §§ 1629, 1795 I Nr. 1 zu gelten. Auch hier ist bei Rechtsgeschäften, durch die das Kind lediglich einen rechtlichen Vorteil erlangt, eine Interessenkollision, wie sie das Verbot unschädlich machen will, nach der Natur des RGs allgemein ausgeschlossen; der Schutzzweck der Norm trifft daher auf diese Fälle nicht zu. Auch Rechtsklarheit und Rechtssicherheit gebieten hier ein Vertretungsverbot nicht; der Vorlagebeschluß (BayObLG) verweist in diesem Zusammenhang zutreffend auf die Vorschrift des § 107 d der die eigene Handlungsfähigkeit des MJ bei lediglich vorteilhaften Geschäften ebenfalls allgemein erweitert, sowie darauf, daß kein Grund erkennbar ist, hinsichtlich der Feststellung der ausschließlichen Vorteilhaftigkeit in den Fällen der §§ 1629, 1795 höhere Anforderungen an die Rechtssicherheit zu stellen als im Fall des § 107. Aus diesen Gründen gilt das Vertretungsverbot der §§ 1629, 1795 I Nr. 1 bei für das Kind lediglich vorteilhaften Rechtsgeschäften nicht.«

1 BGH v. 16. 4. 1975, NJW 1975, 1885/1886.

4. **Ergebnis:** Aufgrund dieser Rspr. sind die §§ 181, 1629 II, 1795 I Nr. 1 so zu lesen, daß das Kontrahierungsverbot nicht gilt, wenn das Rechtsgeschäft lediglich rechtlich vorteilhaft ist.

IX. Elterliche Sorge bei Getrenntleben

Literatur: *Juristinnenbund:* Neues elterliches Sorgerecht, Bielefeld 1977; *Vollertsen:* Die Besuchsregelung nach § 1634 BGB, ZblJugR 1977, 230; *Dürr:* Verkehrsregelungen gem. § 1634 BGB, 2.Aufl. Stuttgart 1978; *Lempp:* Das Kindeswohl und das neue Scheidungsrecht, ZblJugR 1979, 49; *Steffen:* Lebensqualität und Persönlichkeitsentwicklung nach Ehescheidung, Sorgerechts- und Verkehrsregelung, ZblJugR 1979, 129; *Simitis:* Kindeswohl, Frankfurt 1979; *Beres:* Das Kindeswohl in der familiengerichtlichen Praxis, ZblJugR 1982, 1; *Dickmeis:* Die Umgangsbefugnis im Spiegel elterlicher Verantwortung – Versuch einer interdisziplinären Betrachtung, ZblJugR 1982, 271; *Fthenakis/Niesel/Kunze:* Ehescheidung, Konsequenzen für Eltern und Kinder, München 1982; *Dickmeis:* Der Jugendamtsbericht als Entscheidungshilfe des Gerichts, ZblJugR 1983, 164; *Thalmann:* Der Bericht des Jugendamtes in den Verfahren nach §§ 1671, 1672 BGB aus der Sicht des Familienrichters, ZblJugR 1983, 249; *Knöpfel:* Zum gemeinsamen Sorgerecht der Eltern nach Scheidung, NJW 1983, 905; *Luthin:* Elterliche Sorge, Umgangsbefugnis und Kindeswohl, FamRZ 1984, 114; *Jopt:* Nacheheliche Elternschaft und Kindeswohl – Plädoyer für das gemeinsame Sorgerecht als anzustrebender Regelfall, FamRZ 1987, 875; *Schütz:* Gemeinsame elterliche Sorge nach Scheidung, durch Gesetz zum Regelfall zu erhebende Chance für Eltern und Kind oder für die Praxis ungeeignetes Ausnahmemodell?, ZfJ 1987, 189; *Peschel-Gutzeit:* Das Recht zum Umgang mit dem eigenen Kinde, Berlin 1989; *Coester:* Neue Aspekte zur gemeinsamen elterlichen Verantwortung nach Trennung und Scheidung, FuR 1991, 70; *Röchling:* Nochmals: Gemeinsame elterliche Sorge bei Trennung und Scheidung – ... , ZfJ 1992, 417/516/557; *Coester:* Sorgerecht bei Elternscheidung und SGB VIII, FamRZ 1992, 617; *Michalski:* Gemeinsames Sorgerecht geschiedener Eltern, FamRZ 1992, 128; *Oelkers/Kasten:* Zehn Jahre gemeinsame elterliche Sorge nach Scheidung, FamRZ 1993, 18; *Ollmann:* Das gemeinsame Sorgerecht nach der Scheidung und das SGB VIII, FamRZ 1993, 869; *Dickmeis, F.*: 10 Jahre gemeinsame elterliche Sorge, DAVorm 1993, 381; *Oberloskamp, H.*: Das Verhältnis von Jugendamt und Vormundschafts-/Familiengericht (§ 50 KJHG; §§ 49, 49a FGG), DAVorm 1993, 373; *Kunkel, P.-Chr.*: Die Familiengerichtshilfe des Jugendamtes – Mitwirkung ohne Wirkung?, FamRZ 1993, 505; *Oelkers/Kasten*: Zehn Jahre gemeinsame elterliche Sorge nach Scheidung, FamRZ 1993, 18; *Ollmann, R.*: Das gemeinsame Sorgerecht nach der Scheidung und das KJHG, FamRZ 1993, 869; *Zettner, R.*: Der Umfang der Trennungs- und Scheidungsberatung nach dem neuen KJHG, FamRZ 1993, 621; *Willutzki, S.*: Familiengericht und Jugendamt – neue Formen der Zusammenarbeit, ZfJ 1994, 202; *Balloff, R.*: Ist die Anhörung des Kindes in Familiensachen zeitgemäß?, FuR 1994, 9; *Maccoby/Mnookin*: Die Schwierigkeiten der Sorgerechtsregelung, FamRZ 1995, 1; *Oelkers, H.*: Formelle und materiell-rechtliche Fragen des Umgangsrechts nach § 1634 BGB, FamRZ 1995, 449; *Schnitzler, K.*: Der Anwalt des Kindes auch im Sorgerechtsverfahren?, FamRZ 1995, 397; *Salgo, L.*: Zur gemeinsamen elterlichen Sorge nach Scheidung als Regelfall – ein Zwischenruf, FamRZ 1995, 449; *Büdenbender, U.*: Die Zuständigkeit von Vormundschaftsgericht und Familiengericht nach geltendem und künftigem Recht, FuR 1996, 300; *Walter, E.*: Einschränkung und Ausschluß des Umgangs nach § 1634 II S. 2 BGB, ZfJ 1996, 270; *Knittel, B.* s.o. VIII; *Ollmann, R.*: Einflußfaktoren in familien- und vormundschaftsgerichtlichen Verfahren, FamRZ 1997, 321; *Schwab/Wagenitz* s.o. VIII; *Deinert, H.* s.o. VIII; *Diederichsen, U.* s.o. VIII; *Dörndörfer, J.* s.o. VIII;

Fthenakis, W. s. o. VIII; *Greßmann, M.* s. o. VIII; *Hinz, M.* s. o. VIII; *Keller, T.* s. o. VIII; *Künkel, B.*: Neue Zuständigkeiten des Familiengerichts ab 1. 7. 1998, FamRZ 1998, 877; *Mühlens, E.* s. o. VIII; *Niepmann, B.* s. o. VIII; *Piper, K.* s. o. VIII; *Rauscher, Th.*: Das Umgangsrecht im Kindschaftsrechtsreformgesetz, FamRZ 1998, 329; *Rehberg, J.*: Kindeswohl und Kindschaftsrechtsreformgesetz, FuR 1998, 65; *Renesse von, M.* s. o. VIII; *Rummel, C.* s. o. VIII; *Salgo. L.*: Einige Anmerkungen zum Verfahrenspfleger im Kindschaftrechtsreformgesetz, FPR 1998, 91; *Schwab, D.*: Elterliche Sorge bei Trennung und Scheidung, FamRZ 1998, 457; *Wied Prinz zu*: Das Vermittlungsverfahren nach § 52a FGG, FuR 1998, 193; *Will, A.*: Der Anwalt des Kindes im Sorgerechtsverfahren – Garant des Kindeswohls?, ZfJ 1998, 1; *Willutzki, S.*: Kindschaftsrechtsreform und Verfahrensrecht – Ein Überblick über die wesentlichen Änderungen, FPR 1998, 94.

Statistisches:
Tabelle 8: Alleinerziehende Frauen/Männer mit mj. Kindern (in 1000) 1996

	Alleinerziehende Frauen/Männer/insgesamt				
mit Kindern	Summe	ledig	lebend	getrennt geschieden	verwitwet
1	982/214/1197	419/79/498	116/34/150	273/77/450	75/24/99
2	396/59/455	90/17/107	78/13/91	194/21/215	34/9/43
3	81/12/91	13/–/13	19/–/19	40/–/40	10/–/10
4 und mehr	25/–/28	–/–/–	–/–/–	12/–/12	–/–/–
Familien insgesamt	1.485/288/1.773	525/100/625	219/50/267	619/104/723	122/34/156
Kinder insgesamt	2.128/379/2.508	652/125/777	356/70/426	935/134/1.072	185//47/232

Quelle: Statistisches Jahrbuch 1997, 3.19

Tabelle 9: Gerichtliche Ehelösungen

Jahr	insgesamt	Nichtigkeit	Aufhebung	Scheidung
1950	86.341	834	767	84.740
1960	49.325	192	255	48.874
1970	76.711	54	137	76.520
1980	96.351	54	75	96.222
1990	123.041	42	130	122.869
1991*	136.484	35	132	136.317
1992	135.179	51	118	135.010
1993	156.646	34	187	156.425
1994	166.496	48	396	166.052
1995	170.000	45	530	169.425

* Ab 1991 einschließlich neue Bundesländer.
Quelle: Statistisches Jahrbuch 1997 und früher, 3.33 bzw. 3.34 (Gerichtliche Ehelösungen)

Tabelle 10: Ehescheidungen und Kinderzahl

im Jahr	Geschiedene Ehen		Anzahl der Kinder	
	insgesamt	je 1000 bestehende Ehen*	keine	mindestens**
1950	96.222	61,3	45.344	78.329
1982	118.483	78,4	55.003	94.407
1984	130.744	87,1	61.767	99.777
1986	122.443	82,6	61.206	87.788
1988	128.729	3.059	64.741	92.560
1990	122.869	2.918	63.342	87.114
1991***	127.341	3.023	65.298	90.749
1992	124.698	2.957	63.298	80.621
1993	135.010	2.784	74.572	121.853
1994	166.052	2.990	76.808	133.488
1995	169.425	3.086	76.761	140.168

* Ab 1987 wird eine Zahl je 10.000 geschlossene Ehen abgedruckt.
** Wegen einer Spalte »4 und mehr Kinder« bzw.»3 und mehr Kinder« nicht ganz genau.
*** Ab 1991 einschließlich neue Bundesländer.
Quelle: Statistisches Jahrbuch 1997 und früher, 3.33 bzw. 3.34, bzw. 3.35 (Geschiedene Ehen... und Kinderzahl)

Wie wird die elterliche Sorge bei gemeinsamem Sorgerecht und Getrenntleben der Eltern ausgeübt? **(39)**

1. Das Gesetz geht davon aus, daß trotz gemeinsamer Sorge der faktisch Alleinerziehende einen gewissen Entscheidungsfreiraum benötigt und nicht »für jede Kleinigkeit« eine Zustimmung des anderen Sorgeberechtigten einholen kann. Es unterscheidet daher von der Gewichtigkeit der Angelegenheiten her und läßt den Alleinerziehenden die weniger gewichtigen Angelegenheiten in alleiniger Kompetenz entscheiden. Die zwei Gruppen von Angelegenheiten, die das Gesetz benennt, sind solche, deren Regelung für das Kind von erheblicher Bedeutung sind (§ 1687 I 1) und solche des täglichen Lebens (§ 1687 I 2).

2. **Bedeutende Angelegenheiten** werden behandelt wie alle Angelegenheiten, die zusammenlebende Eltern zu entscheiden haben. Diese sind primär aufgefordert, sich zu einigen, § 1627 S. 2. Erst wenn sie dies nicht schaffen, können sie bei Angelegenheiten, deren Regelung für das Kind von erheblicher Bedeutung ist, das FamG um Hilfe bitten, § 1628 d das dann ggfs. die Entscheidungskompetenz einem Elternteil überträgt.

3. **Angelegenheiten des täglichen Lebens** dagegen – über die sich die Eltern, die zusammenleben, ebenfalls einigen müssen, § 1627 S. 2, und die unentschieden bleiben, wenn sie sich nicht einigen – kann bei getrenntlebenden Eltern der faktisch Alleinerziehende allein entscheiden.

4. Welche Angelegenheite zur ersten und welche zur zweiten Gruppe gehören, läßt das Gesetz offen. Es beschreibt lediglich Angelegnheiten des täglichen Lebens mit solchen Angelegenheiten,
- die häufig vorkommen und
- keine schwer abzuändernden Auswirkungen haben, § 1687 I 3.

Für die Klärung des Begriffs der »bedeutenden Angelegenheit« kann auf die Rechtsprechung zu § 1628 zurückgegriffen werden. Diese zählt dazu:
- Religionswahl
- Schulwahl
- Berufswahl
- Fremdunterbringung
- bedeutende medizinische Behandlungen und Eingriffe.

Sicher wird man auch die Frage, bei welchem Elternteil das Kind lebt, dazu rechnen müssen. Diese ist bei der Rechtsprechung zu § 1628 bisher nicht aufgetaucht, weil es den Fall des Getrenntlebens trotz gemeinsamer e. S. nur in Grenzen gab (Getrenntleben Verheirateter ohne Scheidung und gemeinsame e. S. trotz Scheidung).

(40) ***In welchen Fällen kommt eine Übertragung der Alleinsorge auf einen Elternteil in Betracht?***

In drei Fällen besteht die rechtliche Möglichkeit, die gemeinsame e. S. zu beenden und einen Elternteil zum alleinsorgeberechtigten zu machen:
1. Verheiratete Eltern trennen sich, ohne sich scheiden zu lassen
2. Verheiratete Eltern lassen sich scheiden
3. Sorgerechtspartner leben nicht zusammen (gleichgültig, ob sie je zusammengelebt haben)

(41) ***Unter welchen Voraussetzungen kann das Sorgerecht bei Getrenntleben auf einen Elternteil übertragen werden?***

1. Es muß ein Antrag beim FamG gestellt werden.
2. Es muß ein Übertragungsgrund vorliegen. Ein solcher kann sein:
   - der andere Elternteil stimmt zu und das über 14jährige Kind widerspricht nicht;
   - die Aufhebung der gemeinsamen Sorge und die Übertragung auf den Antragsteller entspricht dem Wohl des Kindes am besten.

Was geschieht verfahrensmäßig, wenn Eltern mit gemeinsamen minderjährigen Kindern sich scheiden lassen wollen? **(42)**

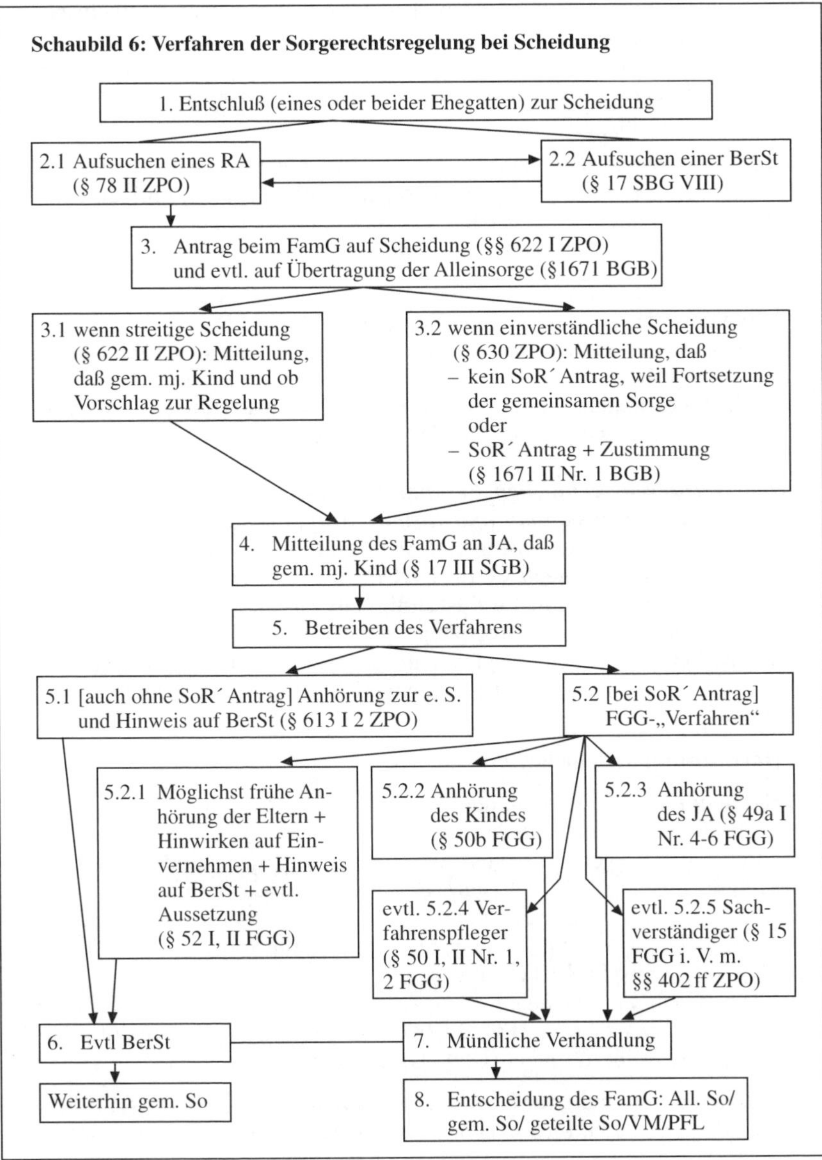

(43) ***Was ist ein »Anwalt des Kindes«, und in welchen Fällen ist er zu bestellen?***
1. Ein Anwalt des Kindes[2] ist ein Verfahrenspfleger, den das Gericht in solchen Verfahren der freiwilligen Gerichtsbarkeit bestellt, in denen es um Rechtspositionen Erwachsener geht, aber Kinder von den Folgen betroffen sind. Der Verfahrenspfleger soll anstelle der Eltern eindeutige Interessenwahrnehmung zugunsten des Minderjährigen betreiben, ohne daß den Eltern zuvor das Sorgerecht entzogen zu werden braucht.

2. § 50 FGG regelt den Verfahrenspfleger. In einigen typischen Fällen, die namentlich genannt sind, ist er in der Regel zu bestellen; im übrigen kann das Gericht ihn bestellen, wenn das Interesse des Kindes zu dem seiner gesetzlichen Vertreter in erheblichem Gegensatz steht.

Die namentlich genannten Fälle sind:
- Wegnahme des Kindes von der Pflegeperson (§ 1632 IV)
- Wegnahme des Kindes von Stiefelternteil oder anderer in § 1685 I genannter Person (§ 1682)
- Maßnahmen wegen Gefährdung des Kindeswohls zur Trennung oder vollständigen Sorgerechtsentziehung (§§ 1666, 1666a)

(44) ***Welche verfahrensrechtlichen Besonderheiten hinsichtlich gerichtlicher Zuständigkeit, Rechtsmitteln und Instanzenzug, anwaltlicher Vertretung, Anhörungen und Einschaltung von Sachverständigen sind im Sorgerechtsverfahren nach §§ 1671 BGB, 620 ZPO zu beachten?***
1. Sachliche und funktionelle Zuständigkeit: Zuständig, sowohl für die Scheidung als auch die Sorgerechtsregelung – gleichgültig, ob sie im Verbund oder im isolierten Verfahren, ebenfalls gleichgültig, ob sie als vorläufige oder endgültige Entscheidung ergehen –, ist das Familiengericht beim Amtsgericht (§ 23b I Nr. 1 GVG).

2. Rechtsmittel und Instanzenzug:

a) **Rechtsmittel**. Die Entscheidung im Verbund ist ein Urteil (§ 629 ZPO) und kann mit Berufung und Revision angegriffen werden (§§ 629, 629a ZPO).
Wird über das Sorgerecht isoliert entschieden, so ergeht die Entscheidung als Beschluß; gegen sie ist befristete Beschwerde sowie befristete weitere Beschwerde möglich (§ 621e ZPO).
Wird bei einem im Verbund ergangenen Urteil nur die Sorgerechtsregelung angegriffen, so gilt § 621e ZPO entsprechend.
Handelt es sich um eine einstweilige Anordnung, so ist gegen sie die sofortige Beschwerde gem. §§ 620 ZPO, 22 FGG möglich. Eine weitere sofortige Beschwerde gibt es hierfür nicht (§ 567 III ZPO).

b) **Instanzen**. Zuständig für Berufung und Beschwerde sind gem. § 119 I Nrn. 1 und 2 GVG das OLG, für Revision und weitere Beschwerde gem. § 133 Nrn. 1

2 *Salgo*, FPR 1998, 91.

und 2 GVG der BGH. Die letzteren müssen i.d.R. vom OLG zugelassen werden (§§ 621d I, 621e II 1 ZPO). Auch ohne Zulassung sind Revision und weitere Beschwerde zulässig, wenn das Berufungsgericht bzw. Beschwerdegericht die Rechtsmittel als unzulässig verworfen hat (§§ 621d II, 621e II 2 ZPO).

3. Anwaltliche Vertretung: An sich ist beim AG keine anwaltliche Vertretung nötig (vgl. § 78 I ZPO). Für Ehe- und Familiensachen dagegen sieht § 78 II ZPO in einer Reihe von Fällen sog. Anwaltszwang vor:

a) Für Ehesachen, also u.a. die Scheidung, in allen Rechtszügen, wobei es allerdings bei einer Konventionalscheidung genügt, daß der Antragsteller einen Anwalt hat (Nr. 1).
b) Für Folgesachen, die im Verbund mit einer Ehesache ergehen (Nr. 1).
c) Für selbständige (isolierte) Familiensachen der streitigen Gerichtsbarkeit bei § 621 I Nr. 8 ZPO in allen Rechtszügen, bei § 621 I Nrn. 4, 5 ZPO nur vor dem OLG und dem BGH (Nr. 2).
d) Für selbständige Familiensachen der freiwilligen Gerichtsbarkeit (§ 621 I Nrn. 1–3, 6 ZPO) nur vor dem BGH (Nr. 3). JÄ benötigen aber auch hier keinen Anwalt[3]. Für einen Antrag auf Erlaß einer einstweiligen Anordnung gem. § 620 ZPO ist kein Anwalt erforderlich (Arg. aus §§ 620a II 1 i.V.m. 78 III ZPO).

4. Anhörungen:

a) Gem. § 50a I 1 FGG hört das Gericht in einem Verfahren, das die Personen- oder Vermögenssorge für ein Kind betrifft, die **Eltern** an. Gem. § 50a I 2 FGG soll das Gericht in Angelegenheiten der Personensorge, wozu die Entscheidungen gem. §§ 1671, 1672 BGB, 620 ZPO gehören, die Eltern in der Regel persönlich hören. Gem. Abs. 3 darf das Gericht von der Anhörung nur aus schwerwiegenden Gründen absehen. Ein solcher Grund ist u.a. Gefahr in Verzug. In diesem Fall ist die Anhörung jedoch nachzuholen.

b) Gem. § 50b FGG ist auch das **Kind** in den meisten Fällen anzuhören. Die Einzelheiten werden in Fall 32 dargestellt. Bei Gefahr in Verzug kann allerdings die Anhörung zunächst unterbleiben und dann nachgeholt werden.

c) Gem. § 49a FGG an das FamG das **JA** anzuhören (s.u. Frage 45). Bei Gefahr in Verzug kann die Anhörung wiederum zunächst unterbleiben, muß jedoch nachgeholt werden (§ 49a II i.V.m. § 49 IV FGG).

d) Diese Anhörungsregeln gelten zweifelsfrei für das Verfahren beim AG. Ob sie auch in der 2. Instanz anzuwenden sind, ist streitig. Die Meinungen hierzu schwanken zwischen **grundsätzlich nicht** (es sei denn, es liegt eine sehr lange Zeitspanne dazwischen) und **immer**[4].

---

3 BGH v. 25. 6. 1980, FamRZ 1980, 991.

4 **Wiederholung ja:** BayObLG v. 25. 9. 1980, FamRZ 1981, 205; OLG Hamburg v. 21. 4. 1981, FamRZ 1981, 1105; BayObLG v. 3. 3. 1981, FamRZ 1982, 737; OLG Zweibrücken v. 24. 6. 1986, FamRZ 1986, 1037; BayObLG v. 30. 7. 1981, FamRZ 1982, 192; OLG Frankfurt v. 3. 8. 1981, FamRZ 1982, 430; BayObLG v. 24. 10. 1983, FamRZ 1984, 197; dass. v. 10. 4. 1984, FamRZ 1984, 933; dass. v. 14. 2. 1984, FamRZ 1984, 929; dass. v. 24. 4. 1984, FamRZ 1984, 935. **Wiederholung nein:** Bay-

e) Wird eine vorgeschriebene Anhörung nicht durchgeführt, so ist dies ein Verfahrensverstoß, der i. d. R. zur Aufhebunng der Entscheidung führt[5].

5. Einschaltung von Sachverständigen: Wenn das Tun des JA im Hinblick auf die Frage, wie die e. S. geregelt werden sollte, nicht die gewünschten Erkenntnisse bringt oder wenn das JA selber meint, daß andere fachkundige Personen (Pädiater, Psychologe, Kinderpsychiater) eingeschaltet werden müßten, dann kann das Gericht einen Sachverständigen bestellen. Die Durchführung psychologischer Texts kann nicht erzwungen werden[6].

(45) ***Inwiefern ist das JA grundsätzlich an der Entscheidungsfindung des FamGs beteiligt?***

1. Gem. § 49a FGG muß das FamG das JA vor einer Reihe von Entscheidungen »hören«. Das bedeutet in der Praxis, daß ein SA des JA eine gutachtliche Stellungnahme abzugeben und den Gerichtstermin wahrzunehmen hat[7].

2. Inhalt der gutachtlichen Stellungnahme ist folgender:
a) **Kopf:** Absender, Adressat, Betreff mit Quellenangaben (d. h. Aussage, woher die benutzten Informationen stammen)

b) **Vorgeschichte und derzeitige Situation:** chronologische Auflistung der problemrelevanten Einzelereignisse bis zum Zeitpunkt der Stellungnahme – Antwort auf die Frage: **Was** hat sich ereignet?

c) **Psychologischer Befund.** Beschreibung des relativ konstanten Erlebens und Verhaltens der Betroffenen – Antwort auf die Frage: **Wie** lassen sich die Beteiligten und ihre Situation charakterisieren?

d) **Diagnose/Prognose:** Erklärung oder Klassifikation des relativ konstanten Erlebens und Verhaltens der Betroffenen/Versuch, deren künftiges Erleben und Verhalten aufgrund der bisherigen Erkenntnisse einzuschätzen – Antwort auf die Frage: **Warum** sind die Beteiligten so? **Wie** werden sie sich künftig charakterisieren lassen?

e) **Zusammenfassende Beurteilung:** Subsumtion der gewonnenen Erkenntnisse unter den juristischen Tatbestand, um zu einer rechtlichen Folgerung zu gelangen; da hierbei meistens unbestimmte Rechtsbegriffe – z. B. Gefährdung, Kindeswohl – auszufüllen sind, besteht der Vorgang hauptsächlich in einem Abwägen – Antwort auf die Frage: **Warum** ist – unter Berücksichtigung der unter b)–d) gewonnenen Erkenntnisse – die Lösung A den Lösungen B, C,... vorzuziehen?

f) **Entscheidungsvorschlag:** Folgerung aus der zusammenfassenden Beurteilung, die sich in der Regel im Rahmen dessen hält, was der Richter entscheiden kann– Antwort auf die Frage: **Wie** sollte der Richter entscheiden? Die richterliche

---

ObLG v. 30. 6. 1981, FamRZ 1981, 999; LG Berlin v. 1. 4. 1982, FamRZ 1982, 841; dass. v. 11. 2. 1982, FamRZ 1987, 737.

5 Vgl. z. B. OLG Hamm v. 4. 5. 1987, FamRZ 1987, 1288.

6 Vgl. OLG Hamm v. 2. 6. 1981, FamRZ 1982, 94; OLG Hamm v. 9. 3. 1981, FamRZ 1981, 706.

7 Vgl. hierzu *Arndt/Oberloskamp/Balloff; Oberloskamp,* FamRZ 1992, 1241.

Entscheidung – der Tenor des Beschlusses – kann entweder eine Regelung der Sache, um die es geht, darstellen oder die Einschaltung eines Sachverständigen mit einem bestimmten Auftrag beinhalten. Beides kann daher auch Gegenstand des Entscheidungsvorschlags des JA sein. In Ausnahmefällen kann er den Entscheidungsvorschlag auch ganz weglassen[8].

Welche inhaltlichen Aspekte hat die Rechtsprechung bisher im Rahmen des § 1671 BGB a.F. berücksichtigt, und welches Gewicht hatten sie? – Inwieweit werden diese Aspekte im neuen § 1671 eine Rolle spielen? **(46)**

- Die Mutter hat keinen natürlichen Vorrang.
- Zu wem hat das Kind und wer hat zum Kind die stärkere emotionale Beziehung?
- Welcher Elternteil ist mehr geeignet, das Kind zu betreuen und zu erziehen? (Förderungsprinzip)
- Bei wem ist die Einheitlichkeit und Gleichmäßigkeit der Betreuung eher gewährleistet? (Kontinuitätsprinzip)
- Zu wem will das Kind?
- Hat das Kind Bindungen zu Geschwistern?
- Hat das Kind Bindungen zu Großeltern oder sonstigen Personen?
- Bei welchem Elternteil sind die äußeren Verhältnisse besser?

Einigkeit bestand darüber, daß von diesen Kriterien keines absoluten Vorrang hat. Vielmehr kam es – je nach Einzelfall – stärker auf den einen oder anderen Faktor an.[9]

---

8 S. Sie Literatur in FN 7.

9 S. dazu folgende Entscheidungen: BGH v. 11. 7. 1984, FamRZ 1985, 169 (mangelnde Erziehungseignung); OLG Frankfurt v. 6. 6. 1977, FamRZ1978, 261 (Kontinuität); KG v. 29. 11. 1977, FamRZ1978, 261 (Kindeswille); KG v. 24. 10. 1977, FamRZ 1978, 826 (Mutterbonus); OLG Hamm v. 12. 6. 1979, FamRZ 1979, 853 (verschiedene Gesichtspunkte); OLG Hamm v. 15. 10. 1979, FamRZ 1980, 487 (Kontinuität); OLG Hamm v. 17. 1. 1980, FamRZ 1980, 484 (Verantwortungsbereitschaft); OLG Hamm v. 29. 1. 1980, FamRZ 1980, 485 (gewachsene Bindungen); AmtsG Stuttgart v. 27. 1. 1981, FamRZ 1981, 597 (Kindeswille); OLG Frankfurt v. 10. 2. 1982, FamRZ 1982, 531 (allgemeine Maßstäbe); OLG Köln v. 10. 8. 1982, FamRZ 1982, 1232 (Bindungen, Neigungen, Kontinuität); KG v. 26. 8. 1983 (Erziehungseignung, Bindung); OLG Karlsruhe v. 29. 9. 1983, FamRZ 1984, 311 (Geschwister); OLG Celle v. 23. 7. 1984, FamRZ 1984, 1035 (Mutterbonus); OLG Bamberg v. 6. 11. 1984, FamRZ 1985, 528 (Erziehungsfähigkeit); AmtsG Mettmann, FamRZ 1985, 529 (lesbische Mutter); OLG Hamburg v. 13. 8. 1985, FamRZ 1985, 1284 (Sektenangehörigkeit); OLG Hamm v. 11. 4. 1986, FamRZ 1986, 715 (Kontinuität); OLG Bamberg v. 3. 11. 1987, FamRZ 1988, 750 (Kindeswille); OLG Hamburg v. 8. 9. 1987, FamRZ 1988, 425 (Kontinuität); KG v. 13. 1. 1988, FamRZ 1988, 863 (Kontinuität); OLG Düsseldorf v. 30. 5. 1988, FamRZ 1988, 1193 (Bindungen); OLG Stuttgart v. 25. 2. 1988, FamRZ 1989, 89 (aidsinfizierte Mutter); OLG Düsseldorf v. 27. 5. 1988, FamRZ 1989, 204 (Kindeswille); OLG Frankfurt v. 10. 10. 1989, FamRZ 1990, 550 (Chancengleichheit des Vaters); KG v. 10. 11. 1989, FamRZ 1990, 1383 (Bindungen); OLG Hamm v. 7. 12. 1996, FamRZ 1996, 1096 (dominierende Eltern des Vaters); OLG Saarbrücken v. 10. 11. 1995, FamRZ 1996, 561 (Zeuge Jehovas); OLG Hamburg v. 21. 6. 1995, FamRZ 1996, 684 (Zeuge Jehovas); OLG Hamm v. 14. 11. 1995, FamRZ 1996, 562 (Erziehungseignung/Kontinuität); AmtsG Meschede v. 28. 1. 1997, FamRZ 1997, 958 (Zeuge Jehovas); OLG Bamberg v. 29. 3. 1995, FamRZ 1997, 102 (Kontinuität); OLG Hamm v. 14. 11. 1996, FamRZ 1997, 957 (Geschwistertrennung); OLG Frankfurt v. 14. 10. 1996, FamRZ 1997, 573 (Scientology-Zugehörigkeit); OLG Bamberg v. 12. 6. 1997, FamRZ 1998, 498 (Geschwistertrennung); OLG Köln v. 10. 10. 1997, FamRZ 1998, 1046.

Nach neuem Recht ist nicht bei jeder Scheidung und nicht bei jeder Trennung der Eltern eine Entscheidung über das Sorgerecht vorgesehen. Wenn Eltern keinen Antrag stellen, bleibt es beim gemeinsamen Sorgerecht. Darüber hinaus geht es nicht um die Gestaltung des Sorgerechts (Regelung), sondern um eine Übertragung, die ein Elternteil begehrt. Solange also wirklich nur ein Elternteil einen solchen Antrag stellt, werden die alten Kriterien nur in abgeschwächter Form, nämlich zur Klärung, ob die Übertragung die beste Lösung ist, eingesetzt werden. Stellen allerdings beide Eltern einen Übertragungsantrag, so muß – wenn das Gericht nicht beide Anträge ablehnen und die Streitenden auf das gemeinsame Sorgerecht verweisen will – entschieden werden, welchem Antrag – aufgrund der immer noch gültigen Kriterien – stattzugeben ist.

(47) ***Was ist das Umgangsrecht, und wer hat es?***

1. Umgangsrecht

Das Umgangrecht ist die rechtliche Befugnis eines MJ, mit einem Erwachsenen oder mit einem anderen Minderjährigen bzw. die Befugnis eines Erwachsenen, mit einem Minderjährigen, mit dem er nicht zusammenlebt, Kontakte zu pflegen. Eine derartige Kontaktpflege kommt auf verschiedene Weise in Betracht, u. a. durch Besuche, gemeinsame Unternehmungen, Telefongespräche, Briefwechsel, elektronische Post. Eine Ersatzbefugnis ist das Auskunftsrecht, das mithilfe des Elternteils, bei dem der MJ lebt, oder mithilfe einer Behörde (FamG, JA) durch den Elternteil, der nicht mit dem MJ lebt, ausgeübt werden kann.

2. Rechtsgrundlage für ein gegenseitiges Umgangsrecht von Kindern und Eltern

2.1 § 1626 III 1: Der Umgang mit beiden Eltern gehört zum Kindeswohl. Die Gewährleistung von Umgang ist Bestandteil der e. S.
2.2 § 1684 I Hs. 1: Das Kind hat ein Recht auf Umgang mit jedem Elternteil
2.3 § 1684 I Hs. 2: Jeder Elternteil ist zum Umgang mit dem Kind verpflichtet und berechtigt.
2.4 § 1684 II 1: Die Eltern haben alles zu unterlassen, was das Verhältnis des Kindes zum jeweils anderen Elternteil beeinträchtigt oder die Erziehung erschwert.
2.5 § 1686 S. 1: Jeder Elternteil kann von dem anderen Elternteil bei berechtigtem Interesse Auskunft über die persönliche Verhältnisse des Kindes verlangen, soweit dies dem Wohl des Kindes nicht widerspricht.

3. Rechtsgrundlage für ein Umgangsrecht von sonstigen Personen

3.1 § 1626 III 2: Der Umgang mit anderen Personen, zu denen das Kind Bindungen besitzt, gehört zum Kindeswohl, wenn die Aufrechterhaltung der Bindungen für die Entwicklung des Kindes förderlich ist.
3.2 § 1685 III i. V. m. § 1684 II: Die Umgangsberechtigten haben alles zu unterlassen, was das Verhältnis des Kindes zu seinen Eltern beeinträchtigt oder die Erziehung erschwert.
3.3 § 1685 I: Großeltern und Geschwister haben ein Recht auf Umgang mit dem Kind, wenn dies dem Wohl des Kindes dient.

3.4 § 1685 II Alt. 1: Ehegatten (= getrenntlebende Stiefelternteile) oder frühere Ehegatten (= geschiedene Stiefelternteile), die mit dem Kind längere Zeit in häuslicher Gemeinschaft gelebt haben, haben ein Recht auf Umgang mit dem Kind, wenn dies dem Wohl des Kindes dient.
3.5 § 1685 II Alt. 2: Pflegeeltern, bei denen das Kind längere Zeit in Familienpflege war, haben ein Recht auf Umgang mit dem Kind, wenn dies dem Wohl des Kindes dient.

Wie kann Eltern geholfen werden, wenn sie sich über den Umgang mit dem Kind streiten? **(48)**

1. Vorgerichtliche Phase

1.1 § 18 III 1,2 SGB VIII: Kinder und Jugendliche haben Anspruch auf Beratung und Unterstützung bei der Ausübung des Umgangsrechts nach § 1684 I. Sie sollen darin unterstützt werden, daß die Personen, die nach Maßgabe der §§ 1684, 1685 zum Umgang mit ihnen berechtigt sind, von diesem Recht zu ihrem Wohl Gebrauch machen.
1.2 § 18 III 3 SGB VIII: Eltern haben Anspruch auf Beratung und Unterstützung bei der Ausübung des Umgangsrechts.
1.3 § 18 III 4: Bei der Befugnis, Auskunft über die persönlichen Verhältnisse des Kindes zu verlangen, bei der Herstellung von Umgangskontakten und bei der Ausführung vereinbarter Umgangsregelungen soll vermittelt und in geeigneten Fällen Hilfestellung geleistet weden.

2. Gerichtliche Phase 1: Ermittlung

2.1 § 621 I Nr. 2 ZPO: Das FamG ist zuständig für Regelung des Umgangs mit einem Kind
2.2 § 52 I 1 FGG: Es wirkt so früh wie möglichund in jeder Lage des Verfahrens auf Einvernehmen der Beteiligten hin.
2.3 § 52 I 2: Es hört die Beteiligten so früh wie möglich an und weist auf Beratungsdienste hin.
2.4 § 50a FGG: Es hört die Eltern an.
2.5 § 50b FGG: Es hört das Kind an.
2.6 § 49a I Nr. 7 FGG: Es hört das JA an.
2.7 § 50 I, II Nr. 1 FGG: Es bestellt einen Verfahrenspfleger.
2.8 § 15 FGG: Es hört Zeugen und Sachverständige an.
2.9 § 52 II FGG: Es setzt bei Hoffnung auf Einvernehmen das Verfahren aus.
2.10 § 52 III FGG: Es erläßt im Falle der Nr. 2.9 eine einstw. AO.

3. Gerichtliche Phase 2: Entscheidung durch Beschluß

3.1 § 1682 III 1 Alt. 1: Das FamG kann über den Umfang des Rechts entscheiden.
3.2 § 1682 III 1 Alt. 2: Es kann auch die Ausübung Dritten (Verwandte, Freunde, neue Partner) gegenüber regeln.
3.3 § 1682 III 2: Es kann AOen zur Beachtung der Wohlverhaltensklausel (Abs. 2) treffen.
3.4 § 1682 IV 1: Es kann den Umgang kürzere Zeit einschränken oder ausschließen, soweit dies zum Wohl des Kindes erforderlich ist.

3.5 § 1682 IV 2: Es kann den Umgang längere Zeit einschränken oder ausschließen, wenn andernfalls das Wohl des Kindes gefährdet wäre.
3.6 § 1682 IV 3, 4: Es kann den Umgang dadurch einschränken, daß ein mitwirkungsbereiter Dritter (auch JA oder freier Träger der Jugendhilfe) anwesend ist.

4. Phase nach Ergehen eines Gerichtsbeschlusses
4.1 Der Beschluß ist ein vollstreckbarer Titel.
4.2 § 18 III 4 SGB VIII: Bei der Ausführung gerichtlicher Umgangsregelungen soll das JA vermitteln und in geeigneten Fällen Hilfestellung leisten.
4.3 § 52a I 1 FGG: Wird der Beschluß nicht befolgt und der Umgang vereitelt oder erschwert, so können die Eltern ein gerichtliches Vermittlungsverfahren beantragen.
4.4 § 52a I 2 FGG: Dieses kann durchgeführt oder abgelehnt werden.
4.5 § 52a II, III FGG: Bei Durchführung kann der Richter persönliches Erscheinen anordnen, rechtlich aufklären, auf Beratungsstellen verweisen, evtl. das JA einbeziehen, auf Einvernehmen hinwirken, das Ergebnis protokollieren.
4.6 § 52a III FGG: Hergestelltes Einvernehmen ersetzt den gerichtlichen Beschluß, ist gerichtlicher Vergleich und neuer vollstreckbarer Titel.
4.7 § 52a IV 4 FGG: Bei nicht hergestelltem Einvernehmen sind die Streitpunkte zu protokollieren.
4.8 Im Falle des 4.7 gibt es verschiedene Möglichkeiten:
- § 33 FGG: Vollstreckung des 1. Beschlusses. Nach Abs. 2 S. 2 ist Gewaltanwendung gegen das Kind ausgeschlossen.
- § 1696 BGB: Änderung des Beschlusses zum Umgangsrecht (vAw)
- § 1696 i. V. m. § 1671: Änderung des Sorgerechts (auf Antrag)
- § 1666: Änderung des Sorgerechts (vAw)

X. Elterliche Sorge bei Störungen im Eltern-Kind-Verhältnis

Literatur: *Petri:* Abschaffung des elterlichen Züchtigungsrechts, ZRP 1976, 64; *Kunze:* Überlegungen zur Neufassung des § 1666 BGB, in: Juristinnenbund (s. o. VI), S. 155; *Thomas:* Die gerechtfertigte Züchtigung, ZRP 1977, 181; *Simitis:* Kindeswohl, Frankfurt 1979; *Ollmann:* Die Stellung von minderjährigem Elternteil und Vormund nach § 1673 II BGB, ZblJugR 1981, 45; *Wiesner:* Die Kompetenz des Vormundschaftsgerichts bei Abwehr von Gefahren für das Kindeswohl, ZblJugR 1981, 509; *Hinz:* Zu den Voraussetzungen der Trennung eines gesunden Kindes von seinen behinderten Eltern, NJW 1983, 377; *Barth:* Kindesmißhandlung – ein Überblick, ZfJ 1986, 236; *Barth:* Kindesmißhandlung und sexueller Mißbrauch – Möglichkeiten und Grenzen der Hilfe und Prävention, ZfJ 1987, 53; *Kaufmann:* Die Jugendhilfe im Spannungsfeld zwischen Strafverfolgung und Erziehungshilfe; Rechtsfragen im Zusammenhang mit Straftaten, an denen Minderjährige als Täter oder Opfer beteiligt sind, ZfJ 1990, 1; *Salzgeber u. a.:* Die psychologische Begutachtung sexuellen Mißbrauchs in Familienrechtsverfahren, FamRZ 1992, 1249; *Bundeskonferenz für Erziehungsberatung*: Hinweise in Rechtsfragen bei Kindesmißhandlung und sexuellem Mißbrauch, ZfJ 1993, 291; *Fricke, A.*: Der Sorgerechtsentzug und die Folgen: Zur Mitwirkung des AV/APflegers bei der Hilfe zur Erziehung nach dem KJHG, ZfJ 1993, 284; *Gersdorf-Wessig, M.*: Vormundschaftsrechtliche Aspekte bei sexuellem Mißbrauch, ZfJ

1993, 582; *Hebenstreit-Müller, S.*: Sexuelle Gewalt an Kindern und Jugendlichen – zum Auftrag der Jugendhilfe nach KJHG, ZfJ 1993, 186; *Ollmann, R.*: Rechtliche Aspekte der Aufklärung des Verdachts eines sexuellen Mißbrauchs in familien- und vormundschaftsgerichtlichen Verfahren, FamRZ 1995, 1183; *Münder, J.*: Probleme des Sorgerechts – bei physisch kranken und geistig behinderten Eltern – exemplarisch für den Kinderschutz bei Kindeswohlgefährdung, FuR 1995, 89.

Statistisches:
Tabelle 11: Sorgerechtseingriffe gem. §§ 1666, 1671 V, 1672

1982	1986	1990	1991	1992	1993	1994	1995	1996
5.380	6.506	6.823	6.995	7.288	7.570	7.733	8.477	8.163

Quelle: Jugendhilfestatistik des Statistischen Bundesamtes 1984–1992, Punkt 6; Statistisches Jahrbuch 1994, 1997, 19.15.6 (sonst. erz. Hilfen)

Was für rechtliche Störungen können im Eltern-Kind-Verhältnis auftreten? **(49)**

1. Tod und Todeserklärung (§ 1677; 1680 I, II; 1681)
2. Verhinderung an der Ausübung und Ruhen der e. S. (§§ 1673, 1674, 1675, 1678)
3. Gefährdung des Kindeswohls oder des Kindesvermögens (§§ 1666, 1666a, 1667).

Was ist bei Vorliegen eines möglichen »Störungsfalles« zu prüfen? **(50)**

Es ist immer in drei Schritten vorzugehen:

- Liegt ein *Ereignis* bei einem Elternteil vor, das Rechtsfolgen im Hinblick auf dessen e. S. auslösen könnte?
- Was für *Auswirkungen* hat das Ereignis auf den *betroffenen* Elternteil?
- Was für *Auswirkungen* haben die Auswirkungen auf die e. S. des *anderen* Elternteils?

Wodurch unterscheiden sich die §§ 1673, 1674, 1678? **(51)**

1. **§ 1673** betrifft das Ruhen der e. S. bei **rechtlichem** Hindernis. Bei ihm liegt ein Rechtsgrund vor, der automatisch zur Folge hat, daß die e. S. nicht (mehr) ausgeübt werden darf, selbst wenn es faktisch möglich wäre. Diese Folge tritt ein, ohne daß der Richter sie anordnen muß. Derartige Ruhensgründe sind Geschäftsunfähigkeit (§ 104 Nr. 2) und beschränkte Geschäftsfähigkeit (§ 106).

2. **§ 1674** betrifft das Ruhen der e. S. bei **faktischem** Hindernis, d. h. die tatsächliche Unmöglichkeit, die e. S. auszuüben. Das Vorliegen eines faktischen Ruhensgrundes ändert nichts daran, daß der Elternteil, der von dem Ruhensgrund betroffen ist, seine e. S. rechtlich betrachtet ausüben könnte, so daß er daher z. B. im Bereich der gesetzlichen Vertretung in Rechtsgeschäften für das Kind einwilligen müßte. Gerade wegen dieser Notwendigkeit empfiehlt es sich, wenn der Ruhensgrund voraussichtlich länger andauert, das Ruhen richterlich feststellen zu lassen. Dann wird aus dem tatsächlichen ein rechtlicher Ruhensgrund mit der Folge, daß dieser Elternteil die e. S. nicht mehr ausüben und der andere sie allein

ausüben darf. Da diese Regelung auf richterlicher Anordnung beruht, ist für ein Wiederaufleben der e. S. eine entgegengesetzte richterliche Anordnung erforderlich.

3. **§ 1678** umfaßt drei Fälle: den des rechtlichen Ruhens nach § 1673 und den des zum rechtlichen Ruhen erhobenen tatsächlichen Ruhens gem. § 1674 einerseits und die tatsächliche Verhinderung andererseits. Auch im letzten Fall und nicht nur in den beiden ersten darf der andere Elternteil die e. S. ausüben. Er kann sich aber – im Gegensatz zu § 1674 – nicht als Alleinsorgerechtsinhaber ausweisen.

(52) ***Welche Möglichkeiten der Einschränkungen der elterlichen Sorge kennt unser Recht?***

Unser Recht kennt generelle und individuelle Einschränkungen der e. S. Die generellen treten kraft Gesetzes, d. h. automatisch ein. Sie betreffen meistens die gesamte e. S. oder zumindest einen genau festgelegten Teil der e. S. Die individuellen Einschränkungen erfolgen nicht kraft Gesetzes, sondern durch richterliche Anordnung, nachdem ihre Erforderlichkeit im Einzelfall geprüft worden ist (Grundsatz der Verhältnismäßigkeit).

Welches sind die wesentlichen generellen Einschränkungen der elterlichen Sorge? **(53)**

Tabelle 12: Die wesentlichen generellen Einschränkungen der e. S.

	Rechts-grundlage	Ursache	Art der Beschränkung	Folgen für Betroffene(n)	Folgen im übrigen
1.	§ 1678 I Hs. 1 Alt. 1	faktische Verhinderung des ET			Ausübrung durch anderen ET (§ 1678). Bei Fehlen Bestellung eines VM (§ 1773)
2.	§ 1674	faktische Verhinderung des ET auf längere Zeit, wenn Bedarf für Maßnahme besteht (tats. Grund)	Ruhen der e. S. in vollem Umfang durch FamG-Beschluß	kein Ausübungsrecht (§ 1675)	e. S. bei anderem ET allein (§ 1678); bei Fehlen Bestellung eines VM (§ 1773)
3.	§§ 1680, 1677, 1680 I, II, 1681	Tod, Todeserklärung (§ 2 VerschG) oder Feststellung der Todeszeit (§§ 39 ff VerschG)	Ende der E. S.	Bei Todeserklärung kein Ausübungsrecht (§ 1681 II)	e. S.bei anderem ET (§ 1680, 1681); bei Fehlen Bestellung eines VM (§ 1773)
4.	§ 1673 I	Geschäftsunfähigkeit des ET (§ 104 Nr. 2) (= rechtl. Grund)	Ruhen der e. S. in vollem Umfang	kein Ausübungsrecht (§ 1675)	e. S. bei anderem ET allein (§ 1678); bei Fehlen Bestellung eines VM (§ 1773)
5.	§ 1673 II	beschränkte Geschäftsfähigkeit (§ 106) (= rechtl. Grund)	Ruhen der e. S. unter Beibehaltung der tats. PS neben dem g. V.	Ausübungsrecht nur für tats. PS neben anderem ET oder neben VM (§§ 1675, 1678, 1673 II)	e. S. bei anderem ET (§ 1678); tats. PS neben diesem (§ 1673 II 2). Bei Fehlen Bestellung eines VM (1773); tats. PS neben diesem (§ 16173 II 2)
6.	§ 1791 c I 1	Geburt eines Kindes, dessen Eltern nicht miteinander verheiratet sind, bei fehlender Geschäftsfähigkeit der Mutter (§ 2 a. e. c., § 104 Nr. 2)	Ruhen der e. S. der Mutter im Umfang von 4. oder 5.	kein Ausübungsrecht	e. S. beim Ja als Amtsvormund, es sei denn, aufgrund prämatalen Vaterschaftsanerkenntnisses und Sorgeerklärung ist anderer ET vorhanden
7.	§ 1791 c I 2	naträgliche Beseitigung der Vaterschaft im Fall 6 (§§ 1592, Nr. 1 u. 2, 1599 I)	s. o. 6	s. o. 6	s. o. 6
8.	§ 1751 I 1 Hs. 1	Abgabe der Einwilligung in die Adoption eines Kindes (§§ 1747, 1748)	Ruhen der e. S.	kein Ausübungsrecht und kein Umgangsrecht (§ 1751 I 1 Hs. 2)	JA wird Amtsvormund (§ 1751 I 2)

(54) ***Welches sind die wesentlichen individuellen Beschränkungen der elterlichen Sorge?***
(Die in Frage 37 behandelten »Streitfälle«, die eigentlich auch hierhin gehören, sind nicht aufgenommen).

Zur Antwort siehe Tabelle 13.

Tabelle 13: Die wesentlichen generellen Einschränkungen der e. S.

	Rechtsgrundlage	Ursache	Art der Beschränkung	Folgen für Betroffene(n)	Folgen im übrigen
1.	§§ 1666 I Alt. 1, IV	– Gefährdung des Kindeswohls von seiten der Eltern durch: a) Mißbrauch der e. S. oder b) Vernachlässigung des Kindes oder c) unverschuldetes Versagen – Gefährdung des Kindeswohls von seiten Dritter + (in beiden Alternativen) Unwilligkeit oder Unfähigkeit der Eltern, die Gefahr abzuwenden	Eingriff in die PS im erforderlichen Umfang (bis zum vollen Entzug) durch FamG-Beschluß (§§ 1666, 1666 a) (in beiden Alternativen); Maßnahmen mit Wirkung gegen Dritte (§ 1666 IV)	Wegfall der PS im angegebenen Umfang	PS bei anderem ET allein (§ 1680 III), Bei Fehlen eines anderen ET Bestellung eines PFL (§ 1909) oder eines VM (§ 1773)
2.	§ 1632 IV	– Kind in Familienpflege – seit längerer Zeit – Herausgabeanspruch der leiblichen Eltern – Kindeswohl durch Wegnahme gefährdet	Verbleibens-AO (= Herausnahmeverbot) durch FamG	Befolgungspflicht, sonst evtl. weiter gehende Beschränkung der e. S.	keine, da Anspruch i. d. R. von beiden Eltern geltend gemacht
3.	§ 1666 I Alt. 2, II; 1667	Verletzung der Unterhaltspflicht oder Gefährdung des Kindesvermögens durch die in 1. genannten Unsachen oder Nichtbefolgung von Vermögensanordnungen	AO des VormG zur Kontrolle und Sicherheit des Kindesvermögens in erforderlichem Umfang, schlimmstenfalls Entzug der VS	Befolgungspflicht gegenüber VormG-AO, sonst drohender Entzug der VS; bei Entzug Wegfall der VS im angegebenen Umfang	VS allein beim anderen ET (§ 1680 II). Bei Fehlen eines anderen ET Bestellung eines PFL (§ 1909) oder eines VM (§ 1773).

(55) ***Unter welchen Voraussetzungen erhält bei Störungsfällen (Tod, Todeserklärung, Ruhen, Entzug) der andere Elternteil das Sorgerecht?***
1. In Fällen gemeinsamer Sorge (§§ 1626a I, 1671 II a. e. c., 1672 II 1, 1672 II 2) erhält der andere Elternteil die e. S. automatisch (§§ 1680 I, 1681 I, 1678 I Hs. 1, 1680 III i. V. m. I).

2. In Fällen der gesetzlichen Alleinsorge der Mutter (§ 1626a II) überträgt das FamG dem Vater die e. S., wenn dies dem Wohl des Kindes dient (§§ 1680 II 2, 1681 I i. V.m II 2, 1678 II, 1680 III i. V. m. II 2).

3. In Fällen der Alleinsorge aufgrund gerichtlicher AO (§ 1671 I, II; 1672 I) erhält bei *Tod und Todeserklärung* der andere Elternteil die e. S., wenn dies dem Kindeswohl nicht widerspricht (§§ 1680 II 1, 1681 I i. V. m. 1680 II 1).

4. In Fällen der Alleinsorge aufgrund gerichtlicher AO (s. o. Nr. 3) erhält bei *Ruhen und Entzug* der andere Elternteil die e. S., wenn dies aus triftigen das Wohl des Kindes nachhaltig berührenden Gründen angezeigt ist (§ 1696) (§§ 1680 II 1, 1681 I i. V. m. II 1, 1678 I Hs. 2, 1680 III i. V. m. II 1).

Kapitel 5

Staatliche Schutzverhältnisse für Minderjährige

XI. Vormundschaft/Pflegschaft

Literatur: *Haegele:* Vormundschaft und Pflegschaft, 5.Aufl., Bonn o.J.; *Schreiber:* Die Haftung des Vormunds im Spannungsfeld von öffentlichem Recht und Privatrecht, AcP 178 (1978), 533; *Bienwald:* Zur Auswahl von Vormündern und Pflegern durch das Jugendamt, ZblJugR 1980, 497; *Schoch:* Autonome Amtsvormünder und Amtspfleger in einer öffentlichen Verwaltung, ZblJugR 1980, 167; *Würfflein:* Glanz und Elend der Amtsvormundschaft, DAVorm 1982, 142; *Urbach:* Amtsvormundschaft und Amtspflegschaft – Sozialarbeit oder Verwaltung?, ZblJugR 1982, 638; *Christian:* Der Einzelvormund und das Jugendamt, DAVorm 1983, 89 und 183; *Kolodziej:* Die Aufgaben des Jugendamtes im Bereich der Amtspflegschaften, Amtsvormundschaften und der bestellten Vormundschaften bei Minderjährigen und Erwachsenen in der Zusammenarbeit mit dem Vormundschaftsgericht, DAVorm 1985, 931; *Oberloskamp:* Mehr Einzelvormünder/Einzelpfleger statt Amtsvormünder/Amtspfleger, FamRZ 1988, 7; *Jochum/Pohl*: Pflegschaft, Heidelberg 1989; *Fricke:* Die Wahrnehmung von Angelegenheiten der elterlichen Sorge durch Pflegeeltern oder Heimerzieher bei bestehender Vormundschaft, Pflegschaft oder Betreuung, ZfJ 1992, 305; *Bienwald:* Vormundschafts-, Pflegschafts- und Betreuungsrecht in der sozialen Arbeit, 3.Aufl., Heidelberg 1992; *Meyer-Stolte:* Vormundschaftsrecht, 3.Aufl., Bielefeld 1993; *Lauterbach, Th.*: Vormundschaft und Datenschutz, ZfJ 1993, 429; *Mayer, J.*: Der Anspruch auf vormundschaftsgerichtliche Genehmigung von Rechtsgeschäften, FamRZ 1994, 1007; *Zimmermann, W.*: Ist die Bestellung eines Verfahrenspflegers anfechtbar?, FamRZ 1994, 286; *Eidenmüller, H.*: Reform des Vormundschaftsrechts, DAVorm 1995, 427; *Oberloskamp* (Hrsg.): Vormundschaft, Pflegschaft und Vermögenssorge bei Minderjährigen, 2. Aufl., München 1998.

Statistisches:
Tabelle 14: Minderjährige unter Rechtsfürsorge des Staates 1975–1981

	1975	1976	1977	1978	1979	1980	1981
Mj. (in 1000)	15.900,7	15.578,9	15.215,2	14.855,4	14.512,4	14.217,6	13.815,6
unter Rechtsfürsorge	550.911	538.022	508.845	501.546	490.889	493.007	489.343
in %	3,46 %	3,45 %	3,34 %	3,37 %	3,38 %	3,46 %	3,54 %

Quelle: (hinsichtlich der absoluten Zahlen): Statistisches Bundesamt, Fachserie 13, Reihe 6, Tabellenteil 7, und Statisches Jahrbuch, 3.8.

Welche Funktion haben Vormundschaften und Pflegschaften für Minderjährige? **(56)**

1. **Vormundschaft:** Prinzipiell ersetzt Vormundschaft die gesamte e. S. für den MJ, § 1773 I Alt. 1. Darüber hinaus ist Vormundschaft auch schon dann notwendig, wenn die Eltern weder die Vertretung im PS-Bereich noch im VS-Bereich ausüben können, § 1773 I Alt. 2. Tatsächliche PS und/oder VS bleiben dann weiterhin bei den Eltern.

Beispiel: Das Kind einer mj ledigen Mutter erhält gem. § 1773 I Alt. 2 einen VM, weil deren e. S. gem. § 1673 II in drei Teilbereichen ruht.

Tabelle 15: Amtsvormundschaften/Amtspflegschaften/Amtsbeistandschaften (altes Recht) 1981–1996

	1981	1984	1985	1987	1990	1991	1993	1995	1996
Minderjährige insgesamt	Mio. 13.815,6	Mio. 12.246,9	Mio. 11.850,1	Mio. 11.233,9	Mio. 12.423,5	Mio. 15.521,8	Mio. 15.840,4	Mio. 15.902,5	Mio. 15.921,2
Amtsvormundschaft, darunter:	65.963,0	56.915	54.662	50.140	45.081	40.365	45.306	47.962	48.693
gesetzliche	23.140 = 35,1 %	19.894 = 35,0 %	19.206 = 35,1 %	16.595 = 33,1 %	14.785 = 32,8 %	11.269 = 27,9 %	12.202 = 26,93 %	12.568 = 26,16 %	12.681 = 26,0 %
bestellte	42.823 = 64,9 %	37.021 = 65,0 %	35.456 = 64,9 %	33.545 = 66,9 %	30.296 = 67,2 %	29.096 = 72,1 %	33.104 = 73,07 %	35.414 = 73,84 %	36.012 = 74,0 %
Amtspflegschaft, darunter:	382.187	401.851	407.849	433.518	507.136	522.525	584.400	638.506	661.944
gesetzliche	335.775 = 87,9 %	360.659 = 89,7 %	371.624 = 91,1 %	400.398 = 92,4 %	475.319 = 93,7 %	498.390 = 95,4 %	555.077 = 94,98 %	607.238 = 95,1 %	630.035 = 95,2 %
bestellte	46.412 = 12,1 %	41.192 = 10,3 %	36.225 = 8,9 %	33.120 = 7,6 %	31.817 = 6,3 %	24.135 = 4,6 %	29.323 = 5,02 %	31.268 = 4,9 %	31.909 4,8 %
Amtsbeistandschaft altes Recht	62.379	63.253	62.193	56.403	52.900	84.758	111.773	130.558	132.154
insgesamt unter-Rechtsfürsorge des JA	510.529 = 3,7 %	522.019 = 4,3 %	524.704 = 4,4 %	540.061 = 4,8 %	605.117 = 4,8 %	647.648 = 4,2 %	741.479 = 4,7 %	817.026 = 5,1 %	842.791 = 5,3 %

* Ab 1991 einschließlich neue Bundesländer.

Quelle: Jugendhilfestatistik des Statistischen Bundesamtes 1982–1998, Punkte 1–3.

2. **Pflegschaft:** Ein PFL ist nur für Teilbereiche der e. S. verantwortlich. In diesem Sinne ist jede Pflegschaft eine Ergänzungspflegschaft, weil sie die e. S. – ggfs. auch die Vormundschaft –, die jeweils unvollständig ist, ergänzt. § 1909 enthält somit eine allgemeine Ergänzungspflegschaft, andere im Gesetz vorkommende Pflegschaften sind spezielle Ergänzungspflegschaften.
Beispiel: Den Eltern wird das Recht auf Beantragung erzieherischer Hilfen gem. § 27 SGB VIII entzogen und insoweit Herr P zum Pfleger bestellt.

(57) ***Auf welchem verfahrensmäßigen Weg (auf Antrag, vAw, kraft Gesetzes) können Vormundschaften und Pflegschaften für Minderjährige eintreten?***
1. **Vormundschaft:** Eine Vormundschaft auf Antrag sieht unsere Rechtsordnung nicht vor. Sie würde darauf hinauslaufen, Eltern auf ihren Wunsch aus der Elternverantwortung zu entlassen. Etwas Vergleichbares – dann allerdings mit stärkeren Folgen – gibt es in Form der Abgabe eines Kindes zur Adoption und bei Getrenntleben der Eltern, wenn einer von ihnen das Alleinsorgerecht beantragt und der andere zustimmt (§ 1671 II 1). Im übrigen kann Eltern gegen ihren Willen die ganze e. S. entzogen und dann ein Vormund bestellt werden. Ob die Vormundschaft vAw angeordnet wird oder automatisch eintritt, beantwortet die Frage (58).

2. **Pflegschaft:** Hier ist zu unterscheiden, um was für eine Pflegschaft es sich handelt:
a) Pflegschaft kraft Gesetzes
   - Nichtehelichenpflegschaft, §§ 1706, 1709 BGB a. F. Diese gibt es seit 1. 7. 1998 nicht mehr.

b) Pflegschaft auf Antrag
   - Pflegekindpflegschaft, § 1630 III

c) Pflegschaft vAw
   - allgemeine Ergänzungspflegschaft, § 1909 I
   - Ersatzpflegschaft, § 1909 III
   - Pflegschaft für eine Leibesfrucht, § 1912

Wie beginnen und enden Vormundschaft und Pflegschaft für Minderjährige? **(58)**

Schaubild 7: Beginn und Ende der Vormundschaft und Pflegschaft

1. Beginn	*Regel:* – nach § 1774: auf AO durch das VormG, es wird vAw tätig. *Beispiel:* Die Eltern eines Kindes verunglücken tödlich. *Ausnahme:* – nach § 1791 c I 1: automatisch mit Geburt – nach § 1791 c I 2: automatisch nach erfolgreicher Anfechtung der Vaterschaft – nach § 1751 I: automatisch mit Abgabe der Einwilligung der Eltern (Adoptionsvormundschaft) *Beispiel:* Ein in Familienpflege befindliches Kind soll adoptiert werden. Sobald die Einwilligung der Eltern gem. § 1748 ersetzt ist, wird das JA Vormund.	*Regel:* – nach § 1915: analog zur Vormundschaft gem. § 1774 durch Bestellung des VormG, es wird vAw tätig. *Beispiel:* Ein Vater will seinem Sohn ein Grundstück verkaufen. Wegen ßß 1629 II 1, 1795 II, 181 muß gem. § 1909 I ein PFL bestellt werden.
2. Ende	*Regel:* – § 1882: automatisch bei dem Wegfall der Voraussetzungen für die Vormundschaft aus § 1773. *Beispiel:* Der Mutter wird die e. S. für das Kind durch Richterspruch zurückübertragen, §§ 1666, 1696. Dann fällt die Vormundschaft automatisch weg. *Ausnahme:* – § 1884 II: Verschollenheit und Todeserklärung: kraft Richterspruchs.	*Regel:* – § 1919: kraft Richterspruchs bei Wegfall des Grundes für die Pflegschaft. *Ausnahme*: – § 1918: automatisch bei Beendigung von e. S. oder VM (Abs. 1) und bei Erledigung der zu besorgenden Angelegenheiten (Abs. 3) *Beispiel:* Das mj. Kind wird vj. Der für den Hausverkauf von Vater an Sohn bestellte Ergänzungspfleger fällt weg nach Erledigung des Geschäfts.
3. Umwandlung	Von Vormundschaft in Pflegschaft: muß vom Richter angeordnet werden. *Beispiel:* Die gem. § 1666 den Eltern entzogene e. S. kann bis auf den Bereich des § 1638 wieder von diesen ausgeübt werden. Der Richter muß entscheiden, ob der bisherige VM PFLwird.	Von Pflegeschaft in Vormundschaft: muß vom Richter angeordnet werden. *Beispiel:* Bei gem. §§ 1638, 1909 bestehender Pflegschaft wird denEltern gem. § 1666 die e. S. entzogen. Der Richter muß entscheiden, ob der bisherige PFL VM wird.

Welche Befugnisse haben Vormünder und Pfleger für Minderjährige? **(59)**

1. Der **Vormund** hat im Prinzip die gleichen Rechte wie die Eltern (vgl. die Struktur der e. S., §§ 1626, 1629 I 1), § 1793. Er unterliegt allerdings stärkeren Einschränkungen als die Eltern. Z. B. muß er bei den in §§ 1821, 1822 beschriebenen Geschäften die Genehmigung des VormG einholen (vgl. für die Eltern § 1643).

2. Der **Pfleger** hat in jedem Fall exakt zu beschreibende Aufgaben. Vgl. z. B. § 1909.

(60) ***Gibt es im Pflegschaftsrecht eine Möglichkeit der Fürsorge für noch nicht geborene Kinder?***
§ 1912 kennt den sog. Pfleger für eine Leibesfrucht. Voraussetzungen für die Bestellung eines solchen Pflegers sind:
- Es muß sich um künftige Rechte eines ungeborenen Kindes handeln.
- Es muß ein Fürsorgebedürfnis bestehen. Dieses fehlt, wenn andere Rechtsinstitute die Rechte wahren können, z. B. der Beistand gem. § 1713, der Testamentsvollstrecker gem. § 2222, der Nachlaßpfleger gem. § 1961.
- Die künftigen Sorgerechtsinhaber (verheiratete Eltern, ledige Mutter des Kindes) dürfen nicht imstande sein, die Rechte wahrzunehmen.

Liegen diese drei Voraussetzungen vor, so wird der Pfleger für den Wirkungskreis, für den er bestellt ist, g. V. der Leibesfrucht.

XII. Beistandschaft

Literatur: *Diederichsen, U.*: Die Reform des Kindschafts- und Beistandschaftsrechts, NJW 1998, 1977; *Roth, A.*: Die rechtliche Ausgestaltung der Beistandschaft, Kind-Prax 1998, 12; *Wolf, C.*: Beistandschaft statt Amtspflegschaft. Konsequenzen für diePraxis, Kind-Prax 1998, 40.

(61) ***Was ist ein Beistand i. S. d. BGB?***
Ein Beistand ist jemand, der in bestimmten Teilbereichen der e. S. (Vaterschaftsfeststellung, Unterhaltsgeltendmachung) als g. V. für das Kind eines Alleinerziehenden tätig werden darf.

(62) ***Was ist verfahrensmäßig für den Eintritt einer Beistandschaft nötig?***
1. Ein alleinerziehender Elternteil oder ein berufener Vormund (§ 1776) muß die Beistandschaft beantragen. Anders als in § 18 SGB VIII muß es sich wirklich um eine Person handeln, die rechtlich (faktisch genügt nicht) allein sorgeberechtigt ist. Die Befugnis nach § 1629 II 2 dürfte allerdings reichen. Haben Eltern daher Sorgeerklärungen abgegeben, so kommt – auch wenn sie nicht zusammen leben – eine gesetzliche Vertretung durch einen Beistand nicht in Betracht. Sie können jedoch Beratung und Unterstützung gem. § 18 SGB VIII in Anspruch nehmen. Auch Eltern, die trotz Scheidung noch ein gemeinsames Sorgerecht haben, können keinen Antrag stellen.
Der berufene Vormund (§ 1776) ist antragsberechtigt, weil er kein »Profi« und in der Regel nicht primär unter dem Gesichtspunkt des Experten von den Eltern ausgesucht worden ist.

2. Das Kind, für den der Beistand gebraucht wird, muß seinen gewöhnlichen Aufenthalt im Inland haben. Es kommt also nicht auf die Staatsangehörigkeit an, sondern nur darauf, wo das Kind lebt. Zieht der Alleinsorgeberechtigte mit ihm ins Ausland, so entfällt eine Beistandschaft sofort, auch wenn es sich um ein deutsches Kind handelt.

3. Der Alleinsorgeberechtigte muß die Beistandschaft schriftlich beim JA beantragen. Der »Antrag« ist kein Antrag im technischen Sinn. Er löst keine Prüfung der Voraussetzungen aus mit der Folge, daß ein begünstigender oder ablehnender Verwaltungsakt ergeht. Vielmehr geschieht der Eintritt der Beistandschaft automatisch, wenn die Voraussetzungen vorliegen und der Alleinerziehende mit seinem »Antrag« kundgetan hat, daß er dem Beistand Vertretungsmacht einräumen will. Eine gerichtliche Bestellung ist nicht möglich.

Was ist eine Beistandschaft im Sinne des BGB im Unterschied zu einer solchen im Sinne des SGB VIII (Erziehungsbeistandschaft)? **(63)**

1. Die Beistandschaft nach BGB ist gesetzliche Vertretung, die nach KJHG Wahrnehmung von Sorgerechtsfunktionen im rein tatsächlichen Bereich.

2. Die Beistandschaft nach BGB ist nur möglich für alleinerziehende PSB oder benannte Vormünder, die nach KJHG für alle PSB.

3. Die Beistandschaft nach BGB tritt kraft Gesetzes ein, wenn der Alleinerziehende eine entsprechende Erklärung abgibt (»Antrag«); die nach KJHG muß vom PSB im echten Sinn beantragt (§ 27 SGB VIII) und durch Verwaltungsakt bewilligt werden.

Kapitel 6

Unterhalt

XIII. Unterhalt im allgemeinen

Literatur: *Schwab:* Der Unterhaltsanspruch der Kinder gegen die Eltern und sein Verhältnis zur öffentlichen Ausbildungsförderung, FamRZ 1971, 1; *Kumme:* Die Bestimmung der Unterhaltsgewährung durch die Eltern für ein volljähriges Kind – Konfliktsituation zwischen Eltern und Kindern, ZblJugR 1977, 417; *Moritz:* Das »Bestimmungsrecht« der Eltern gegenüber volljährigen Unterhaltsberechtigten, RdJB 1977, 264; *Schwerdtner:* Verfassungsrechtliche Grenzen der Unterhaltsbestimmung durch die Eltern, NJW 1977, 1268; *Wiesner:* Natural- oder Geldunterhalt für volljährige Kinder?, FamRZ 1977, 28; *Barth:* Die Betreuungsleistung der Mutter, ZblJugR 1978, 243; *Giese:* Unterhaltsverzicht und Sozialhilfe, ZfJ 1978, 251; *Ehlert:* Zur Anteilsermittlung nach § 1606 III 1 BGB, FamRZ 1980, 648; *Schwenzer:* Verwandtenunterhalt und soziodemographische Entwicklung, FamRZ 1989, 685; *Wax, P.*: Zur Dogmatik des Unterhaltsanspruchs, FamRZ 1993, 22; *Battes, R.*: Zu den Unterhaltsansprüchen volljähriger Kinder – Entwicklungen im Ausland als Indiz für Reformbedürfnisse?, FuR 1993, 253; *Heinle, J.*: Die Unterhaltspflicht erwachsenen Kinder gegenüber hilfsbedürftigen Eltern, FuR 1993, 331; *Kemper/Schlüter*: Verwandtenunterhalt im Wandel, FuR 1993, 331; *Medens, St.*: Der Unterhaltsverzicht im Spannungsfeld von Privatautonomie und öffentlichem Interesse, FuR 1993, 12; *Derleder, P.*: Zum Rechtsschutz gegen den Unterhaltspflichtigen bei Gefahr der Vermögensverschiebung, FuR 1994, 95; *Kleffmann, N.*: Der Selbständige im Unterhaltsprozeß, FuR 1994, 159; *Mertens, B.*: Unterhaltsrückforderung und Vertrauensschutz, FamRZ 1994, 601; *Renn/Niemann*: Die Heranziehung verheirateter Kinder zu Unterhaltsleistungen, FamRZ 1994, 473; *Günther, F.*: Unterhaltsansprüche der Eltern und ihre Beziehung – zugleich ein Beitrag zum Familienunterhalt, FuR 1995, 1; *Buchholz, St.*: Zum Unterhalsbestimmungsrecht der Eltern gegenüber volljährigen Kindern nach § 1612 II BGB, FamRZ 1995, 705; *Duderstadt, J.*: Zum Prozeßkostenvorschußanspruch minderjähriger und volljähriger Kinder, FamRZ 1995, 1305; *Oelkers/Kreutzfeld*: Prozessuale und materiell-rechtliche Gesichtspunkte bei der Geltendmachung von Volljährigenunterhalt, FamRZ 1995, 136; *Biletzki, G.*: Der Anspruch auf Finanzierung einer weiteren Ausbildung nach §§ 1601, 1610 II BGB, FamRZ 1996, 777, *Richter, G.*: Rechtspoltische Erwägungen zur Reform des Unterhaltsrechts nach §§ 1601 ff. BGB, FamRZ 1996, 1245; *Oelkers, H.*: Zur unterhaltsrechtlichen Bedeutung der Ferienarbeit von Schülern und Studenten, FuR 1997, 134; *Oelkers, H.*: Zur Praxis des Anspruchs auf Ausbildungsunterhalt nach § 1610 Abs. 2 BGB, FuR 1997, 170.

(64) ***Was für Fälle gesetzlicher Unterhaltspflicht gibt es?***

Neben einer Unterhaltspflicht, die sich *aus einem Vertrag* ergeben kann (z. B. die Tante sichert dem Neffen zu, ihm das Studium zu finanzieren), gibt es fünf Fälle *gesetzlicher Unterhaltspflicht*:

1. Verwandtenunterhalt: §§ 1601 ff.
2. Ehegattenunterhalt: §§ 1360, 1360a
3. Getrenntlebensunterhalt: § 1361
4. Geschiedenenunterhalt: §§ 1569 ff.
5. Unterhalt für die ledige Mutter eines Kindes vom Vater des Kindes: § 1615l.

Hinweis: Die Rechtsgrundlagen für die Ansprüche und ihre gerichtliche Durchsetzung sind in Tabelle 16 zusammengefaßt.

In welcher Art kann man Unterhalt leisten? **(65)**

1. In Form einer Geldrente (§ 1612 I)
2. In Form von Naturalien: z. B.
   - Befriedigung der persönlichen Bedürfnisse der Ehegatten (§ 1360a I)
   - Pflege und Erziehung von Kindern (§ 1606 III 2)
   - sonstige Naturalien (»in anderer Art«, § 1612 I 2): Gewährung von Wohnung und Mahlzeiten, Pflege von Wäsche und Kleidung, Lieferung von Nahrungsmitteln etc.

Woraus kann man den Unterhalt in Geld für sich selber und andere bestreiten? **(66)**

- aus Einkommen aus Arbeit
- aus Erträgen von Vermögen (Miete, Zinsen, Dividenden)
- aus Vermögen (Verkauf und Belastung von Vermögenswerten).

Unter welchen Voraussetzungen kann man von einem anderen Verwandten Unterhalt verlangen? **(67)**

Die Voraussetzungen hierfür sind in den §§ 1601 ff. geregelt. Es sind:
- Verwandtschaft in gerader Linie, § 1601
- Bedürftigkeit des Anspruchstellers, § 1602
- Leistungsfähigkeit des in Anspruch Genommenen, § 1603
- in der Rangfolge der richtige Unterhaltspflichtige, §§ 1606, 1607.

Steht es den Verwandten frei, den Unterhalt in Geld oder Naturalien zu leisten? **(68)**

1. In der Regel hat der Verpflichtete Unterhalt in Form einer Geldrente zu zahlen, § 1612 I 1.

2. Ausnahme 1: »Besondere Gründe« rechtfertigen es, daß der Verpflichtete Unterhalt in Naturalien erbringt, § 1612 I 2.

3. Ausnahme 2: Minderjährigen unverheirateten Kindern gegenüber können die Eltern unter Rücksichtnahme auf die Belange des Kindes bestimmen, ob sie in Geld oder Naturalien leisten, § 1612 II 1.

4. Ausnahme von Ausnahme 2: Leisten die Eltern in Naturalien, so kann das Kind »aus besonderen Gründen« die Bestimmung der Eltern durch das FamG abändern lassen, § 1612 II 2.

Tabelle 16: Unterhalt und Gerichtszuständigkeiten

		materielles Recht		Verfahrensrecht	
	Berechtigte – Verpflichtete	Konstellation	Rechtsgrundlage	Zuständige Gerichte	Rechtsgrundlage
A. Gesetzlicher Unterhalt	**I. Ehegatten gegeneinander**	1. zusammenlebend	§§ 1360, 1360 a	AmtsG-FamG	§ 23 b I 2 Nr. 6 GVG
		2. getrenntlebend	§ 1361	OLG-FamS	§ 119 I Nr. 1 GVG
		3. geschieden	§§ 1569 ff	(BGH)	§ 133 Nr. 1 GVG
	II. Verwandte gegeneinander	1. mj. Kinder gegen Eltern	§§ 1601 ff, 1612 a	AmtsG-FamG a) isolierte Unterhaltsklage	§ 23 b I 2 Nr. 5 GVG
				b) Vaterschaftsklage + Unterhaltsklage	§ 23 b I 2 Nr. 12 + Nr. 5 GVG
				c) Scheidung der Eltern + Unterhaltsklage	§ 23 b I 2 Nr. 1 + Nr. 5 GVG
				OLG-FamS	§ 119 I Nr. 1 GVG
				(BGH)	(133 Nr. 1 GVG)
		2. Alle Verwandten gegeneinander, die nicht unter 1. fallen	§§ 1601–1603, 1606, 1610	AmtsG-FamG OLG-FamS (BGH)	wie II. 1
	III. Ledige Mutter gegen Vater des Kindes oder umgekehrt	6 Wo vor bis 8 Wo nach Geburt Krankheit durch Schwangerschaft/Entbindung oder Pflege/Erziehung: 4 Mo vor bis 3 Jahre nach Geburt Grob unbillig: länger	§ 1615 l	AmtsG-FamG OLG-FamS (BGH)	wie II. 1
B. Vertraglicher Unterhalt	**IV. beliebige Personen gegeneinander**	vertragliche Vereinbarung	§§ 241, 305	Je nach Streitwerthöhe: AmtsG (bis 10.000 DM)	§ 23 Nr. 1 GVG
				LG	§ 72 GVG
				oder	oder
				LG (über 10.000 DM)	§ 71 I GVG
				OLG	§ 119 I Nr. 3 GVG
				(BGH)	§ 133 Nr. 1 GVG

Was versteht man unter der doppelten Privilegierung von minderjährigen unverheirateten Kindern gegenüber ihren Eltern? **(69)**

- Ein MJ darf die Substanz seines Vermögens schonen und schon dann, wenn der Ertrag seiner Arbeit und die Einkünfte des Vermögens nicht reichen, seine Eltern (nicht andere Unterhaltspflichtige) in Anspruch nehmen, § 1602 II.
- Ein MJ kann bei eigener Bedürftigkeit seine Eltern auch dann in Anspruch nehmen, wenn diese durch die Gewährung von Unterhalt ihren eigenen angemessenen Unterhalt gefährden, § 1603 II 1. Diese gesteigerte Unterhaltspflicht greift jedoch nicht ein, wenn ein anderer Unterhaltspflichtiger vorhanden ist und wenn sich das Kind aus dem Stamm seines Vermögens unterhalten kann, § 1603 II 2. Trifft dies beides nicht zu, wird jedoch in der Regel Sozialhilfe gewährt werden können, so daß dem § 1603 II 1 heute keine große praktische Bedeutung mehr zukommt.

Aus welchen zivilrechtlichen Quellen beziehen minderjährige unverheiratete Kinder ihren Unterhalt, und wie ist die Rangfolge der Quellen? **(70)**

- Aus Arbeitserwerb und Vermögenseinkünften des Kindes
- aus (nicht gesteigertem) Unterhalt der Eltern (s.o. Frage (69), 2. Spiegelstrich),
- aus dem Stammvermögen des Kindes
- aus Unterhalt anderer Verwandter
- aus gesteigertem Unterhalt der Eltern.

XIV. Unterhalt für Kinder von einem Elternteil, mit dem sie nicht in einem Haushalt leben

Literatur: *Stolterfoth:* Der Scheinvater-Regreß, FamRZ 1971, 342; *Rassow:* Der angemessene Unterhalt von Ehegatten und Kindern, FamRZ 1980, 541; *Christian/Huvale/Puls/Jäger:* Gerechtigkeit durch Unterhaltstabellen, ZblJugR 1982, 559 bzw. 577 bzw. 590 bzw. 603; *Hahne:* Zur Rechtsprechung des Bundesgerichtshofs zum Kindesunterhalt, ZblJugR 1982, 621; *Klauser:* Abänderung von Unterhaltstiteln, DAVorm 1982, 125; *Christian:* Die Berechnung und Geltendmachung des Mangels im Unterhaltsrecht, DAVorm 1984, 524; *Demharter:* Der Unterhaltsanspruch im Kindschaftsprozeß, FamRZ 1985, 977; *Raiser:* Die Rechte des Scheinvaters in bezug auf geleistete Unterhaltszahlungen, FamRZ 1986, 943; *Christian:* Die Ansprüche des Scheinvaters auf Erstattung gezahlten Kindesunterhalts, DAVorm 1987, 303; *Christian:* Die Prozeßführung in Kindschaftssachen durch das Jugendamt, DAVorm 1987, 721 und 843; *Nehlsen-v. Stryk:* Probleme des Scheinvaterregresses, FamRZ 1988, 225; *Christian:* Die Prozeßführung in Unterhaltssachen minderjähriger Kinder, DAVorm 1988, 1 und 103 und 218 und 343; *Mauer:* Gemeinsames Sorgerecht nach Scheidung und Streit über den Kindesunterhalt, FamRZ 1993, 263; *Beinkinstadt, J.*: Mangelfallberechnung in der Praxis, DAVorm 1994, 1; *Mutschler, D.*: Kindesunterhalt in Mangelfällen, DAVorm 1994, 129; *ders.*: Zur Höhe des Mindestbedarfs Unterhaltspflichtiger, DAVorm 1994, 655; *Braun, J.*: Die »Änderungen« der für die Verurteilung maßgebenden Verhältnisse – Überlegungen zur Interpretation von § 323 I ZPO, FamRZ 1994, 1145; *Klein, M.*: Die einstweilige Anordnung zur Regelung von Unterhalt, FuR 1995, 51 und 140; *Oelkers, H.*: Prozeßrechtliche und materiell-rechtliche Fragen bei der Berechnung des Unterhalts für eheliche Kinder, DAVorm 1996, 1; *Schulz, R.*: Betreuungsunterhalt für Mütter nichtehelicher Kinder nach § 1615e BGB, DAVorm 1996, 463; *Sikora/Schwitall*: Lohnpfändung wegen Unterhaltsforderungen, DAVorm 1996, 341; *Affeldt*: Kindesunterhalt und gemeinsame elterliche Sorge, FPR 1998, 188; *Büdenbender, U.*: Der Unterhaltsanspruch des Vaters eines nichtehelichen Kindes gegen die Kindesmutter, FamRZ 1998, 129; *Gerhardt, P.*: Das neue Kindesunterhaltsgesetz – Materiell-rechtliche Neuerungen, FuR 1998, 97; *ders.*: Das neue Kindesunterhaltsgesetz – Verfahrensrechtliche Änderungen, FuR 1998, 145; *Kalthoener/Büttner*: Die Entwicklung des Unterhaltsrechts bis Anfang 1998, NJW 1998, 2012; *Kleinle, F.*: Vorläufige Bemerkungen zum Gesetz der Vereinheitlichung des Unterhaltsrechts minderjähriger Kinder (KindUG), ZfJ 1998, 225; *Knittel, B.*: Das neue Kindesunterhaltsrecht – Was ist wichtig für den Anwalt?, FF 1998, 35; *ders.*: Das neue Kindesunterhaltsrecht, DAVorm 1998, 177; *Meier/Sames*: Zustandekommen des Regelbetrags nach dem Kindesunterhaltsgesetzes, FPR 1998, 155; *Puls, J.*: Der Betreuungsunterhalt der Mutter eines nichtehelichen Kindes, FamRZ 1998, 865; *Schumacher/Grün*: Das neue Unterhaltsrecht minderjähriger Kinder, FamRZ 1998, 778; *Strauß, H.*: Probleme des Kindesunterhaltsgesetzes in der gerichtlichen Praxis, FamRZ 1998, 993.

(71) ***Warum wirft der Unterhalt von Kindern, die nicht mit einem Elternteil im selben Haushalt leben, besondere Probleme auf?***

1. Im Fall der strukturell intakten Familien wird in der Regel »aus einem Topf« gewirtschaftet, so daß es sich normalerweise erübrigt, einzelnen Familienmitgliedern Geldbeträge ihrer Bedürftigkeit entsprechend auszuzahlen. *Ausnahme*: Familienmitglieder leben für eine Übergangszeit (z. B. Internat, Lehrlingsheim) oder zur Verselbständigung (z. B. Studium) nicht mit den Eltern zusammen.

2. Im Fall der strukturell desorganisierten (unvollständigen) Familie und in den unter 1. genannten Ausnahmefällen muß eine bestimmte Summe ausgeworfen und ausgezahlt werden. Diese soll den Bedarf des Anspruchstellers befriedigen, aber gleichzeitig sicherstellen, daß der sog. Selbstbehalt hoch genug ist, so daß der Unterhaltspflichtige selber noch angemessen leben kann. Noch problematischer ist die Situation, wenn der Unterhaltspflichtige (lediger Vater, geschiedener Elternteil) eine neue Ehe eingegangen ist und hier weitere Unterhaltsbedürftige zu berücksichtigen sind.

(72) ***Wie versuchen Gesetzgeber und Praxis eine gerechten Ausgleich zwischen Unterhaltsgläubigern und Unterhaltsschuldnern zu schaffen?***

1. Einen Lösungseinstieg brachte der Gesetzgeber 1970, als er für nichteheliche (ne.) Kinder den sog. Regelunterhalt schuf. Regelunterhalt definierte das Gesetz als den »zum Unterhalt eines Kindes, das sich in der Pflege seiner Mutter befindet, bei einfacher Lebenshaltung im Regelfall erforderliche Betrag (Regelbedarf), vermindert um (gewisse) anzurechnende Beträge (§ 1615f II 2 BGB a. F.). Der Regelbedarf wurde durch eine VO festgesetzt (RegUhVO), in der die Kinder nach Alter in drei Gruppen (0–6, 7–12, 13–18) aufgeteilt waren.

2. Da der Regelunterhalt ein ganz pauschaler Betrag war, der individuelle Gesichtspunkte (Leistungsfähigkeit des Schuldners) außer Betracht ließ, entwickelte die Praxis sehr bald Methoden, den Regelunterhalt zu individualisieren. Der kon-

krete Unterhaltsbetrag wurde in einem Vomhundertsatz des Regelbedarfs ausgedrückt, z. B. Regelbedarf für ein 5jähriges Kind plus 40%.

3. 1977 bestimmte ein neuer Absatz 3 des § 1610 d daß Kinder getrenntlebender Elternteile ebenfalls mindestens den Regelunterhalt zu bekommen hätten.

4. Sowohl die Regelunterhaltsbeträge für ne. Kinder als auch die für Kinder aus geschiedenen und getrenntlebenden Ehen wurden in gewissen Zeitabständen den veränderten Lebenshaltungskosten angepaßt (RegUhVO, AnpVO).Vereinfachte Verfahren sorgten dafür, daß die Unterhaltstitel ebenfalls ohne großen Aufwand umgeschrieben werden konnten (§ 1612a BGB a. F., §§ 641l–t ZPO a. F.; § 643a ZPO a. F.).

5. Aus der RegUhVO heraus entwickelte die Praxis Tabellen, die nicht nur die Leistungsfähigkeit des Unterhaltsschuldners (Einkommensgruppen), sondern auch die Anzahl sonst vorhandenenr Unterhaltsgläubiger (Ehegatte, andere Kinder) berücksichtigten. Die immer mehr dominierende Tabelle war die sog. Düsseldorfer Tabelle, die von den einzelnen Oberlandesgerichten noch weiter verfeinert wurde[1]. Die Gerichte im Bezirk des OLG Köln benutzten z. B. die Unterhaltsleitlinien des OLG Köln[2].

6. Seit 1. 7. 1998 ist das KindUG in Kraft, das für alle Kinder ein einheitliches Unterhaltsrecht schafft. Es setzt für die drei genannten Altersgruppen von Kindern in einer RegBetrVO relativ niedrige Unterhaltsbeträge fest (z.Zt. 349,-/ 424,-/502,- DM), die – sofern sich der Unterhaltsschuldner nicht freiwillig in einer vollstreckbaren Urkunde zur Zahlung verpflichtet – in einem Vereinfachten Verfahren (§§ 645–660 ZPO) bis zum eineinhalbfachen Satz geltend gemacht werden können. Auch diese Regelbeträge werden wieder angepaßt (die Praxis spricht schon jetzt – unzutreffend – von »Dynamisierung«), und zwar regelmäßig alle zwei Jahre zum 1.Juli. Die auf ihnen basierenden Titel (gerichtliche oder urkundliche) brauchen nicht abgeändert zu werden, sie passen sich ebenfalls automatisch an.

Darüber hinaus gibt es verschiedene Möglichkeiten, in normalen Verfahren höhere Unterhaltsbeträge zu verlangen bzw. die Titel abändern zu lassen (§§ 654, 323 ZPO). Die Düsseldorfer Tabelle ist an die neue Rechtslage angepaßt worden und liegt der Praxis mit dem Stand vom 1. 7. 1998 vor[3].

---

1 Die »Tabellen zum Familienrecht (TzFamR)« vom Luchterhand Verlag erfassen alle in der Praxis vorhandenen Tabellen.
2 FamRZ 1996, 1061.
3 FamRZ 1998, 534.

Kapitel 7

Die Rechtsstellung von Stiefkindern, Pflegekindern und Adoptivpflegekindern

XV. Stiefkinder

Literatur: *Conradi* s. o. II; *v. d. Weiden* s. o. II; *v. d. Weiden*: Vetragliche Regelungen stiefelterlicher Unterhalts- und Betreuungspflichten, FuR 1991, 132.

(73) ***Inwieweit sind Stiefkinder im BGB geregelt?***

1. Das Stiefkind ist verwandt mit dem Elternteil, von dem es abstammt, § 1589. Mit dem Ehegatten dieses Elternteils=Stiefelternteil ist es verschwägert, § 1590.

2. Der leibliche Elternteil hat die e. S. für das Kind. Der Stiefelternteil besitzt kraft Gesetz kein Sorgerecht. Er kann jedoch kraft Vertrages mit dem leiblichen Elternteil von diesem Teile der e. S. zur Ausübung übertragen erhalten haben. Nach Beendigung der e. S. des leiblichen Elternteils und Übergang der e. S. auf den anderen Eltenteil (§§ 1678, 1680, 1681) kann der Stiefelternteil eine Verbleibens-AO erwirken (§ 1682 S. 1). Er hat dann ein gewisses Entscheidungs- und Vertretungsrecht in Angelegenheiten des täglichen Lebens und ein Geltendmachungs- und Verwaltungsrecht für Unterhalts-, Versicherungs- und Versorgungs- und sonstige Sozialleistungen des Kindes (§ 1688). Nach Trennung des Stiefelternteils vom leiblichen Elternteil und Kind hat der Stiefelternteil ein Umgangsrecht (§ 1685 II).

3. Im BGB kommen Stiefeltern nur beiläufig und auch nicht als solche bezeichnet (»Ehegatte des Elternteils«) vor, so in den §§ 1371 IV, 1607 III, 1618, 1682 S. 1, 1685 II, 1741 II 3, 1779 II 2, III, 1847.

4. Die gesetzlich nicht geregelten Aspekte der Eltern-Kind-Beziehung lassen sich (unzulänglich) rechtsgeschäftlich regeln: Vollmacht im Rahmen der e. S., Unterhaltsverträge (auch konkludent), letztwillige Verfügungen.

5. Weil die Rechsstellung von Stiefkindern und Stiefeltern so unbefriedigend ist, adoptieren viele Stiefelternteile ihre Stiefkinder (über 50% aller Adoptionen). Hiergegen bestehen erhebliche Bedenken.

XVI. (Adoptiv-) Pflegekinder

Literatur: *Lempp*: Die Vermeidung von Verfahren nach § 1632 IV BGB – Eine Aufgabe der Jugendämter, ZfJ 1986, 543; *Stedig, Chr.*: Das Rechtsverhältnis zwischen Pflegefamilie und Jugendamt, ZfJ 1993, 576; *Wagner, K.-R.*: Jugendhilfe und Pflegefamilie aus verfassungsrechtlicher Sicht anhand des KJHG, FuR 1994, 219; *Siedhoff, E.*: Konkurrenzprobleme zwischen § 1666 I S. 1 BGB und § 1632 IV BGB, FamRZ 1995, 1254; *Kunkel, P.-Chr.*: Rechtsfragen zu der Vollzeitpflege/Tagespflege aus der Praxis von Jugendämtern, ZfJ 1995, 240; *Lakies, Th.*: Zur Frage, ob das KJHG/SGB VIII Auswirkungen auf die Rechtsstellung der Pflegefamilie hat, FuR 1995, 114; *Finger, P.*: § 1632 Abs. 4 BGB – Zuordnungskonflikte bei Pflegekindern; Anträge der Pflegeeltern im gerichtlichen Verfahren, FuR 1998, 37 und 80; *Lakies, Th.*: Das Recht der Pflegekindschaft im BGB nach der Kindschaftsrechtsreform, ZfJ 1998, 129.

Statistisches:
Tabelle 17: Pflegekinder

	1991	1992	1993	1994	1995
Insgesamt	43.947	48.017	52.124	54.481	56.076
Verwandte	9.594	11.728	13.292	13.977	14.172
Fremde	34.353	36.289	38.832	40.504	41.904

Quelle: Statistisches Jahrbuch 1993–1997, 19.13.1 bzw. 19.14.1

Inwieweit sind Pflegekinder im BGB geregelt ? **(74)**

1. *Pflegekinder* sind mit ihren leiblichen Eltern verwandt.

2. Grundsätzlich haben diese die e. S., es sei denn, sie haben Teile davon freiwillig abgegeben (§ 1630 III) oder unfreiwillig eingebüßt (§ 1666). Bei freiwilliger Abgabe werden die Pflegeeltern Pfleger, bei unfreiwilliger irgendeine Einzelperson (u. a. möglich die Pflegeeltern), ein Verein oder das JA.

3. Zugunsten der Pflegeeltern kann eine VerbleibensAO ergehen (§ 1632 IV). Mit oder ohne VerbleibensAO haben die Pflegeeltern ein Entscheidungs- und Vertretungsrecht in Angelegenheiten des täglichen Lebens (§ 1688).

4. Im Namensrecht gibt es höchstens eine Namensänderung nach NÄG; ein Unterhaltsrecht ist vertraglich möglich, aber selbst bei Angehörigen – sofern nicht wegen Verwandtschaft in gerader Linie eine gesetzliche Unterhaltspflicht besteht – eher unwahrscheinlich (daher konkludent eher nicht); im Erbrecht kann auch mit einer letztwilligen Verfügung geholfen werden.

5. Günstiger ist die Rechtstellung von *Adoptivpflegekindern* (§ 1744). Haben die leiblichen Eltern in die Adoption eingewilligt, so haben die Adoptivpflegeeltern über die Rechtsstellung als Pflegeeltern hinaus (§ 1751 I 5) die Unterhaltspflicht, wenn sie das Kind in ihre Obhut genommen haben (§ 1751 I). Die e. S. erwerben die Adoptivpflegeeltern nicht, sondern aufgrund der Einwilligung der leiblichen

Eltern wird das JA Amtsvormund. Rein theoretisch wäre es möglich, den Amtsvormund durch natürliche Personen (z. B. Pflegeeltern) abzulösen. Die Praxis macht dies indes nicht.

Kapitel 8

Staatliche Schutzverhältnisse für Volljährige

XVII.–XVIII. Rechtliche Betreuung/Pflegschaft

Literatur: *Haegele:* s.o. Kap. IX.–X.; *Schreiber:* s.o. Kap. IX.–X.; *Meyer-Stolte:* s.o. Kap. IX.–X.; *Schoch:* Erwachsenenpflegschaften und -vormundschaften als hauptberufliche ehrenamtliche Tätigkeit, ZblJugR 1980, 78; *Becker:* s.o. Kap. IX.–X.; *Kolodziej:* s.o. Kap. IX.–X.; *Pieroth:* Die Verfassungsmäßigkeit der Sterilisation Einwilligungsunfähiger gemäß dem Entwurf für ein Betreuungsgesetz, FamRZ 1990, 117; *Schwab:* Das neue Betreuungsrecht, FamRZ 1990, 681; *Zimmermann:* Das neue Verfahren in Unterbringungssachen, FamRZ 1990, 1308; *Bühler:* Vorsorgevollmacht zur Vermeidung einer Gebrechlichkeitspflegschaft oder Betreuung, BWNotZ 1990, 1; *Bienwald:* Die Rechtsstellung des Betreuers, BlWoPfl 1991, 279; *Zimmermann/Damrau:* Das neue Betreuungs- und Unterbringungsrecht, NJW 1991, 546; *Coeppicus:* Durchführung und Inhalt der Anhörung in Betreuungs- und Unterbringungssachen, FamRZ 1991, 892; *Schreiber:* Die medikamentöse Versorgung als Heilbehandlung gem. § 1904 im künftigen Betreuungsrecht, FamRZ 1991, 1014; *Oberloskamp/Schmidt-Koddenberg/Zieris*: Hauptamtliche Betreuer und Sachverständige, Köln 1992; *Epple:* Die Betreuungsverfügung, BWNotZ 1992, 27; *Krüger:* Bürgerlich-rechtliche, öffentlich-rechtliche und strafrechtliche Zwangsunterbringung, BtPrax 1992, 92; *Raack:* Ziel und Inhalt des neuen Betreuungsgesetzes, Die Berufliche Sozialarbeit 1992, 59; *Dodegge:* Freiheitsentziehende Maßnahmen nach § 1906 IV BGB, MDR 1992, 437; *Pohl:* Verfahrenspflegschaft, BtPrax 1992, 19 und 56; *Holzhauer:* Für ein enges Verständnis des § 1906 IV BGB, BtPrax 1992, 54; *Bienwald* 1992: s.o. Kap. IX.–X.; *Helle:* Patienteneinwilligung und Zwang bei der Heilbehandlung untergebrachter psychisch Kranker, MedR 1993, 134; *Schimke:* Datenschutz und Betreuungsrecht, BtPrax 1993, 74; *Rogalla:* Mehr Rechtsschutz durch den Verfahrenspfleger, BtPrax 1993, 146; *Bischof/Wolff:* Unterbringungsähnliche Maßnahmen und richterliche Intervention, BtPrax 1993, 192; *Stolz:* Betreuungsgesetz: Umsetzungsdefizite im Bereich Heilbehandlung und freiheitsentziehende Maßnahmen, FamRZ 1993, 642; *Kollmer, N.*: Die Durchführung der Betreuung, § 1901 BGB, FuR 1993, 325; *Dose, M.*: Medikamentöse Versorgung als Heilbehandlung gem. § 1904 BGB, FamRZ 1993, 1032; *Nedopil/Schreiber*: Diskussion: Die medikamentöse Versorgung als Heilbehandlung gem. § 1904 BGB, FamRZ 1993, 24; *Rink, J.*: Die Unterbringung Erwachsener durch Maßregel nach § 1846 BGB, FamRZ 1993, 512; *Stolz, K.*: Betreuungsgesetz: Umsetzungsdefizite im Bereich Heilbehandlung und freiheitsentziehende Maßnahmen bei Heimbewohnern, FamRZ 1993, 642; *Bobenhausen, D.*: Konkurrenz zwischen dem Willen des Betreuten und des Betreuers: Gesetzliche Vertretung – Kontossperre – Schenkung, BtPrax 1994, 158; *Holzhauer, H.*: Abhebungen des Betreuers vom Konto des Betreuten unter 5.000 DM immer genehmigungsfrei? Zur Auslegung von § 1813 Abs. 1 Nr. 2; BtPrax 1994, 42; *Jochum, G.*: Zur Frage der Mitteilungspflicht und vormundschaftsgerichtlicher Genehmigung bei drohendem Wohnungsverlust durch fristlose Kündigung bei Mietzahlungsverzug, § 1907 BGB, BtPrax 1994, 201; *Jürgens, A.*: Vertretung des Betreuers, BtPrax 1994, 10; *Stolz, K.*: Medikamentöse Versorgung von Heimbewohnern nach dem Betreuungsgesetz, BtPrax 1994, 49; *Thar, J.*: Einwilligung in Heilbehandlung, BtPrax 1994, 91; *Wolter-Henseler*: Betreuungsrecht und Arzneimittel – wann ist eine medikamentöse Behandlung genehmigungspflichtig i. S. des § 1904?, BtPrax 1994, 183; *Bauer, A.*: Zwangsbefugnisse des Betreuers im Aufgabenkreis »Wohnungsangelegenheiten«?, FamRZ 1994, 1562; *Bienwald, W.*: Die Einschränkung der Betreuung nach § 1908d BGB und deren Folgen für die elterliche Sorge und/oder das Umgangsrecht der Mutter eines nichtehelichen Kindes, FamRZ 1994, 484; *Bauer/Hasselbeck*: Vormundschaftsrichter und medizinisch-psychiatrischer Sachverständiger. »Fürsorglicher Zwang zum Wohle des Betreuten«, FuR 1994, 293; *Ruhl, W.*: Einstweilige Anordnung im Betreuungs- und Unterbringungsrecht, FuR 1994, 254; *Holzhauer, H.*: Betreuungsrecht in der Bewährung, FamRZ 1995, 1463; *Bienwald, W.*: Von der Schwierigkeit eines Betreuers, Geld seines Betreuten anzulegen, BtPrax 1995, 20; *Köhle, E.*: Zwangsvorführung durch die Betreuungsbehörde – eine weitere Aufgabe der Betreuungsbehörde, BtPrax 1995, 93; *Linnhoff, B.*: Anhörung in Verfahren bezüglich freiheitsentziehender Maßnahmen (§ 1906 IV BGB) – Recht der Betroffenen oder Entwürdigung?, BtPrax 1995, 167; *Pardey, K.-D.*: Alltagsprobleme im Betreuungsrecht, insbes. zu §§ 1904 und 1906 IV BGB, BtPrax 1995, 81; *Schulz, M.*: Haftung der Anstellungskörperschaft für Behördenbetreuer?, BtPrax 1995, 56; *Wojnar, J.*: Freiheitsentziehende Maßnahmen und Demenz, BtPrax 1995, 12; *Wolter-Henseler:* Gefährliche medizinische Maßnahmen, BtPrax 1995, 168; *Derleder, P.*: Die Betreuung alter Menschen im Widerstreit der beteiligten Interessen, FuR 1996, 309; *Kloß/Arnold*: Offene Psychiatrie, ambulante Behandlung und Betreuungsgesetz – Betrachtungen aus juristischer und psychiatrischer Sicht, FuR 1996, 263; *Weber/Wienand*: Zur Änderung des Betreuungsrechts, FuR 1996, 241; *Genz, S.*: Das Betreuungsrechtsänderungsgesetz, FamRZ 1996, 1324; *Veit, B.*: Das Betreuungsverhältnis zwischen gesetzlicher und rechtsgeschäftlicher Vertretung, FamRZ 1996, 1309; *Zimmermann, W.*: Das Wahlrecht des Betreuten, FamRZ 1996, 79; *Dodegge, G.*: Gewalt gegen Ältere zu Hause – Stellung des Opfers nach dem Betreuungsrecht, BtPrax 1996, 173; *Fesel, V.*: Die Eignung von Betreuern, BtPrax 1996, 57; *Formella, H.*: Der Vertreter des Vertreters, BtPrax 1996, 208; *Klie, Th.*: Das Behandlungsrecht als Fallstrick für das Betreuungsrecht, BtPrax 1996, 38; *Schreieder, H.*: Ist § 1903 BGB eine Spezialvorschrift zu § 105 BGB?, BtPrax 1996, 96; *Tischler, S.*: Keine Mitwirkungsrechte des Betreuers bei Verlängerung der Betreuung?, BtPrax 1996, 216; *Schellhorn, W.*: Änderungen des Betreuungsgesetzes, FuR 1997, 139; *Sonnenfeld, S.*: Die Rechtsprechung zum Betreuungsrecht. Übersicht 1992–1996, FamRZ 1997, 849; *Leichthammer, M.*: Zur Frage der Einwilligung eines Bevollmächtigten in eine unterbringungsähnliche Maßnahme nach der derzeitigen Rechtslage und Stellungnahme zu dem § 1906 V BGB-BtÄndG, BtPrax 1997, 181; *Schmidt, D. W.*: Die persönliche Willenserklärung bei lebensbedrohender Krankheit, BtPrax 1997, 16; *Stolz, K.*: Betreuung ist gut, Vorsorge ist besser(?), BtPrax 1997, 221; *Wiesbach, K.* u. a.: Was ist »gefährlich«? – Ärztliche und juristische Aspekte bei der Anwendung des § 1904 BGB, BtPrax 1997, 48; *Bauer, A.*: Die Haftung des Betreuers wegen Verletzung der Aufsichtspflicht über einen drittschädigenden Betreuten, BtPrax 1998, 123; *Deinert, H.*: Zur Änderung des Betreuungs- und Vormundschaftsrechts, ZfJ 1998, 232; *Jürgens, A.*: Der Betreuer zwischen rechtlicher Vertretung und persönlicher Betreuung, BtPrax 1998, 129; *Oberloskamp, H.*: Die Qualifikation des Sachverständigen gem. § 68b FGG, BtPrax 1998, 18; *Pardey, K.-D.*: Schutz persönlicher Daten Betreuter, BtPrax 1998, 92; *Walther, G.*: Das Betreuungsrechtsänderungsgesetz (BtÄndG) und seine Auswirkungen auf die Arbeit der Betreuungsbehörden, BtPrax 1998, 125.

Vorbemerkung: Seit 1. 1. 1992 gibt es keine Vormundschaft und Gebrechlichkeitspflegschaft für Erwachsene mehr. Die Vormundschaft, der immer eine Entmündigung vorausgehen mußte, hatte dazu geführt, daß Erwachsene – je nach

Grund der Entmündigung – entweder MJen unter sieben Jahren (§ 104 Nr. 1) oder MJen zwischen sieben und 18 Jahren (§§ 106 ff.) gleichstanden. Die Pflegschaft, die grundsätzlich nur mit Einwilligung des Betroffenen eingerichtet werden konnte, hatte in der Regel nur die Bedeutung, daß der »Pflegling« einen staatlichen bestellten Bevollmächtigten erhielt. War allerdings der Pflegling trotz seines ursprünglichen Einverständnisses mit der Hilfe natürlich geschäftsunfähig oder hatte er nicht eingewilligt, weil er nicht verstand, worum es ging (§ 104 Nr. 2), so war der Pfleger innerhalb seines Wirkungskreises gesetzlicher Vertreter. Mit der Reform des seit 90 Jahren geltenden und wegen seiner Unverhältnismäßigkeit die Menschen oft diskriminierenden Rechts gibt es nur noch das einheitliche Rechtsinstitut der Betreuung. Damit man sich eine Vorstellung vom Umfang der Notwendigkeit staatlicher Rechtsfürsorge für Volljährige machen kann, sind im folgenden trotzdem Zahlen zu den abgeschafften Rechtsinstituten abgedruckt.

Statistisches:
Tabelle 18: Anzahl der Entmündigungen pro Jahr

Jahr	1970	1975	1980	1983	1984	1985	1986**
Anzahl	4.498	5.277	4.192	3.638	3.564	2.790	7.440
Volljährige	44.605,0*	45.743,9	47.440,3	48.514,2	48.802,4	49.190,4	49.613,3
%	0,010 %	0,012 %	0,008 %	0,007 %	0,007 %	0,006 %	0,014 %

* 1970 lag das Volljährigkeitsalter noch bei 21 Jahren. Zum Zwecke der Vergleichbarkeit wurden daher alle Personen ab 18 Jahren mitgerechnet, obwohl in dieser Gruppe wegen der Minderjährigkeit kaum Entmündigungen vorgekommen sein dürften.

** Laut Mitteilung des Generalbundesanwaltes gab es am 30. 6. 1987 in der Bundesrepublik 116.774 Entmündigte, davon 63.019 Männer, 53.061 Frauen und 694 Personen, bei denen das Geschlecht nicht aktenkundig war. Später erhobene Zahlen sind nach Inkrafttreten des BG vernichtet worden.

Quelle: BT-Drucks. 10/5970, S. 8, sowie Fachserie 10, Reihe 2 (»Zivilgerichte und Strafgerichte« 1986 und 1987) des Statistischen Bundesamtes und Statistisches Jahrbuch, 3.8.

Tabelle 19: Erwachsene unter Rechtsfürsorge des Staates 1975–1981

	1975	1976	1977	1978	1979	1980	1981
Erwachsene (in 1000)	45.743,9	45.863,1	46.137,5	46.466,3	46.926,9	47.440,3	47.897,1
unter Rechtsfürsorge	184.232	190.279	194.203	204.614	217.143	222.750	225.822
in %	0,40 %	0,41 %	0,42 %	0,44 %	0,46 %	0,46 %	0,47 %

Quelle: (hinsichtlich der absoluten Zahlen): Statistisches Bundesamt, Fachserie 13, Reihe 6, Tabellenteil 7, und Statistisches Jahrbuch, 3.8.

Tabelle 20: Betreuungen insgesamt 1995*

Bundesland	Einwohner	Betreuungen	% der Bevölkerung
Baden-W.	10.272,1	54.037	0,53
Bayern	11.921,9	98.810	0,82
Berlin	3.472,0	31.942	0,92
Brandenburg	2.536,7	19.015	0,75
Bremen	680,0	4.627	0,68
Hamburg	1.705,9	11.418	0,67
Hessen	5.980,7	45.827	0,77
Mecklenburg-V.	1.832,3	12.806	0,70
Niedersachsen	7.715,4	64.903	0,84
Nordrhein-W.	17.816,1	146.136	0,82
Rheinland-Pf.	3.951,6	33.891	0,86
Saarland	1.084,2	8.844	0,82
Sachsen	4.584,3	35.869	0,78
Sachsen-A.	2.759,2	18.358	0,66
Schleswig-H.	2.708,4	23.100	0,85
Thüringen	2.517,8	15.102	0,60
insgesamt	81.538,6	624.695	rd. 0,77

* Quelle: Betreuungen: BT-Drucks. 13/7133 vom 5. 3. 1997, S4.
Bevölkerung: Statistisches Jahrbuch 1997, 3.8 (Bevölkerungsstand ...)

Tabelle 21: Betreuungsbestellungen und -aufhebungen

Jahr	Bt-Best.	Einw. Vorbeh.	Bt-Aufheb.	Bt-Verlängerung	Verf.Pfleger
1992	75.170	5.041	7.178	12.535	37.814
1993	104.511	5.004	9.335	19.477	49.496
1994	113.106	5.118	9.165	23.579	56.321
1995	123.316	5.328	11.651	30.215	59.020

* Quelle: Bt-Drucks. 13/7133 vom 5. 3. 1997, S. 5, 7, 8, 9.

Tabelle 22: Person des Betreuers bei Erstebestellungen*

<table>
<tr><th></th><th colspan="2">1992</th><th colspan="2">1993</th><th colspan="2">1994</th><th colspan="2">1995</th></tr>
<tr><td>Privatperson</td><td colspan="2">62.127 = 81,0 %</td><td colspan="2">86.483 = 80,3 %</td><td colspan="2">93.503 = 80,6 %</td><td colspan="2">102.958 = 81,7 %</td></tr>
<tr><td>Vereinsbetreuer</td><td>2.391</td><td rowspan="2">= 10,2 %</td><td>7.136</td><td rowspan="2">= 11,8 %</td><td>12.089</td><td rowspan="2">= 14,1 %</td><td>13.747</td><td rowspan="2">= 13,8 %</td></tr>
<tr><td>Behördenbetreuer</td><td>5.452</td><td>5.508</td><td>4.208</td><td>3.650</td></tr>
<tr><td>Betreuungsvereine</td><td>771</td><td rowspan="2">= 8,8 %</td><td>965</td><td rowspan="2">= 7,8 %</td><td>1.007</td><td rowspan="2">= 5,3 %</td><td>807</td><td rowspan="2">= 4,5 %</td></tr>
<tr><td>Betreuungsbehörden</td><td>5.968</td><td>7.359</td><td>5.169</td><td>4.710</td></tr>
<tr><td></td><td colspan="2">76.709 = 100 %</td><td colspan="2">107.651 = 100 %</td><td colspan="2">115.985 = 100 %</td><td colspan="2">125.972 = 100 %</td></tr>
</table>

* Quelle: Bt-Drucks. 13/7133 vom 5. 3. 1997, S. 6
Warum die Zahlen leicht von den Zahlen der Erstbetreuerbestellung abweichen (s. o. Tab. 21), geht aus der Quelle nicht hervor

Tabelle 23: Genehmigungen des Vormundschaftsgerichts*

	1992	1993	1994	1995
§ 1904 BGB	2.003	2.316	2.057	2.577
§ 1905 BGB	65	87	87	78
§ 1906 I BGB	31.044	31.964	34.903	34.420
§ 1906 IV BGB	9.923	13.095	17.898	23.305

* Quelle BT-Drucks. 13/7133 vom 5. 3. 1997, S. 13/14

Was für Rechtsinstitute gibt es, die dem Schutz von volljährigen Personen dienen? **(75)**

1. Rechtliche Betreuung, §§ 1896 ff.

Voraussetzungen:

- Ein VJ kann seine Angelegenheiten ganz oder teilweise nicht besorgen aufgrund einer psychischen Krankheit oder einer körperlichen, geistigen oder seelischen Behinderung
- Die Angelegenheiten können nicht durch einen Bevollmächtigten oder durch andere Hilfen besorgt werden, § 1896 I, II.

Rechtsfolgen: In der Regel wird eine natürliche Person zum Betreuer bestellt, §§ 1897–1900. Dieser erhält einen bestimmten Aufgabenkreis, § 1897 II–IV. Im Rahmen dieses Aufgabenkreises ist der Betreuer gesetzlicher Vertreter, § 1902. Die Geschäftsfähigkeit des Betreuten wird durch die Betreuerbestellung grundsätzlich nicht eingeschränkt.

2. Abwesenheits-/Verhinderungspflegschaft, § 1911

Voraussetzungen: Unbekannter Aufenthalt eines Menschen, dessen Vermögensangelegenheiten der Fürsorge bedürfen.

Rechtsfolgen: Der Pfleger ist gesetzlicher Vertreter im Hinblick auf die jeweilige Angelegenheit.

(76) ***Wer kann als rechtlicher Betreuer für einen Erwachsenen tätig werden?***

1. **Eine natürliche Person**, die geeignet ist, die Angelegenheiten des Betreuten zu besorgen, § 1897 I. Dabei kann es sich um eine unabhängige Einzelperson (Angehöriger, Fremder; Ehrenamtlicher, Professioneller), um einen Mitarbeiter in einem Betreuungsverein (Vereinsbetreuer) oder einen Bediensteten in einer Betreuungsbehörde (Behördenbetreuer) handeln, § 1897 II. Grundsätzlich vorrangig ist bei der Auswahl des Betreuers der Wille des zu Betreuenden, § 1897 V. Ist ein solcher nicht erkennbar, sind die persönlichen Beziehungen des Betroffenen zu berücksichtigen, § 1897 VI.

2. **Mehrere natürliche Personen**, wenn die Angelegenheiten des Betreuten hierdurch besser besorgt werden können, § 1897 I 1. Diese Personen können für unterschiedliche Aufgaben, mit denselben Aufgaben gemeinsam, mit denselben Aufgaben als Handelnder oder Kontrollierender oder nur nachrangig für den Verhinderungsfall bestellt werden, § 1899 I 2, III–IV.

3. Ein **anerkannter Betreuungsverein**, § 1900 I. Dieser überträgt die Wahrnehmung der Betreuung einzelnen Personen, § 1900 II.

4. Die **zuständige Behörde**, § 1900 IV. Auch die Behörde überträgt die Wahrnehmung der Betreuung einzelnen Personen, § 1900 IV i. V. m. II.

Zweiter Teil

Fälle

Kapitel 1

Grundbegriffe

I. Familienrecht/Kindschaftsrecht

Fall 1: Inhalt des Familienrechts

Sind folgende Fälle dem Familienrecht zuzuordnen?
1. Zwei Studenten verschiedenen Geschlechts, Adam und Eva, sind einig darüber, daß sie später heiraten wollen. Ein offizielles Verlöbnis jedoch finden sie albern. Adam schenkt Eva zu Weihnachten eine wertvolle Kette. Kurz danach verkrachen sie sich endgültig. Adam verlangt nun die Kette zurück.

2. (nach *Beitzke*, PdW, Nr. 297) Der Sohn Dumm arbeitet jahrelang im Geschäft seines Vaters gegen Wohnung, Kost und Taschengeld. Er hofft dabei, er werde das Geschäft eines Tages erben. Als D 30 Jahre alt ist, zerstreitet er sich mit seinem Vater. Dieser setzt nun in einem Erbvertrag seinen Sohn Schlau zum Erben ein. D verklagt seinen Vater auf das tarifvertragliche Gehalt eines kaufmännischen Angestellten für die letzten fünf Jahre.

3. Ein Ehepaar hat keine güterrechtliche Regelung getroffen. Nun stirbt der Ehemann. Er hinterläßt einen Sohn. Die Frau verlangt die Hälfte des vorhandenen Erbes.

Fall 2: Inhalt des Kindschaftsrechts

Sind folgende Fälle dem Kindschaftsrecht zuzuordnen?

1. Die 16jährige Eva will den 19jährigen Adam heiraten. Ihre Eltern sind nicht damit einverstanden, seine dagegen befürworten die Eheschließung.

2. Die 16jährige Eva, die mit dem 19jährigen Adam verheiratet ist, möchte einen Ausbildungsvertrag abschließen.

3. M und F sind seit drei Jahren miteinander verheiratet. In dieser Zeit ist Kind K geboren. Nun erfährt M, daß K von Herrn Heimlich stammen muß. Er ficht seine Vaterschaft zu K an und nimmt den H auf Rückzahlung der in den letzten zwei Jahren erbrachten Unterhaltsbeträge in Anspruch.

II. Verwandtschaft/Schwägerschaft

Fall 3: Arten der Verwandtschaft/Schwägerschaft

In welcher Rechtsbeziehung stehen folgende Personen zueinander (das Schaubild zu Frage 6 ist heranzuziehen – es sind aber nicht alle Personen dort erfaßt)?

a) M's Sohn und die Tochter Z seiner Schwiegereltern,
b) M und die 2. Frau seines Großvaters,
c) M's Enkelkind und M's Bruder,
d) M's Frau und der Mann von M's Cousine,
e) M's Bruder und M's Frau aus erster Ehe,
f) M's Sohn aus erster Ehe und M's Ehefrau aus zweiter Ehe,
g) M's Tochter aus zweiter Ehe und M's Ehefrau aus erster Ehe.

Fall 4: Anwendungsbereich der Vorschriften zur Verwandtschaft und Schwägerschaft

Sie sind SA im ASD und machen in Ihrem Bezirk einen Hausbesuch bei einer Ihrer »Problemfamilien«, der Familie Schmitz. Diese besteht aus den Eltern, fünf gemeinsamen Kindern, (K1–K5), einem vorehelichen Kind von Frau Schmitz (K6) und einem Kind aus 1. Ehe von Herrn Schmitz (K7). Ferner wohnt im Haus die Mutter von Herrn Schmitz.

Frau Schmitz hat Sie zu sich gebeten, weil Herr Schmitz mit seiner Schwägerin (Schwester von Frau Schmitz namens Meyer) »durchgebrannt« sei. Deren Kind K8 (Vater ist gestorben) hätten ihr Nachbarn überbracht.

Frau Schmitz hat folgende Fragen an Sie:

1. Herr Schmitz hat des öfteren mit Scheidung gedroht und damit, daß er Frau Meyer heiraten werde. Ist dies möglich?
2. Darf sie, Frau Schmitz, das Kind K8 ohne weiteres im Haus behalten?
3. Wer hat das Sorgerecht für dieses Kind?
4. Von wem bekommt sie jetzt und nach einer evtl. Scheidung Unterhalt für die acht Kinder?
5. K7 (16 Jahre) habe dem Vater 100 DM gestohlen. Kann er dafür vor den Richter müssen?
6. Müssen in einem etwaigen Prozeß sie selber, ihre Schwiegermutter, K1–K5, K6, K8 aussagen?
7. Sie habe heute Nachricht erhalten, daß ihre reiche Tante gestorben sei. Kann sie diese beerben?

III. Gesetzliche Vertretung

Fall 5: Grundausstattung eines Kindes: Ein gesetzlicher Vertreter

Wer ist g. V.

1. eines Kindes verheirateter Eltern,
2. eines Kindes nicht (mehr) verheirateter Eltern,
3. eines Kindes von Eltern, die jeweils mit einem anderen Partner verheiratet sind,
4. eines Kindes von Eltern, die in die Adoption ihres Kindes eingewilligt haben,
5. eines Stiefkindes,
6. eines Pflegekindes?

Kapitel 2

Abstammung

IV. Natürliche Abstammung: Genetische/biologische Herkunft

Fall 6: Ersatzmutterschaft (Teil I)

Adam Schmitz ist 35 Jahre, Eva Schmitz 30 Jahre alt. Sie sind seit zehn Jahren verheiratet. Sie haben von Anfang an Kinder haben wollen und waren, als sie merkten, daß ihr Wunsch nicht in Erfüllung ging, bei zahlreichen Ärzten. Sie wissen nunmehr, daß Ursache ihrer Kinderlosigkeit eine Eileiter-Undurchlässigkeit von Eva ist. Der Versuch einer Durchblasung ist gescheitert, so daß der Defekt irreparabel ist.
Sie haben gehört, daß es die Möglichkeit einer sog. Ersatzmutterschaft gibt, bei der der Samen des Ehemannes dazu benutzt wird, das Ei einer fremden, gebärbereiten Frau zu befruchten. Die Frau verpflichtet sich vorher vertraglich, das Kind, das sie zur Welt bringt, zur Adoption an das kinderlose Ehepaar abzugeben.
Adam und Eva haben sowohl einen Arzt gefunden, der eine solche Befruchtung vorzunehmen bereit ist, als auch eine Frau X, die ein Kind für sie austragen würde. Die Insemination wird durchgeführt. Frau X bringt das Kind K zur Welt.

1. Wer ist Mutter dieses Kindes?
2. Kann das Ergebnis durch irgendwelche abstammungsrechtlichen Maßnahmen verändert werden?
3. Wer ist Vater des Kindes? Spielt es für die Antwort eine Rolle, daß Frau X verheiratet ist?
4. Wäre die Antwort zu Frage 3 anders, wenn Frau X ledig wäre?

Fall 7: Abwesenheit des Vaters

Adam und Eva sind verheiratet. Adam übernimmt einen Auslandsauftrag als Höhlenforscher und ist 14 Monate weg. Als er wiederkommt, hat E einen einen Monat alten Sohn, Kain. A will sich nicht scheiden lassen und Kain auch in seinem Haushalt belassen, aber Unterhalt will er für diesen nicht zahlen.

1. Muß Adam Unterhalt zahlen?
2. Wenn ja, kann er etwas dagegen unternehmen?

Fall 8: Bedeutung des § 1599 I

Adam, der nach 14monatiger Abwesenheit nach seiner Rückkehr den einmonatigen Kain vorfindet, stellt durch seinen Anwalt Scheidungsantrag. Er beauftragt diesen auch, Vaterschaftsanfechtungsklage zu erheben. Der Anwalt versäumt die Anfechtungsfrist, so daß die Vaterschaft für K nicht mehr angefochten werden kann.
Adam verklagt den Anwalt auf Schadensersatz wegen der zu Unrecht geleisteten Unterhaltsbeträge.
Wird er Recht bekommen?

Fall 9: Rückforderungsanspruch des Scheinvaters

Kain ist in der Ehe von Adam und Eva geboren, obwohl er von Herrn Heimlich stammt. Erst als K zehn Jahre alt ist, erfährt A den wahren Sachverhalt. Ein Jahr später ficht er die Vaterschaft für K an. Falls er den Prozeß gewinnt, will er anschließend sofort den Heimlich wegen aller Aufwendungen im Zusammenhang mit K in Anspruch nehmen.
Wird er Erfolg haben?

Fall 10: Anfechtungsrecht des Ehemanns bei künstlicher Insemination (nach BGH v. 7. 4. 1983, FamRZ 1983, 686)

Als Kain geboren wurde, waren Eva, seine Mutter, und Adam, ihr Mann, zwar verheiratet, lebten jedoch seit drei Jahren getrennt. Adam war schwer alkoholkrank. Während der gesetzlichen EZ hatten Adam und Eva keinen ehelichen Verkehr.
Vier Monate nach Kains Geburt erhebt Adam Vaterschaftsanfechtungsklage. Kain bestreitet dem Adam das Recht, die Vaterschaft anzufechten. Er behauptet, er sei **mit Einwilligung von Adam** durch die künstliche Übertragung des Samens eines anderen Mannes gezeugt worden. Er legt eine schriftliche Erklärung des Adam folgenden Inhalts vor: »Hierdurch erkläre ich mich damit einverstanden, daß bei meiner Frau eine künstliche Fremd-Insemination durchgeführt wird und ich hiermit die Vaterschaft anerkenne.«
Vor der Samenübertragung hat der behandelnde Arzt nicht die Untersuchungen vorgenommen, die nach ärztlicher Auffassung notwendig sind (Prüfung, ob Insemination wegen Kinderlosigkeit medizinisch angezeigt ist; Unterrichtung über evtl. rechtliche, ethische, religiöse, medizinische und gesellschaftliche Probleme; Beratung im Zusammenhang mit der sich in einer Krise befindenden Ehe von Eva).
Wird die Anfechtungsklage von Adam Erfolg haben?

Fall 11: Anfechtungsrecht des Kindes

K wächst als Kind von Adam auf. Adam hat trotz Kenntnis der Umstände, daß K von Heimlich und nicht von ihm stammt, jahrelang nichts wegen K unternommen. Er schikaniert K jedoch, wo er kann. Eva kann dies nicht länger mit ansehen und

stellt Scheidungsantrag. Nachher will sie Herrn Heimlich, den Vater von K, heiraten.
Kann die Vaterschaft für K noch angefochten werden?

Fall 12: Besonderheiten bei Anfechtung durch Kind/Scheinvater

Kain ist in der Ehe von Adam und Eva geboren. Eva ist mj. Adam wird wegen Drogensucht (= psychische Krankheit) unter Betreuung gestellt. Eva nimmt dies zum Anlaß, sich scheiden zu lassen. Danach erfährt Adam, daß Kain nicht von ihm stammt.

Was ist zu beachten, wenn
1. Adam
2. Kain
3. Eva
die Vaterschaft anficht?

Fall 13: Ein Kind mit zwei Vätern

Eva hat zwei Monate nach Tod von Adam den Herrn Heimlich geheiratet. Sieben Monate nach der zweiten Eheschließung kommt der Sohn Kain zur Welt.
Wer ist juristisch der Vater?

Fall 14: Schon wieder zwei Väter

Adam und Eva, die verheiratet sind, leben seit fünf Jahren getrennt. Sie haben lange nicht gewußt, ob sie sich endgültig trennen oder es wieder miteinander versuchen sollen. Inzwischen hat Eva Herrn Heimlich kennengelernt und glaubt zu wissen, daß er der Mann ist, auf den sie gewartet hat. Eva und Heimlich ziehen zusammen. Eva stellt Scheidungsantrag, dem Adam zustimmt. Noch bevor die Ehe geschieden ist, wird Kind Kain geboren. Adam, Eva und Heimlich sind sich einig, daß das Kind nur von Heimlich sein kann. Adam ist nicht bereit, irgendwelche Unterhaltsleistungen für Kain zu erbringen. Heimlich wäre gerne der Vater, aber beim JA sagt man ihm, daß dies juristisch nur möglich sei, wenn die Vaterschaft von Adam erfolgreich angefochten worden sei.
Ist diese Auskunft richtig?

Fall 15: Voraussetzungen der Vaterschaft außerhalb einer Ehe

Die ledige 17jährige Eva bringt das Kind Kain zur Welt. Es ist stadtbekannt, daß Kain von Herrn Heimlich stammt.
Muß dieser für Kain Unterhalt zahlen?

Fall 16: Einwilligungen bei Anerkennung

Heimlich möchte die Vaterschaft für Kain anerkennen, Eva will nichts davon wissen.

1. Ist eine Anerkennung trotzdem möglich?
2. Könnte H, wenn Eva nicht widerspricht, auch dann anerkennen, wenn er wegen Alkoholkrankheit unter Betreuung steht?

Fall 17: Die Wahrheit bei der Anerkennung

Eva lebt mit Herrn Schleicher zusammen. Dieser ist bereit, die Vaterschaft für Kain anzuerkennen, obwohl Herr Heimlich der wahre Vater ist.
Kann Schleicher anerkennen,

1. wenn Heimlich bisher nicht anerkannt hat,
2. wenn Heimlich bereits anerkannt hat?

Fall 18: Anerkennung des biologischen Vaters bei juristisch falscher Zuordnung

Heimlich, der wahre Vater von Kain, möchte die Vaterschaft anerkennen. Ist dies möglich, wenn

1. Kain in der Ehe Adam–Eva geboren ist,
2. K zwar noch Kind von Adam ist, Adam aber bereits Vaterschaftsanfechtungsklage erhoben hat und H todkrank ist,
3. Schleicher, der bei Eva wohnt, die Vaterschaft fälschlicherweise bereits anerkannt hat?

Fall 19: Pränatales Vaterschaftsanerkenntnis

Die ledige mj. Eva ist schwanger von Heimlich. H will jedoch unter keinen Umständen heiraten. Um die Eltern von Eva zu beruhigen, geht er zu einem Notar und erkennt seine Vaterschaft an. Eva stimmt dem zu. Eine Zustimmung des Kindes wird allerdings nicht eingeholt. Als die Eltern von H sich mit dem Vaterschaftsanerkenntnis nicht zufriedengeben, überredet H den Adam, Eva gegen Bezahlung von 50000 DM zu heiraten. Dies geschieht. Am Abend der Hochzeit bringt Eva Kain zur Welt. Am nächsten Tag setzt Adam sich ab und verspielt die 50000 DM in einer Spielbank.
Muß H für den Unterhalt von K aufkommen?

Fall 20: Formerfordernisse

Welche Formvorschriften müssen eingehalten werden, und wo muß eine Anerkennung abgegeben werden, damit sie gültig ist?

Fall 21: Irrtümliche Anerkennung

Schleicher hat die Vaterschaft in gutem Glauben anerkannt. Nun bekommt er heraus, daß höchstwahrscheinlich Heimlich der wahre Vater ist.
Was kann Schleicher machen?

Fall 22: Mehrere potentielle Väter

Die ledige Eva gibt vor dem JA an, daß der Kain von Heimlich stamme, da dieser vor neun Monaten mit ihr verkehrt habe. Heimlich bestreitet das und behauptet, seine Beziehung zu ihr schon vor einem Jahr gelöst zu haben. Seitdem habe Eva verschiedene Freunde gehabt. U. a. habe Schleicher einige Zeit bei ihr gewohnt. Eva beauftragt daraufhin Beistandschaft mit dem Aufgbanekreis der Vaterschaftsfeststellung. Das JA überträgt die Ausübung der Aufgabe dem SA S. Dieser erhebt Vaterschaftsfeststellungsklage gegen H.
Was hat das JA zu tun, wenn sich im Prozeß gegen Heimlich herausstellt, daß die Vaterschaft von Schleicher viel wahrscheinlicher ist als die von Heimlich?

V. Künstliche Abstammung: Annahme als Kind

Fall 23: Alter und Geschäftsfähigkeit

Adam und Eva sind kinderlos verheiratet und möchten Moses als Kind annehmen. Adam ist 25 Jahre, Eva 20 Jahre.

1. Ist eine Annahme als Kind möglich?
2. Wäre es anders, wenn Eva 21 Jahre alt wäre, aber wegen einer psychischen Erkrankung unter Betreuung stünde?

Fall 24: Annahme des eigenen Kindes (nach OLG Hamm v. 14. 9. 1981, FamRZ 1982, 194)

Eva ist die ledige Mutter des sechsjährigen Kindes Moses. Sie ist 40 Jahre alt, verdient als Geschäftsführersekretärin mehr als 5000 DM netto monatlich und bewohnt mit ihrer Mutter (die auch das Kind betreut) und dem Lebensgefährten Habakuk eine riesige Wohnung. Adam (Architekt) hat seine Vaterschaft gleich nach der Geburt anerkannt, sich urkundlich verpflichtete, monatlich 800 DM Unterhalt für Moses zu zahlen, und tut dies auch regelmäßig. Sein Umgangsrecht wollte Eva dem Adam nicht einräumen, er konnte es sich aber gerichtlich erstreiten. Nun beantragt Eva beim VormG die Annahme ihres eigenen Kindes.
Wird sie mit diesem Antrag Erfolg haben?

Fall 25: Einwilligung des gesetzlichen Vertreters

Wer muß gem. § 1746 einwilligen
1. bei einem Kind, dessen Eltern verheiratet sind und zusammenleben;

2. bei einem Kind, dessen Eltern nicht verheiratet sind und nicht zusammenleben, aber gemeinsam das Sorgerecht haben;
3. bei einem Kind, dessen Eltern geschieden sind;
4. bei einem Kind, dessen Mutter tot ist;
5. bei einem Kind, dessen ledige Mutter vj. ist;
6. bei einem Kind, dessen ledige Mutter mj. ist;
7. bei einem Waisenkind, das im Heim lebt;
8. bei einem Findelkind?

Fall 26: Einwilligung in zwei Adoptionen (nach OLG Hamm v. 14. 2. 1991, FamRZ 1991, 1230)

Die ledige mj. Eva, die den Kain geboren hat, wird vom JA »bekniet«, K der Familie Daniel in Pflege zu geben und ihn von dieser adoptieren zu lassen. Schließlich wird sie »mürbe« und willigt notariell ein. Der Adoptionsantrag der D's läßt aber auf sich warten. Inzwischen haben Evas Eltern, die noch jung und rüstig sind, sich überlegt, daß sie K selber adoptieren könnten. E willigt auch in diese Adoption ein, und ihre Eltern stellen den Adoptionsantrag. Das JA wird aufgefordert, seine Einwilligung als Amtsvormund zu erklären. Es weigert sich, weil E's zweite Einwilligung unwirksam sei. Nunmehr stellen die Eltern einen Antrag gem. § 1746 III.

Fall 27: Betreute leibliche Eltern

Adam und Eva sind ledig und im LKH untergebracht. Sie stehen beide wegen einer geistigen Behinderung (Debilität) unter Betreuung. E bringt K zur Welt. K soll von David und seiner Frau adoptiert werden. Als E aufgefordert wird, in die Adoption einzuwilligen, versteht sie gar nicht, worum es sich handelt.
Wer muß einwilligen?

Fall 28: Rechte des leiblichen Vaters

1. Die ledige Eva möchte Kain loswerden. Adam ist sein biologischer Vater. Er möchte für ihn die Verantwortung übernehmen.
Wie und unter welchen Voraussetzungen ist dies möglich?

2. Variante 1: Eva möchte K zwar loswerden, Adam soll ihn aber auf gar keinen Fall bekommen, weil er Eva »sitzengelassen hat«. Nach E's Wunsch soll die Familie Daniel ihn adoptieren.
Hat Adam trotzdem Chancen?

3. Variante 2: A heiratet nun Genoveva. Sie will nicht böse Stiefmutter sein, sondern K adoptieren. Nach E's Wunsch soll die Familie Daniel ihn adoptieren.
Kann G dem K adoptieren?

4. Variante 3: Adam hat nach der Geburt von K eine Verzichtserklärung gem § 1747 II Nr. 3 abgegeben. K ist zur Familie Daniel in Pflege gegeben worden.

Die Eheleute D haben zunächst einen Adoptionsantrag gestellt, diesen jedoch später zurückgenommen. Inzwischen hat Adam die Genoveva geheiratet. Er verlangt K heraus.
Wird dieser Antrag Erfolg haben?

Fall 29: Ersetzung der Einwilligung bei Drogenabhängigkeit und Straftaten (nach OLG Frankfurt v. 14. 2. 1983, FamRZ 1983, 531)

Der am 9. 8. 1987 geborene Kain wurde am 10. 8. 1987 mit der Diagnose »Entzugskrampfleiden bei Heroin-Abusus der Mutter« in die Universitätskinderklinik verlegt. Der am 12. 8. 1987 aus dem Krankenhaus entlassenen Eva, die seit dem 3. 7. 1975 mit einem Jordanier zusammenlebt, wurde am 19.8. wegen unverschuldeten Versagens (Sucht) gem. § 1666 I die gesamte Personensorge entzogen. Danach besuchte sie K einige Male in der Klinik, dagegen nicht mehr im Kinderheim F., in dem K am 5. 11. 1987 untergebracht wurde. Zur Begründung ihrer Passivität gab die langjährig drogen- und heroinsüchtige Mutter an, sie habe K deswegen nicht mehr besucht, weil sie mit ihrer Suchtproblematik beschäftigt gewesen – sie habe nach der Geburt der Tochter wieder gespritzt – und wegen eines Haftbefehls polizeilich gesucht worden sei und weil sie habe befürchten müssen, daß der Vater des Kindes dieses nach Jordanien entführen würde.
Am 13. 1. 1988 wurde Eva mit mittelschweren Entzugsbeschwerden inhaftiert, nahm in der Haftanstalt an einer Therapie teil und wurde am 16. 12. 1989 aus der JVA entlassen.
K befindet sich seit Januar 1988 bei Pflegeeltern, womit Eva bis zu einer Stabilisierung ihrer Verhältnisse einverstanden ist. Die Pflegeeltern würden K gern adoptieren. Eva weigert sich jedoch, ihre Einwilligung zu geben.
Würden Sie als PFL von K den Antrag auf Ersetzung der Einwilligung stellen?

Fall 30: Gleichgültigkeit gegenüber Heimkind

Die ledige Eva hat Kain ins Heim gesteckt, um ihn loszusein. »Abgeben« will sie ihn aber nicht. Weihnachten und zum Geburtstag besucht sie ihn und schenkt ihm einen Berg Spielsachen. Der Heimleiter meint, Kain sollte besser adoptiert werden.
Ist dies möglich?

Fall 31: Ersatzmutterschaft (Teil II)

Sachverhalt wie Fall 6 (s. o. S. 80)

1. Wie ist das Vorgehen von A und E zu beurteilen, wenn sie Frau X
   - durch persönliches Suchen
   - durch ein Zeitungsangebot
   - durch einen Gynäkologen

   gefunden haben?

2. Wie sich aus der Lösung zu Fall 6 (s. o. S. 126) ergibt, könnten A und E unter abstammungsrechtlichen Gesichtspunkten ihr Ziel, Eltern von K zu werden, nur begrenzt erreichen. Könnte adoptionsrechtlich etwas unternommen werden, damit Adam und Eva die Eltern von Kain werden?

3. Sind die Zusage von Frau X, das Kind nach der Geburt den Eheleuten M zu geben, und deren entsprechende Bereitschaft, das Kind anzunehmen, adoptionsrechtlich wirksam?

4. Wie ist die Situation, wenn Frau X das Kind nach der Geburt nicht hergeben will?

5. Können Adam und Eva, falls das Kind behindert ist, die Adoption verweigern?

Fall 32: Aufhebung der Kindesannahme/Zweitadoption

Adam und Eva haben Moses als zweijähriges Kind angenommen. Er war vorher im Heim gewesen und hatte starke Verhaltsauffälligkeiten gehabt, die sich nur langsam abbauten. Als M in die Pubertät kommt, wird er so schwierig, daß A und E die Kindesannahme am liebsten rückgängig machen oder wenigstens M zur Adoption weggeben möchten.
Ist dies möglich?

Kapitel 3

Eltern-Kind-Beziehung im allgemeinen

VI. Familiäre Rechtspositionen

Fall 33: Name des Kindes verheirateter Eltern

Herr Löwe geb. Kater heiratet Frl. Katze. Nach 9 Monaten kommt Kätzchen K zur Welt.

1. Wie heißen die Eheleute?
2. Wie heißt K?
3. Wie heißt K, wenn seine Eltern sich scheiden lassen, seine Mutter die e. S. erhält und diese ihren Mädchennamen wieder annimmt?
4. Wie heißt K, wenn seine Mutter nach der Scheidung Herrn Tiger heiratet?

Fall 34: Der Name ist Schall und Rauch ...

Frau Eulalia Dick geb. Ledig wird während ihrer Ehe mit Herrn Dick Mutter eines Kindes K, dessen Vater Herr Heimlich ist.

1. Wie heißt K?
2. Wie heißt K, wenn seine Vaterschaft zu H erfolgreich angefochten wird?
3. Wie heißt K, wenn seine Mutter zur Zeit seiner Geburt nicht verheiratet war?
4. Kann K den Namen Heimlich erhalten, obwohl seine Eltern einander nicht heiraten?
5. Kann K den Namen Ledig-Heimlich erhalten, wenn Frau Ledig und Herr Heimlich unverheiratet zusammenleben?
6. Wie heißt K, wenn seine Mutter, die zur Zeit von K's Geburt ledig war, jetzt
   a) Herrn Dünn
   b) Herrn Heimlich (= biologischer Vater) heiratet?
7. Wie ist es, wenn die Ehe von Ehepaar Dünn (vgl. 6a), das K einbenannt hat, geschieden wird und Frau Dünn ihren Geburtsnamen Ledig wieder annimmt?
8. Wie heißt K, wenn Frau Dünn gesch. Dick, nachdem K einbenannt worden ist, sich von Herrn Dünn scheiden läßt und nun Herrn Schmächtig heiratet?

Fall 35: Erwerb der Staatsangehörigkeit

Eine deutsche Mutter und ein spanischer Vater, die verheiratet sind, sind in Urlaub in Argentinien. Die Frau bringt dort das Kind K zur Welt.
Welche StA hat es?

Fall 36: Bedeutung der Staatsangehörigkeit im Zivilrecht

Eine deutsche Mutter, die mit einem Italiener verheiratet ist, bringt ein Kind zur Welt. Der Italiener, der schon lange in der Bundesrepublik lebt, behauptet, das Kind sei nicht von ihm. Er wolle jedoch die Vaterschaft nicht anfechten, sondern sich scheiden lassen. Nach erfolgter Eheauflösung heiratet die Mutter den wirklichen Vater des Kindes. Dieses soll nun seinem biologischen Vater auch rechtlich zugeordnet werden und möchte daher die Vaterschaft dem ersten Mann der Mutter gegenüber anfechten.
Nach welchem Recht richten sich die Fragen, ob K hierzu befugt ist und innerhalb welcher Frist es Klage erheben muß?

Fall 37: Wohnsitz

Adam und Eva, die bisher als Ehepaar zusammen in Köln gewohnt haben, wollen sich trennen, ohne sich scheiden zu lassen. Eva zieht mit Kain nach München und begründet für sich dort einen neuen WS.
Welches FamG ist für die Übertragung der e. S. zuständig?

VII. Familiäre Rechtspflichten

Fall 38: Dienstleistungspflicht

1. Student Faul, stud. rer. pol., ist 19 Jahre und wohnt bei seinen Eltern. Diese haben ein Geschäft.
Die Eltern verlangen, daß er
a) nach dem Essen Geschirr spült
b) samstags 3 Std. Rechnungen für Kunden ausfährt
c) die Buchhaltung für das Geschäft erledigt.
Zu Recht?

2. Abwandlung: Faul ist Handelsschüler, 16 Jahre und hat Schwierigkeiten mit dem Lernen.

3. a) Beide, Student und Schüler, verlangen, daß die berechtigt geforderten Dienstleistungen entgolten werden.
b) Andernfalls weigern sie sich, überhaupt etwas zu tun.
c) Beide drohen damit, aus dem Haus zu ziehen.

Fall 39: Beistandspflicht

Der 80jährige Großvater G ist pflegebedürftig. Seine Tochter T ist bereit, ihm im Rahmen ihrer Unterhaltspflicht die Unterbringung in einem guten Pflegeheim zu bezahlen.
G lehnt dies ab. Er möchte von T persönlich gepflegt und in ihr Haus, das dafür groß genug ist, aufgenommen werden.
Kann er darauf bestehen?

Fall 40: Auskunftspflicht der Mutter gegenüber vaterlosem Kind (BVerfG v. 6. 5. 1997, FamRZ 1997, 869)

Die ledige E hat die Tochter N. Weil sie sich nicht zu dem Kind bekennen wollte, gab sie es zunächst in ein Heim, später den Pflegeeltern P, die es großzogen. Die Vaterschaft wurde nie geklärt, weil die Mutter sich weigerte, Auskünfte über die möglichen Väter zu geben.
Als N erwachsen war, verklagte sie E primär auf Auskunft über Namen und Anschrift des leiblichen Vaters, hilfsweise unter Angabe von Namen und Adressen auf Auskunft, wem sie in der gesetzlichen Empfängniszeit beigewohnt habe. Sie wolle die Identität sowohl aus persönlichen Gründen als auch zur Geltendmachung von Erbansprüchen erfahren. Außerdem habe sie Interesse daran, daß der Vater in Personenstandsbüchern und -urkunden genannt werde. Sie stützte ihren Anspruch auf § 1618a. – Die Mutter verteidigte sich damit, daß sie in der gesetzlichen Empfängniszeit mit mehreren Männern Geschlechtsverkehr gehabt habe. Diese seien alle verheiratet und lebten in intakten Familien. Sie wolle diese Familien nicht gefährden und brauche die Namen daher nicht zu nennen.
Ist E verpflichtet, die Namen der Männer preiszugeben?

Kapitel 4

Elterliche Sorge

VIII. Erwerb, Inhalt und Umfang der elterlichen Sorge

Fall 41: Erwerb der elterlichen Sorge

Eva bringt den Sohn Kain zur Welt. Wer hat in den nachfolgenden Konstellationen das Sorgerecht für K ?

1. E und A sind verheiratet.
2. E und A sind nicht verheiratet. Nach der Geburt von K beschließen A und E zu heiraten.
3. E und A leben unverheiratet zusammen.
4. E ist ledig und lebt allein.

Wären die Fragen anders zu beantworten, wenn in denselben Konstellationen
- Eva mj. wäre
- Adam mj. wäre
- beide mj. wären?

Fall 42: Struktur der elterlichen Sorge

Welchem Strukturelement der e. S. sind folgende Sachverhalte zugeordnet?

1. Entscheidung der Eltern, ob die 15jährige Tochter abends ausgehen darf.
2. Entscheidung, ob der Sohn wegen Berufsausbildung bei der Oma wohnen darf.
3. Abschluß eines Lehrvertrages.
4. Entscheidung, welchen Vornamen ein Kind erhält.
5. Verkehrssicherung bei Mietshäusern, die das Kind geerbt hat.
6. Entscheidung, ob der Sohn eine Freundin haben darf.
7. Ein vom Kind geerbtes Grundstück soll verkauft werden.
8. Die Tochter möchte sich ein eigenes Zimmer mieten.
9. Vom Geld auf dem Sparbuch des Kindes sollen Aktien gekauft werden.
10. Entscheidung, ob sich die Tochter, die einen Autounfall hatte, einer Schönheitsoperation unterziehen darf.

Fall 43: Elterliche Sorge für verheiratete Minderjährige

1. Eine junge Frau hat mit 16 Jahren geheiratet, weil ein Kind unterwegs war. Mit 17½ Jahren wird ihre Ehe geschieden. Das FamG »spricht ihr das Kind zu«.

Wie ist es mit der e. S. im Hinblick auf
a) die Frau
b) das Kind?

2. Welche der in Fall 13 aufgezählten Angelegenheiten könnte F selber regeln?

Fall 44: Meinungsverschiedenheiten

Wer entscheidet bei folgenden Meinungsverschiedenheiten im Hinblick auf ein mj. Kind?

1. Streit zwischen den Eltern untereinander.
2. Streit zwischen Eltern und Kind.
3. Streit zwischen Eltern und Pfleger des Kindes.
4. Streit zwischen Eltern und verheiratetem mj. Kind
5. Streit zwischen beschränkt geschäftsfähigem Elternteil und dem g. V. des Kindes.

Fall 45: Erziehungsmittel

Vater Adam findet, daß Strafen die wirksamsten Erziehungsmittel sind.
1. Er gibt Kain gelegentlich Ohrfeigen.
2. Er schlägt Kain bei jedem Widerspruch mit einem Rohrstock, so daß dieser Blutergüsse hat.
3. Er sperrt Kain in sein Zimmer ein, wenn dieser Fünfen aus der Schule nach Hause bringt.
4. Er entzieht ihm das Taschengeld für die Woche, wenn er einmal zu spät nach Hause kommt.

Darf er diese Erziehungsmittel anwenden?

Fall 46: Aufsichtspflicht

Die Eltern haben ein dreijähriges Kind (K1). Im Urlaub am Strand faulenzen sie so gründlich, daß sie nicht merken, daß K1 sich heimlich davonmacht.
1. K1 will einen Hund streicheln und wird von diesem gebissen. Der Hundehalter kann i.S. des § 833 S. 2 beweisen, daß er das Tier genügend beaufsichtigt hat.
2. K1 schlägt einem anderen Kind (K2) seine Schaufel auf den Kopf, so daß dieses ärztlich behandelt werden muß.

Wer haftet in beiden Fällen für die entstandenen Schäden?

3. Sind sonstige juristische Folgen denkbar?

Fall 47: Umgangsverbot

Die 15jährige T ist mit dem 19jährigen Mann M befreundet. Durch Zufall erfahren die Eltern, daß dieser gelegentlich mit Rauschgift handelt. Sie untersagen T den Umgang mit M. T hält sich nicht daran und lädt M weiterhin immer dann ein, wenn ihre Eltern nicht zu Hause sind.

Was können die Eltern dagegen unternehmen?

Fall 48: Vermögenssorge

Adam und Eva haben den 16jährigen (5jährigen) Sohn Kain. Folgende Angelegenheiten sollen für diesen geregelt werden:

1. Noch zu seinen Lebzeiten möchte Adam dem Kain ein Mietshaus schenkweise übertragen. Wie ist dies möglich?
2. Großvater Salomon schenkt K ein Ferienhaus am Meer mit der Maßgabe, daß seine Eltern nicht für die Verwaltung zuständig sein sollen.
   a) Ist die Schenkung wirksam?
   b) Wer verwaltet das Haus?
3. K hat mit Zustimmung seiner Eltern im Lotto gespielt und 100000 DM gewonnen. Was geschieht mit dem Geld?
4. Großmutter Rebecca stirbt und vermacht K ein Grundstück, das mit Hypotheken belastet ist.
   a) Wer entscheidet über die Annahme des Vermächtnisses?
   b) Können die Eltern das Grundstück verkaufen?

IX. Elterliche Sorge bei Getrenntleben

Fall 49: Minderjährigkeit eines Elternteils

Adam (19 Jahre) und Eva (17 Jahre) lassen sich scheiden. Wie ist es mit der e. S. für

1. Eva?
2. das gemeinsame Kind Kain (4 Jahre alt)?

Fall 50: Übertragungskriterien

Wie wäre im Fall 49 zu entscheiden, wenn

1. E das Sorgerecht beantragt und A damit einverstanden ist;
2. trotz Antrags und Einvernehmens der Eltern Kain (4 Jahre/15 Jahre) absolut bei A bleiben will;
3. sowohl A als auch E einen Übertragungsantrag stellen;
4. die Eltern keinen Übertragungsantrag stellen, aber das 15jährige Kind unbedingt möchte, daß A die Alleinsorge erhält?

Fall 51: Prozeßkostenhilfe für Sorgerechtsübertragung

Adam und Eva leben getrennt. Kind Kain lebt bei Adam. Dieser möchte gerne das alleinige Sorgerecht für K.
Er sucht Sie im JA auf und fragt um Rat, ob er für ein solches Verfahren Prozeßkostenhilfe beanspruchen könne, da er ein Verfahren selber nicht bezahlen könne.

Fall 52: Sorgerechtsregelung vor Scheidung

Adam stellt Antrag auf Scheidung, weil er seine Ehe mit Eva für völlig zerrüttet hält. Schon vor Urteilsfällung möchte Adam Kain bei sich haben. Eva, die das Kind im Augenblick versorgt, will Kain keinesfalls herausgeben.
Was können Adam und Eva machen?

Fall 53: Verhältnis von § 1671 BGB und § 620 Nr. 1 ZPO (nach BGH v. 12. 5. 1982, FamRZ 1982, 788)

Adam und Eva leben getrennt. Kain befindet sich in beider Einvernehmen bei Adam. Als Adam nun Scheidungsantrag stellt, wendet sich Eva an das FamG und bittet darum, ihr im Rahmen von § 1671 das Sorgerecht für Kain zuzusprechen. Adam will Kain behalten und läßt durch seinen Anwalt vortragen, daß Eva nach Stellung des Scheidungsantrages nur eine einstw. AO gem. § 620 Nr. 1 ZPO und keine Sorgerechtsregelung gem. § 1671 beantragen könne.
Ist Adam im Recht?

Fall 54: Aufteilung des Sorgerechts

Adam und Eva, die sich scheiden lassen wollen, sind zum JA gegangen, um sich wegen der e. S. für Kain beraten zu lassen. Sie möchten, daß Eva die tatsächliche PS, Adam dagegen die Vertretung in persönlichen Angelegenheiten und die ganze VS erhält.

1. Werden Sie die beiden in diesem Vorschlag unterstützen?
2. Wie wäre es, wenn Adam und Eva ein gemeinsames Sorgerecht behalten wollen, jedoch eine Entscheidung hinsichtlich des Aufenthaltsbestimmungsrechts beantragten möchten?

Fall 55: Streit um gemeinsames Sorgerecht

Die Eltern M und V haben Scheidungsantrag gestellt. Beide haben sich während der Ehe intensiv um K gekümmert und haben eine tragfähige Beziehung zu ihm. V wünscht das gemeinsame Sorgerecht für ihn und M, M dagegen möchte das Alleinsorgerecht, weil es schon während der Trennungszeit zu Unverträglichkeiten bei der Ausübung des gemeinsamen Sorgerechts gekommen sei. M stellt einen Antrag gem. § 1671. Das Gericht bittet das JA gem. § 49a I Nr. 9 FGG um eine Stellungnahme, ob dem Antrag stattzugeben sei.

Fall 56: Mangelnde Eignung der Eltern

E beantragt die gesamte e. S.

1. Sie, als um Stellungnahme gebetener SA, halten weder Adam noch Eva für geeignet, die e. S. auszuüben. Was würden Sie vorschlagen?
2. Sie sind der Meinung, Adam solle die gesamte VS, Eva die tatsächliche PS, ein PFL die Vertretung in persönlichen Angelegenheiten ausüben. Wird der Richter diesem Vorschlag aufgrund der gesetzlichen Regelung folgen können?

Fall 57: Tod des Sorgeberechtigten

1. Adam und Eva sind geschieden. Adam hat die e. S. für Kain. Nun stirbt er. Wer hat jetzt die e. S.?

2. In Fall 1 hatte Eva das Sorgerecht erhalten und später David geheiratet. Dieser wurde während der Ehe mehrfach wegen Diebstählen und Betrügereien zu kürzeren Freiheitsstrafen verurteilt. Er hatte auch immer wieder finanzielle Schwierigkeiten. Kain, der von Eva und David sowie seiner Großmutter Rebekka versorgt wurde, hatte eine gute Beziehung zu David. Als Eva starb, beantragten sowohl der leibliche Vater Adam, der in sog. geordneten Verhältnissen lebte, aber – weil Eva es verhindert hatte – keinen Kontakt zu Kain hatte, als auch der Stiefvater David das Sorgerecht für Kain.

Fall 58: Vom Elternvorschlag abweichende Regelung des Gerichts

Adam und Eva wollen sich scheiden lassen. Adam beantragt, ihm die e. S. zu übertragen. Eva stimmt dem Antrag zu. Der Richter will diesem Vorschlag nicht folgen, weil er aufgrund der Anhörung der Eltern gem. § 613 ZPO dem A höchstens die tatsächliche PS belassen will. Noch vor Ausspruch der Scheidung durch Urteil erläßt er einen Beschluß, in dem er einem VM die e. S. übertrug.
Verstößt dies gegen das Verbundprinzip des § 623 ZPO?

Fall 59: Rechtsmittel gegen Sorgerechtsregelungen

1. Welche Rechtsmittel hat Adam gegen
a) den Ausspruch der Scheidung,
b) die Übertragung der e. S. im Scheidungsurteil,
c) die Übertragung der e. S. in einer einstw. AO,
d) gegen die Übertragung der e. S., wenn sich 4 Jahre nach der Regelung herausstellt, daß Kain lieber bei Adam statt bei Eva leben würde?

2. Könnte das JA gegen die Entscheidung nach b) und c) Rechtsmittel einlegen?

3. Welches Gericht ist für die Sorgerechtsregelung bei Scheidung, welches für eine Abänderung der Sorgerechtsregelung zuständig?

Fall 60: Rechte des nichtsorgeberechtigten Elternteils

Adam hat die e. S. zugesprochen bekommen. Darf Eva

1. Kain besuchen,
2. bei evtl. Besuchen ihren neuen Ehemann mitbringen,
3. Kain zu den Großeltern bringen,
4. von Adam Auskunft über die Entwicklung von Kain verlangen, wenn sie diesen nicht selber besuchen oder einladen kann oder mit Rücksicht auf Kain dies nicht will,
5. die Schule, die K besucht, bitten, sie regelmäßig über die K betreffenden schulischen Angelegenheiten zu informieren?
6. Was kann Adam machen, wenn Eva damit droht, Kain ins Ausland zu entführen?
7. Was kann Eva machen, wenn a) Adam sie das ihr zustehende Umgangsrecht nicht ausüben läßt oder b) Kain sich weigert, mit der Mutter zusammenzutreffen?

X. Elterliche Sorge bei Störungen im Eltern-Kind-Verhältnis

Fall 61: Tod und Verschollenheit

Adam und Eva sind verheiratet und haben das eheliche Kind Kain. Adam ist Forscher und geht auf Forschungsreise in den Himalaya.

1. Eines Tages erhält Eva die Nachricht, daß Adam tödlich abgestürzt sei. Wer hat nun die e. S.?
2. Nach Meldung von Adams Ankunft in Katmandu hört Eva mehrere Monate nichts mehr von ihm. Was ist nun mit der e. S. von Adam und Eva?
3. Nach einem Jahr hat Eva immer noch keine Nachricht von Adam. Nachforschungen haben nichts erbracht. Welche Empfehlung sollte man Eva nun geben?
4. Wie wäre es in Fall 1, wenn sich Adam und Eva vor dem Tode Adams hätten scheiden lassen?

Fall 62: Meinungsverschiedenheiten mit Pfleger

Adam und Eva sind verheiratet und haben Kain. Über das Vermögen von A wird ein Insolvenzverfahren eröffnet (§ 11 InsO). Da hierdurch das Vermögen von K gefährdet ist, wird A und E die VS entzogen (§ 1666) und P wird zum Vermögenspfleger bestellt (§ 1909). Jetzt soll K nach dem Willen der Eltern ein Internat besuchen, die Kosten könnten aus K's Vermögen bestritten werden. P ist gegen das Internat.

Wessen Wille ist maßgebend?

Fall 63: Tatsächliche Verhinderung

Adam und Eva sind geschieden, Eva hat die e. S. für Kain und Abel. Eva und deren Mutter versorgen die Kinder. Adam, der Vater der Kinder, hat sich um diese weder vor noch nach der Scheidung kaum gekümmert. Er spricht stark dem Alkohol zu und verspielt einen großen Teil seines Arbeitsverdienstes. Einige Zeit nach der Scheidung erkrankt Eva an einer Schizophrenie. Die behandelnden Ärzte können Genaueres über Krankheit und Krankheitsverlauf noch nicht sagen, lediglich, daß die Krankheit wohl länger dauern wird. In dieser Zeit sind bei den Kindern zwei Angelegenheiten zu regeln:

1. Abel ist im 4. Schuljahr, und in den nächsten Wochen müßte entschieden werden, für welche weiterführende Schule er angemeldet werden soll.
   Wer entscheidet über die Schulwahl?
2. Kain ist bei einem Verkehrsunfall schwer verletzt worden und hat sich verschiedene komplizierte Knochenbrüche zugezogen. Durch eine Operation, die nicht lebensnotwendig ist, jedoch am erfolgversprechendsten zum jetzigen Zeitpunkt durchgeführt werden könnte, würden seine Heilungschancen wesentlich verbessert.
   Wer erteilt die Einwilligung in die Operation?
3. Das FamG bittet Sie um eine gutachtliche Stellungnahme gem. § 49a I Nr. 10 FGG.
   Was würden Sie vorschlagen?

Fall 64: Minderjährigkeit

Adam und Eva wollen sich scheiden lassen. Eva ist mj, Adam erziehungsunfähig. Was ist mit der e. S. für Kain?

Fall 65: Sorgeberechtigte unter Betreuung

Adam und Eva sind geschieden. Eva hat gem. § 1671 die e. S. Nun wird sie unter Betreuung gestellt, weil sie psychisch krank ist.
Was ist mit der e. S.?

Fall 66: Straftat gegen das Kind

Adam beschimpft den zehnjährigen Kain ständig auf wüsteste und beleidigendste Weise. Eva kann das nicht mehr mit anhören und zeigt A wegen Beleidigung an. Er wird zu einem Jahr Freiheitsstrafe verurteilt.

1. Was hat dies für Folgen im Hinblick auf seine e. S.?
2. A legt Berufung ein mit der Begründung, E habe nicht allein Strafantrag stellen können.
   Wird die Berufung Erfolg haben?
3. Behält A, falls ihm die PS nach § 1666 entzogen wird, noch ein Umgangsrecht?

4. Nach dem Entzug des PS-Rechts verhält sich A mustergültig und schimpft und flucht nie mehr.
   Kann er die PS zurückerlangen?

Fall 67: Körperliche Züchtigung

Adam erzieht Kain mit Ohrfeigen und Stockschlägen, so daß dieser körperlichen Schaden hat.

1. Kann man gegen A etwas machen?
2. Treten evtl. Folgen im Hinblick auf Eva ein?

Fall 68: Verhältnis Sorgerechtsentzug – Erziehungshilfen

Adam ist tot, Eva geht abends der Prostitution nach. Tagsüber ist sie zu Hause. Der siebenjährige Kain steckt in einer Kinderclique, die mehrfach bei Kaufhausdiebstählen ertappt wird. Er weiß über seine Mutter lediglich, daß sie abends »manchmal eingeladen ist« und daß dann die Nachbarin nach ihm sieht.
Kann man Eva die e. S. entziehen?

Fall 69: Religiöse Überzeugung der Eltern

Adam und Eva gehören der Unterschicht an, und sie sind Mitglieder der »Zeugen Jehovas«. Abel ist schwer krank. Eine Bluttransfusion könnte ihn jedoch retten. Aus religiösen Gründen lehnen Adam und Eva dies aber ab. Sie (als SA im JA) erfahren davon.
Was ist zu machen?

Fall 70: Geistige Behinderung der Eltern (BVerfG v. 17. 2. 1982, FamRZ 1982, 567 sowie LG Berlin v. 2. 8. 1988, FamRZ 1988, 1308)

Die 35jährige Mutter M und der 45jährige Vater V waren miteinander verheiratet und wurden seit Jahren im Rahmen der Behinderten-Fürsorge vom städtischen Sozialamt betreut. V arbeitete in einer Behinderten-Werkstätte. Als feststand, daß M schwanger war, wurde ihr ärztlicherseits zu einem Schwangerschaftsabbruch geraten, weil sie neben der ihr diagnostizierten starken Schwerhörigkeit und einer Wirbelsäulenverkrümmung an Schwachsinn ersten bis zweiten Grades leide und V geistig erheblich minderbegabt und Epileptiker sei. M lehnt dies ab.
Als sie im 7. Schwangerschaftsmonat von einer Tochter entbunden wurde, stellte das JA umgehend beim FamG den »Antrag« (§ 50 III KJHG), den Eltern das Sorgerecht zu entziehen und es auf das JA zu übertragen.
In der folgenden Zeit war T zunächst im Krankenhaus, dann zwei Jahre lang in einem Kinderheim. Währenddessen stritten die Eltern weiterhin um ihr Sorgerecht. Es wurden ein nervenärztliches, ein pädiatrisches, ein psychiatrisches und ein neurologisches Gutachten eingeholt, und das Pflegepersonal des Kinderheims

mußte sich gutachtlich äußern. Die Gutachter hielten die Eltern teilweise für ungeeignet zur Erziehung des Kindes, teilweise hielten sie sie für imstande, für ihr Kind zu sorgen, ohne daß dessen körperliche und seelische Entwicklung gefährdet werde.
Mit 2; 3 Jahren wurde das Kind probeweise in den Haushalt der Eltern gegeben und gleichzeitig in einer Kindertagesstätte untergebracht. Als das Kind drei Jahre alt war, äußerten sich JA, Gesundheitsamt, Kindertagesstätte und ein Psychologe erneut gutachtlich. Das psychologische Gutachten kam zu dem Ergebnis, daß die Entwicklung des Kindes zwar im Moment positiv verlaufe (konzentriertes Spielverhalten, seltene Defizite und Unsicherheiten in der Sprache) und dies auch weiterhin möglich sei. Dies sei jedoch nur auf den Einfluß der Kindertagesstätte zurückzuführen. Die Eltern schienen »trotz ihrer emotionalen Bindung an das Kind nicht dazu in der Lage, eine sich in wandelnden Normsystemen und schulischen oder beruflichen Anforderungen bewegende Sozialisation zu garantieren«. Die Möglichkeit einer Kooperation zwischen öffentlichen Institutionen und der Familie zur Förderung des Kindes sei aufgrund der geistigen Potentiale der Eltern unrealistisch.
Würden Sie als SA des zuständigen JA unter Berücksichtigung der §§ 1666, 1666 a für einen Verbleib des Kindes in seiner Familie oder für seine Unterbringung in einer Pflegefamilie und gleichzeitigen Entzug des Sorgerechts plädieren?

Fall 71: Erziehungsvorstellungen ausländischer Eltern (nach LG Berlin v. 26. 4. 1983, FamRZ 1983, 943)

Die 17jährige Türkin K lebt seit drei Jahren bei ihren Eltern in der Bundesrepublik. Die Eltern sind schon längere Zeit hier.
Der Vater V hält K zur Ausübung der islamischen Religion an, obwohl K nichts davon wissen will. Er hat ihr verboten, in ihrem Zimmer Bilder aufzuhängen und Puppen aufzustellen. Zum Tragen eines Kopftuches hat er sie nicht gezwungen. Für die sprachliche und schulische Ausbildung von K hat V einiges getan. Er erlaubt ihr jedoch nicht, einen Beruf zu erlernen oder zu arbeiten, weil er für sie sorge und es für das beste halte, daß sie bald heiratet. Wenn K sich mit Freundinnen treffen will, muß sie sich von ihrem Vater begleiten lassen.
K hat sich beim JA über die unerträglichen Zustände in ihrer Familie beschwert und darum gebeten, daß den Eltern das Sorgerecht entzogen wird, so daß sie in eine Wohngemeinschaft ziehen kann.

1. Wird das JA das FamG gem. § 50 III SGB VIII informieren und im Rahmen des § 49 a I Nr. 8 FGG befürworten, daß das Sorgerecht des Vaters eingeschränkt wird?
2. Sollte sich das JA anders verhalten, wenn der Vater die K erwiesenermaßen mehrfach geschlagen hätte, weil sie ohne seine Erlaubnis mit einer Clique von Jugendlichen ausgegangen ist, am Schwimmunterricht teilgenommen und mit einem Freund in Diskos getanzt hat?

Fall 72: Maßnahmen gegen Dritte

Als Eva 15 Jahre alt war, gebar sie die Tochter Rebecca. Mit 28 Jahren heiratete sie den 26jährigen Goliath. Es stellte sich bald heraus, daß er sich mehr für die 13jährige Rebecca als für seine Frau interessierte. Er zwang R mehrfach zum Geschlechtsverkehr und drohte Eva, als diese davon erfuhr, er werde sie zusammenschlagen und »sitzenlassen«, wenn sie etwas gegen ihn unternehme. Aus Angst unternahm Eva bisher nichts. Nachbarn, die davon von R hören, benachrichtigen das JA.
Was hat dieses zu veranlassen?

Fall 73: Aufhebung von gerichtlichen Eingriffen

Adam und Eva sind geschieden. Wegen ihrer Erziehungsunfähigkeit hat das FamG völligen Entzug der e. S. für Kind K (2 Jahre) (§ 1671 III i. V. m. § 1666) und das VormG die Bestellung des JA zum VM (§§ 1773, 1791b) angeordnet. Nach seiner Heirat mit Rebecca, die sehr kinderlieb und von Beruf Erzieherin ist, und der Konsolidierung seiner Verhältnisse im übrigen beantragt A gem. § 1696 II die Rückübertragung der e. S. und die Herausgabe von Kain durch die Pflegeeltern P.
Wird er Erfolg haben?

Kapitel 5

Staatliche Schutzverhältnisse für Minderjährige

XI. Vormundschaft/Pflegschaft

Fall 74: Elterliche Sorge/Vormundschaft

Moses ist Kind von Adam und Eva. Adam wird wegen seiner Alkoholkrankheit unter Betreuung gestellt, einen Monat danach entzieht ihm das FamG die e. S. Kurze Zeit später verunglückt Eva tödlich. Sie hinterläßt ein Testament, in dem sie bestimmt, daß nach ihrem Tod ihr Bruder Aaron der VM von Moses werden soll.
Wie ist es zu den verschiedenen Zeitabschnitten mit der e. S./Vormundschaft für Moses?

Fall 75: Berufung als Vormund

Der Großvater von Moses protestiert beim VormG dagegen, daß Aaron M's VM werden soll. Er sei doch wohl eher dran! Außerdem sei Aaron ein unzuverlässiger Bursche, was man schon daran sehen könne, daß über sein Vermögen ein Insolvenzverfahren eröffnet worden sei.
Wen wird das VormG bestellen?

Fall 76: Ablehnungsgründe

Das VormG will Abel zum VM für Moses bestellen. Abel lehnt dies ab mit der Begründung, er habe drei Kinder unter 18 Jahren, führe eine Betreuung für seinen Onkel Methusalem und sei Pfleger seiner Nichte Ruth.
Wie wird das VormG entscheiden?

Fall 77: Zwei Vormünder

Die 14jährige Anja B. ist in einem Kinderheim in Siegburg untergebracht. Der Heimaufnahme Anfang April 1991 ging folgendes voraus:
Anja wohnte mit ihren Eltern in Siegburg. Beide Eltern waren drogenabhängig. Im Januar 1990 ließen sie sich scheiden. Weil beide nicht in der Lage waren, Anja zu erziehen, wurde im Zusammenhang mit der Regelung der elterlichen Sorge der Großvater zum Vormund bestellt, obwohl eigentlich beide Großeltern gemeinsam Vormund werden wollten. Nach der Scheidung kam Anja zu den Großeltern (beide 75), die in Bergisch Gladbach wohnen. Anja und ihre Eltern verloren sich

aus den Augen. Es wurde lediglich bekannt, daß beide irgendwo in der Drogenszene »abgetaucht« waren. Der Vater sollte sich seinerzeit in Amsterdam aufhalten, die Mutter in Köln. Anfang 1991 erwogen die Großeltern aufgrund zunehmender Überlastung mit der Erziehung Anjas, die Hilfe des Jugendamtes in Anspruch zu nehmen. Da Anja in Siegburg aufgewachsen war, gingen sie davon aus, sich ans Jugendamt Siegburg wenden zu müssen.

1. Nach welcher Rechtsgrundlage ist Anjas Großvater Vormund geworden? Legen Sie dar, daß im Zeitpunkt der Entscheidung die Voraussetzungen dieser Rechtsgrundlage gegeben waren.
2. Unterstellen Sie, daß Anjas Großeltern Sie als Fachkraft im Jugendamt gefragt hätten, ob ein Rechtsmittel gegen die Entscheidung des Gerichts, wonach nur der Großvater zum Vormund bestellt wurde, Aussicht auf Erfolg hätte. Welchen rechtlichen Rat hätten Sie den Großeltern gegeben?
3. Welches wäre das Rechtsmittel, das die Großeltern einlegen müßten, und welches wären die evtl. weiteren Rechtsmittel? Wie wäre der Instanzenzug?

Eines Tages – Anja ist immer noch im Heim – bekommt sie Besuch von ihrer Mutter. Diese hat eine länger dauernde Drogentherapie hinter sich und ist »clean«. Sie hat eine eigene Wohnung und könnte Anja jetzt – nach Klärung ihrer Verhältnisse – bei sich aufnehmen. Nach mehreren Besuchen im Heim kommen alle Beteiligten zu dem Ergebnis, daß Anja jetzt wieder bei ihrer Mutter leben könnte. Die Großeltern sind froh, ihre Erziehungsverantwortung wieder an Anjas Mutter geben zu können. Auch Anja ist mit einem Wechsel zu ihrer Mutter einverstanden. Vom Vater hat man nichts mehr gehört.

4. Erläutern Sie anhand der einschlägigen Rechtsvorschriften, welche Schritte von allen Beteiligten unternommen werden müssen, bis Anjas Mutter wieder Inhaberin der elterlichen Sorge ist.

Fall 78: Vereinsvormundschaft

Weil der Richter Salomon in der Familie des Moses niemand findet, der VM für Moses sein könnte, wendet er sich an den »Verein zur Befreiung des Volkes Israel« und bittet diesen, die Vormundschaft zu übernehmen. Der Vereinsvorsitzende lehnt das ebenfalls ab, weil sie völlig überlastet seien mit Obdachlosen- und Nichtseßhaftenarbeit.
Was wird der Richter nun machen?

Fall 79: Verfahren der Bestellung

Schließlich erklärt sich der Zimmermann Josef bereit, die Vormundschaft für Moses zu übernehmen.
Was wird das VormG nun tun?

Fall 80: Kind mit lediger Mutter

Moses ist Kind einer ledigen Mutter, die
a) vj. ist,
b) mj. ist,
c) wegen Drogensucht mit dem Aufgabenkreis der Regelung finanzieller Angelegenheiten und der Heilbehandlung unter Betreuung steht,
d) wegen einer schweren Psychose unter Betreuung steht, wobei sich der Aufgabenkreis des Betreuers auf die gesamte Personen- und Vermögenssorge erstreckt und in demselben Umfang Einwilligungsvorbehalt besteht.

1. Wer hat die e. S. für ihn?
2. Was ist mit der e. S., wenn
   a) die vj. Mutter wegen Rauschgiftsucht unter Betreuung gestellt wird,
   b) die mj. Mutter vj. wird,
   c) die Betreuung der Mutter aufgehoben wird?

Fall 81: Rechte und Pflichten des Vormunds

Josef hat die Vormundschaft für Moses übernommen (s. Fall 79). Zunächst bringt er Moses in einer Pflegefamilie unter (§ 33 KJHG). Als diese mit ihm erhebliche Erziehungsschwierigkeiten hat, beantragt er Heimerziehung gem. § 34 KJHG. Das JA weist den Antrag zurück mit der Begründung, das VormG müsse die Heimunterbringung genehmigen.
Zu Recht?

Fall 82: Genehmigungen des Vormundschaftsgerichts

Moses, der Mündel des Josef, ist 17 Jahre alt und soll auswärts eine dreijährige Lehre machen. Josef schließt für M einen dreijährigen Mietvertrag über ein Zimmer ab. Die erste Monatsmiete zahlt er noch eigenhändig. Die nächsten Monate überweist er dem M die Miete mit seinem üblichen Monatswechsel. M hat von einem Arbeitskollegen gehört, daß sein Mietvertrag sicher unwirksam sei und weigert sich, der Vermieterin die vereinbarte Miete zu zahlen.
Zu Recht?

Fall 83: Pflichtwidrigkeiten des Vormunds

Moses ist bei seinem VM Josef untergebracht. Dieser vernachlässigt Moses so, daß – wenn Josef M's Vater wäre – ein Eingriff gem. § 1666 möglich wäre.
Was kann das JA Josef gegenüber unternehmen?

Fall 84: Noch nicht geborenes Kind als Erbe

Methusalem setzt das Kind, das Adam und Eva erwarten, als Erbe ein. Noch bevor K geboren wird, stirbt M. In seinem Testament hat er bestimmt, daß das vererbte Vermögen nicht von Adam und Eva verwaltet werden soll.
Wer macht die Ansprüche des noch nicht geborenen K geltend?

Fall 85: Vaterschaftsanerkennung/Sorgeerklärung vor Geburt (nach KG v. 16. 9. 1983, FamRZ 1984, 98)

Die ledige mj. Eva erwartet ein Kind von Herrn Heimlich. Dieser möchte die Vaterschaft schon vor der Geburt des Kindes anerkennen.

1. Ist dies möglich, und wenn ja, wie?
2. H möchte schon vor der Geburt anerkennen und zusammen mit Eva Sorgeerklärungen abgeben, damit das JA nicht Amtsvormund wird.

Fall 86: Rechtsgeschäft Vater–Sohn

Vater Adam möchte seinem 17jährigen Sohn Kain ein Grundstück schenken.

1. Ist dies möglich, und wenn ja, wie?
2. Wäre es anders, wenn A dem K das Grundstück preisgünstig verkauft?

XII. Beistandschaft

Fall 87: Helfer für alleinerziehenden Elternteil

Die ledige E ist schwanger und sieht der Geburt ihres Kindes K entgegen. Sie hätte schwören können, daß Heimlich sein Vater ist. Aber der beteuert, daß er es ganz bestimmt nicht sei und ist nicht bereit, irgendwelche Verpflichtungen einzugehen. Da alles Reden mit ihm nichts nutzt, fragt E ihre unverheiratete Freundin F, die ebenfalls einen Sohn hat, was sie machen soll. Die hat ihr nämlich erzählt, daß das JA »ihr« Amtspfleger sei und ihr bereitwillig helfe. Das sei vor allem für den Unterhalt sehr praktisch. Man brauche sich dann selber nicht die Hacken abzulaufen und auch keinen Rechtsanwalt einzuschalten. Und der ganze Service koste keinen Pfennig.
Als K geboren ist und E noch mit sich kämpft, ob sie »aufs Amt« gehen soll, bekommt sie von dort einen freundlichen Brief, der ihr eine Gespräch und notfalls Hilfe anbietet. Nun faßt sie Mut und geht hin. Was wird man E im JA sagen?

Fall 88: Folgen der Beistandschaft

Unterstellen sie, Eva habe einen Antrag auf Beistandschaft gestellt. Was bedeutet das für sie und das JA?

Fall 89: Unwillige Mutter

K hat durch den Antrag seiner Mutter E einen Beistand für die Aufgaben »Vaterschaftsfeststellung« und »Geltendmachung von Unterhaltsansprüchen« bekommen. Der mit der Ausübung der Aufgaben betraute Sozialarbeiter S (§ 55 II 1 SGB VIII) ist aufgrund verschiedener »Mosaiksteinchen« zu der Ansicht gekommen, daß Heimlich der Vater ist. Er erhebt deshalb namens des Kindes Vaterschaftsfeststellungsklage gegen H. E, die anfangs ganz scharf darauf war, die Vaterschaft zu klären, ist in letzter Zeit deutlich zurückhaltender geworden. S hat den Eindruck, daß im Hintergrund irgendetwas zwischen E und H »läuft«. Als im Prozeß ein Gutachten in Auftrag gegeben wird, stellt E im JA den Antrag auf Beendigung der Beistandschaft. S war ganz sicher, daß er den Prozeß gewinnen würde. Kann er irgendetwas unternehmen, damit er den Prozeß fortführen kann?

Fall 90: Die »Arbeiterwohlfahrt« als Beistand

Eva möchte einen Helfer für die Durchsetzung der Unterhaltsansprüche des Kain gegen seinen Vater Adam. Da sie aber früher schon einmal furchtbar viel Ärger mit dem JA hatte, möchte sie lieber, daß ein Sozialarbeiter der Arbeiterwohlfahrt diese Aufgabe übernimmt. Sie schreibt einen Brief an die AWO und bittet darum, daß man für ihr Kind einen Unterhaltsprozeß führen möge.
Was wird ihr die AWO antworten?

Kapitel 6

Unterhalt

XIII. Unterhalt im allgemeinen

Fall 91: Voraussetzungen für einen Unterhaltsanspruch

Moses ist Lehrling (17 Jahre), wohnt in einem Lehrlingsheim und verdient 300 DM monatlich. Von seiner Tante hat er 50000 DM geerbt, die er in Pfandbriefen angelegt hat. Hieraus bekommt er im Jahr ca. 400 DM Zinsen.
Aaron, der Großvater von Moses, ist Frührentner mit einer sehr kleinen Rente. Er wohnt in einem rheinischen Fachwerkhäuschen, das ihm gehört, und hat eines der Zimmerchen für 250 DM an einen Studenten vermietet.
Samson, der Vater von Moses bzw. der Sohn von Aaron, ist wohlhabender Kaufmann
Beide möchten von Samson Unterhalt. Dieser weigert sich und verweist sie auf ihre Einkünfte bzw. auf ihr Vermögen.

Fall 92: Rangfolge der Unterhaltspflichtigen

Der 19jährige Moses, der bedürftig i. S. des Unterhaltsrechts ist, hat folgende Angehörige, die er auf Unterhalt in Anspruch nehmen möchte:

1. seine Ehefrau, die die volle BAföG-Förderung bekommt
2. seinen 11jährigen Sohn, der von einer Tante aus Amerika 50000 DM geerbt hat, die jährlich etwa 2000 DM Zinsen abwerfen
3. seinen Vater, der ein kleiner Kaufmann ist und seine kranke Ehefrau versorgen muß
4. seine Großeltern mütterlicherseits, die eine für sich ausreichende Rente beziehen
5. seine Großeltern väterlicherseits, die einen gutgehenden Betrieb besitzen.

Fall 93: Umfang des Unterhaltsanspruchs

Moses, der Sozialarbeit studiert, verlangt von seinem Vater für folgende Angelegenheiten Unterhalt:

1. die Miete für das Zimmer, das er sich genommen hat
2. die Kosten des Studiums (Bücher, Studiengebühren etc.)
3. den Unterhalt für seine Frau, die sich aus BAföG-Mitteln neben ihm ein Zimmer gemietet hat.

4. die Kosten für Ernährung, Körperpflege, Taschengeld
5. die monatlichen Raten, die er zur Abzahlung eines Darlehens aufbringen muß
6. einen monatlichen Betrag für eine Lebensversicherung zugunsten seiner Frau.

Moses möchte die sich hieraus errechnende Summe vierteljährlich im voraus.

7. Außerdem verlangt er einen einmaligen Betrag für eine Studienreise von der Fachhochschule nach Polen zum Institut für Sozialpolitik an der Universität Warschau.

Muß der Vater zahlen?

Fall 94: Schul- und Berufsausbildung

Der Vater von Moses ist Hilfsarbeiter. Seine Mutter verdient als Putzfrau dazu. Moses ist sehr begabt und besucht die 10. Klasse des Gymnasiums. Er würde das Abitur leicht schaffen. Seine Lehrer raten den Eltern dringend dazu, ihn weiter aufs Gymnasium gehen zu lassen. Diese hätten nichts gegen den Besuch des Gymnasiums, sind aber nicht bereit, sich in ihrer Lebensführung – die sowieso bescheiden genug ist – noch weiter und noch länger einzuschränken. Die Großeltern von Moses würden ihn gern fördern, kommen aber finanziell auch gerade nur über die Runden. Da erbt Moses von einer entfernten Verwandten 10000 DM.
Wer müßte für den Unterhalt von Moses einschließlich des Besuchs des Gymnasiums aufkommen?

Fall 95: Zweitausbildung

Moses hat die Fachoberschule gemacht und dann die Ausbildung für den gehobenen nichttechnischen Verwaltungsdienst absolviert und mit der Verwaltungsinspektorenprüfung abgeschlossen. Gleichzeitig damit erhielt er die fachgebundene Hochschulreife. Daraufhin begann er Rechtswissenschaft zu studieren. Er beantragte zur Finanzierung dieses Studiums BAföG und erhielt es auch über sechs Semester.
Das Land, das die BAföG-Leistungen erbracht hat, nimmt nun gem. § 37 BAföG die Eltern von M in Anspruch mit der Begründung, diese hätten das Studium von M finanzieren müssen.

1. Zu Recht?
2. Wäre die Rechtslage anders, wenn M nach Erlangung der allgemeinen Hochschulreife eine Ausbildung als Bauzeichner gemacht, danach acht Monate in einem Architekturbüro als Bauzeichner gearbeitet und in dieser Zeit den Entschluß gefaßt hätte, Architektur zu studieren?

Fall 96: Geld oder Naturalien

Der 19jährige Adam wohnt, da er noch studiert, bei seinen Eltern und wird von diesen voll unterhalten. Seit seiner Pubertät hatte er sehr viele Auseinandersetzungen mit seinen Eltern, die ihm wegen seiner Freundinnen Vorhaltungen machten. Jetzt hat Adam sich einer Gruppe angeschlossen, die in einer Kommune zusammen wohnen will. Er zieht zu Hause aus und verlangt von seinen Eltern die Auszahlung des Unterhalts in Geld. Die Eltern weigern sich mit dem Verweis darauf, daß ihm zu Hause kostenlos ein Zimmer, Beköstigung und Pflege seiner Wäsche zur Verfügung stünden.

1. Hat Adam eine Möglichkeit, seinen Wunsch durchzusetzen?
2. Wäre es anders, wenn Adam in der Kommune die gleichaltrige Eva heiratet?
3. Wie wäre es, wenn A mj., A's Eltern geschieden wären, A bei seiner sorgeberechtigten Mutter lebte und sein unterhaltspflichtiger Vater ihm Naturalunterhalt anböte?
4. Wie wäre es, wenn in Konstellation 3 die Eltern getrennt lebten und beide noch das Sorgerecht hätten?
5. Wie wäre es, wenn A in der Konstellation 3 vj. wäre?

XIV. Unterhalt für Kinder von einem Elternteil, mit dem sie nicht in einem Haushalt leben

Fall 97: Betreuungsunterhalt

Eva ist Mutter des zweijährigen Kain.
a) Sie ist ledig.
b) Sie ist geschieden.
Sie ist in Erziehungsurlaub und erhält Erziehungsgeld. Dieses reicht jedoch nicht für ihren Unterhalt. Arbeiten kann sie jedoch nicht gehen, weil sie K betreuen muß. Sie wendet sich an das Sozialamt und bittet um Hilfe. Dieses weigert sich zu zahlen, weil Adam für ihren Unterhalt aufkommen könne. Zu Recht ?

Fall 98: Unterhalt von nicht miteinander verheirateten Eltern

Eva hat die alleinige Sorge für den Sohn Kain (15 Jahre). Bis vor kurzem galt Heimlich als sein Vater, dessen Vaterschaft aufgrund Anerkenntnisses feststand. Vor einiger Zeit erfuhr er, daß Eva in der gesetzlichen EZ auch Beziehungen zu Schleicher gehabt hatte. Daraufhin focht H sein Anerkenntnis erfolgreich an. Danach führte das JA als Beistand mit Erfolg Vaterschaftsfeststellung gegen S durch. Nun, da S als Vater feststeht, möchte

1. K von S möglichst schnell Unterhalt,
2. H von S die Rückzahlung aller bisher für den Jungen aufgewendeten Beträge.

Fall 99: Verfahren zur Geltendmachung von Unterhalt von Kindern

1. Heimlich ist gerichtlich als Vater des K festgestellt.
2. H hat die Vaterschaft für K anerkannt.
3. H hat erwiesenermaßen in der gesetzlichen EZ mit Eva verkehrt, und das JA als Beistand hat Vaterschaftsfeststellungsklage gegen ihn erhoben. Urteil ist noch nicht ergangen.

In allen Fällen weigert er sich, Unterhalt für Kain zu zahlen.
Was kann das JA machen?

Fall 100: Abänderung von Unterhaltsansprüchen von Kindern lediger Mütter

a) H hat seine Vaterschaft für K anerkannt und sich urkundlich (vgl. § 59 I Nr. 3 SGB VIII) verpflichtet, den jeweiligen Regelbetrag zuzüglich 20% zu zahlen.
b) H ist gem. §§ 1612 a BGB, 645 a ZPO (d. h. getrenntes Vaterschafts- und Unterhaltsverfahren) verurteilt worden, den Regelbetrag zuzüglich 20% zu zahlen.
c) H ist gem. §§ 1612 a BGB, 653 ZPO (d. h. verbundenes Vaterschafts- und Unterhaltsverfahren) verurteilt worden, den jeweiligen Regelbetrag zu zahlen.
d) H hat sich urkundlich verpflichtet, monatlich 600 DM Individualunterhalt zu zahlen.
e) H ist verurteilt worden, monatlich 400 DM Individualunterhalt zu zahlen.

1. 1½ Jahre später werden die Regelbeträge durch VO des BMJ um 20 DM erhöht.
2. H gewinnt im Lotto und ist Millionär.
   K möchte in beiden Fällen mehr Unterhalt. Was kann er machen?

Fall 101: Unterhalt bei Getrenntleben verheirateter Eltern

Adam hat Eva und ihre gemeinsamen Kinder Kain und Abel verlassen und ist zu Frl. Venus gezogen. Für seine Familie zahlt er – obwohl Eva ihn verschiedentlich gemahnt hat – keinen Pfennig Unterhalt. Eva kommt ins JA und bittet um Rat, was sie machen kann.
Welche Möglichkeiten wird ihr das JA aufzeigen?

Fall 102: Unterhalt im Vorfeld der Scheidung

Adam und Eva leben getrennt, Adam hat Scheidungsantrag gestellt. Kain, drei Jahre, und Abel, fünf Jahre, halten sich bei Eva auf. Noch bevor Scheidungsurteil ergeht, möchte Eva eine gerichtliche Regelung dahin gehend, daß Adam für 1. sie und 2. die Kinder monatlich einen bestimmten Betrag zu zahlen hat.

1. Ist dies möglich und ggfs. in welchem Verfahren?

2. Wäre die Situation anders, wenn Adam und Eva in der ehelichen Wohnung getrennt lebten und gemeinsam die Kinder versorgten, Adam der nicht berufstätigen Eva Unterhalt zahlte, den Kindern jedoch kein Bargeld zukommen ließe?

Fall 103: Unterhalt bei Scheidung

Adam und Eva wollen im Rahmen ihrer Scheidung ihre und der Kinder Unterhaltsprobleme endgültig regeln. Adam hat als kleiner Gewerbetreibender ein bereinigtes Nettoeinkommen von 4200 DM. Er ist bereit, den Kindern (3 Jahre und 8 Jahre) 360 DM und 450 DM zu zahlen. Eva, die nicht berufstätig ist, bietet er 850 DM.
Wird er dieses Angebot durchsetzen können?

Kapitel 7

Die Rechtsstellung von Stiefkindern, Pflegekindern und Adoptivpflegekindern

XV. Stiefkinder

Fall 104: Stiefvater/Stiefmutter

Töchterchen Kerstin hört im Märchen »Aschenputtel« von der bösen Stiefmutter und möchte wissen, was eine Stiefmutter ist und wie man Stiefmutter wird.

Fall 105: Rechte eines Stiefelternteils

Die alleinstehende (geschiedene) Eva bringt Kain in die Ehe mit Adam mit. Adam möchte, daß

1. das Kind seinen Namen trägt
2. er bei der Erziehung von Kain mitwirken kann.

Ist dies möglich?

Fall 106: Elterliche Sorge eines Stiefelternteils bei Scheidung

Eva hat bei Heirat des Adam ihren Sohn Kain mitgebracht. Nach fünf Jahren stellt Adam Scheidungsantrag. Im Scheidungsvefahren hört das FamG die Eltern zur e. S. für den gemeinsamen Sohn Abel an (§ 613 ZPO). Hierbei wird der Richter darauf aufmerksam, daß Eva völlig erziehungsunfähig ist. Es leitet ein Verfahren nach § 1666 ein und bittet das JA um eine Stellungnahme gem. § 49 a I Nr. 8 FGG. Das JA schlägt dem FamG vor, Adam die e. S. für Kain und Abel zu übertragen.
Ist das möglich?

Fall 107: Rechte von Stiefelternteil bei Tod des leiblichen Elternteils

Eva hat Kain in die Ehe mit Heimlich mitgebracht. H ist ein »Kindernarr« und entwickelt eine ausgezeichnete Beziehung zu K. Adam, der leibliche Vater von K, ist zwar mitsorgeberechtigt, bemüht sich aber herzlich wenig um K. E hat schon überlegt, ob sie einen Antrag nach § 1671 auf Übertragung des Sorgerechts stellen soll, hat sich aber immer wieder von den Versprechungen des A, er werde sich mehr um K kümmern, davon abhalten lassen. K's Interesse an seinem Vater ist inzwischen fast gleich Null.

Nun stirbt Eva. A, der H sowieso nie leiden konnte, verlangt sofort den Jungen heraus. Sowohl K wie H weigern sich. Wie läßt sich die Situation juristisch befriedigend lösen ?

Fall 108: Stiefkindadoption

1. Der ledige A hat das Alleinsorgerecht für das Kind Moses. Er heiratet Genoveva. Diese möchte Moses' Mutter werden. Welche Folgen hat eine Adoption für sie?
2. Wäre es anders, wenn A Witwer wäre und Genoveva den Moses, der aus der vorausgehenden Ehe stammt, adoptierte?

Fall 109: Unterhaltspflicht des Stiefvaters

Adam heiratet Eva, die den achtjährigen Kain in die Ehe mitbringt. Er unterhält ihn und bezieht auch für ihn Kindergeld.
Als K in die Pubertät kommt und sehr schwierig wird, weigert er sich, weiter für ihn aufzukommen. In der Ehe nehmen die Auseinandersetzungen wegen Kain zu. Schließlich trennen sich Adam und Eva. Kain, vertreten durch Eva, erhebt vor Gericht Klage gegen Adam wegen des vor und nach Trennung nicht gezahlten Unterhalts.
Wird er Erfolg haben?

Fall 110: Unterhalt nach Tod des leiblichen Elternteils

Adam und Eva haben im gesetzlichen Güterstand gelebt. Als Eva stirbt, hinterläßt sie neben Abel, der aus der Ehe mit Adam stammt, den Kain, den sie in die Ehe mitgebracht hatte. Eva besaß einiges Vermögen, jedoch ist der Erbanteil von Kain nicht so groß, daß er mit seiner Hilfe die begonnene Berufsausbildung zu Ende führen kann.
Hat Kain nun Unterhaltsansprüche gegen Adam?

XVI. (Adoptiv-)Pflegekinder

Fall 111: Rechte von Pflegeeltern

Die verwitwete Eva hat zwei Kinder, den dreijährigen Kain und den einjährigen Abel. E ist sehr krank und muß für ein halbes Jahr in ein Sanatorium. Sie bringt ihre Kinder bei dem Ehepaar Pfleglich unter, das in der Nachbarschaft wohnt. Während die Kinder bei den P's sind, treten für das Ehepaar verschiedene Fragen auf.

1. Können sie den Kinderarzt aufsuchen?

2. Dürfen sie Kain zum Kindergarten anmelden?
3. Dürfen sie die Kinder in den Skiurlaub mitnehmen?
   Die P's wenden sich an den SKF und fragen um Rat.

Fall 112: Herausgabeanspruch gegen Pflegeeltern

Die ledige Eva hat ihren Sohn Kain nach seiner Geburt in eine Pflegefamilie gegeben. In den folgenden Jahren hat sie sich kaum um ihn gekümmert, nur den Unterhalt gezahlt, weil sie sich um Berufsausbildung und Ehegründung bemühte. Jetzt hat sie geheiratet und möchte K zu sich nehmen. Dieser ist fünf Jahre alt und will von seiner Mutter nichts wissen. Deshalb weigern sich die Pflegeeltern, K herauszugeben.

1. Was kann Eva machen?
2. Wie würde ein etwaiges Verfahren ablaufen?
3. Wie wäre es, wenn Eva den Kain nicht herausverlangte, um ihn wieder selber zu versorgen, sondern um ihn ihrer Schwester anzuvertrauen, die glücklich und finanziell gesichert verheiratet ist, aber keine eigenen Kinder hat?
4. Wie wäre es, wenn Eva das Sorgerecht für Kain entzogen worden wäre und das JA als VM Kain herausverlangte, damit er von anderen Bewerbern adoptiert werden könnte?

Kapitel 8

Staatliche Schutzverhältnisse für Volljährige

XVII. Rechtliche Betreuung

Fall 113: Hilfe für schutzbedürftige Erwachsene

Methusalem leidet seit einiger Zeit unter schrecklichen Verworrenheitszuständen. Er hat früher die Finanzen der Familie betreut und alles Notwendige geregelt. Nun mahnt der Vermieter, weil die Miete nicht bezahlt worden ist. Das Elektrizitätswerk beschwert sich wegen unbeglichener Rechnungen und droht mit Abschaltung. Das Telefon ist bereits gesperrt. M hat sich schon mehrmals an der Haustür Sachen »andrehen« lassen, die die Familie nicht benötigte. Rut, M's Frau, die sich nie um solche Dinge gekümmert hat, ist hilflos. Im Bereich der Behandlung von M dagegen zeigt sie sich sehr umsichtig. Sie sorgt dafür, daß er zum Arzt geht, genug trinkt, seine Medikamente nimmt und daß es ihm in der Pflege an nichts fehlt.
Mit den Mahnungen wegen Miete und Strom und wegen des abgestellten Telefons weiß sie sich keinen Rat. Sie geht daher in die Rechtsberatungsstelle des AmtsG. Der Anwalt hilft ihr bei den finanziellen Dingen und schickt sie im übrigen zum Vormundschaftsrichter beim AmtsG.

1. Was könnte der VormR machen?
2. Wie könnte eine Entscheidung des VormR inhaltlich aussehen?
3. Welche Kompetenzen hätte M dann noch?
4. Was hätte der VormR verfahrensrechtlich zu beachten?
5. Wie lange würde die Regelung Bestand haben?

Fall 114: Grenzen der Betreuung

Frau Schmitz ist 22 Jahre alt und hat jahrelang zusammen mit ihrer Mutter gelebt. Diese hat ihrer leicht debilen Tochter geholfen, wenn diese Schwierigkeiten hatte, ihre Angelegenheiten zu regeln. Letztes Jahr ist Frau S sen. verstorben. Frau S jun. arbeitet seit Jahren unbeanstandet bei einer Putzfirma.
Am 1. 5. 1992 bringt die ledige Frau S jun. ein Kind zur Welt. Nach Beratung gem. § 52 a SGB VIII und entsprechendem Antrag von Frau S wird das JA Köln Beistand für Vaterschaftsfeststellung und Unterhaltsgeltendmachung. Herr P von der Abteilung Amtsvormundschaft/Amtspflegschaft nimmt mit Frau S Kontakt auf, um Informationen über Vaterschaft und Unterhalt des K zu erhalten. Dabei gewinnt er den Eindruck, daß Frau S der Versorgung des K in keiner Weise

gewachsen ist. Er wendet sich an das Amtsgericht/Vormundschaftsgericht (VormG) und regt an, für Frau S eine Betreuung mit dem Aufgabenkreis »Elterliche Sorge« einzurichten. Der VormR hört Herrn P, Frau S und Frau B von der Betreuungsbehörde (Jugendamt) an. Frau B äußert Zweifel an der Zulässigkeit einer Betreuung. Trotzdem ordnet das VormG eine entsprechende Betreuung an. Zum Betreuer bestellt es eine Dame aus der Nachbarschaft von Frau S, Frau N, eine im Ruhestand befindliche Lehrerin, die sich bereit erklärt, diese Aufgabe zu übernehmen.

Frau N hat nach einiger Zeit den Verdacht, daß Frau S ihren Pflichten als Mutter trotz ihrer Assistenz nicht gewachsen ist. Frau S selber fühlt sich völlig überfordert mit dem Kind und äußert zunehmend, daß sie K am liebsten einer Cousine und deren Mann (wohnhaft in Bonn) geben würde, die schon lange vergeblich auf ein Kind warten. Frau B geht schließlich mit Frau S zur Adoptionsvermittlungsstelle des Caritasverbandes (CV) in Köln, wo Frau N in geringem Umfang ehrenamtlich tätig ist. Nach deren Feststellung, daß Frau S ernsthaft bereit ist, ihr Kind ihren Verwandten zu geben, und nach Überprüfung von Ehepaar C auf seine Eignung, ein Kind anzunehmen, gibt Frau S vor dem Notar ihre Einwilligung in die Adoption durch Ehepaar C ab. Der Notar übersendet die Einwilligung dem VormG in Köln. Dieses schickt dem Jugendamt Köln eine Bescheinigung gem. § 1751 I 4 Hs. 1 BGB.

Frau S hat K mittlerweile zu Ehepaar C gebracht. Ihr wird vom Jugendamt Köln mitgeteilt, daß dieses nunmehr Vormund für K ist. Frau S zeigt den Brief der Frau N. Diese ist ärgerlich, weil sie meint, es sei besser, wenn sie selber oder zumindest der CV Vormund von K wäre.

1. Wie beurteilen Sie die Bestellung von Frau N zur Betreuerin von Frau S?
2. Hätte jemand etwas gegen die Betreuerbestellung machen können, und wenn ja, was?
3. Wer erteilt die Bescheinigung gem. § 1751 I 4 Hg. 1 BGB? Hätte jemand etwas dagegen unternehmen können, wenn ja, wer und was? Hätte dies Erfolg gehabt?
4. Könnte Frau N oder könnte der Caritasverband Adoptionsvormund werden? Was müßte sie bzw. er ggf. machen?

XVIII. Pflegschaft

Fall 115: Wahrung der Interessen eines Abwesenden

Adam ist Soldat der Bundeswehr und wird als Mitglied der UN-Friedensgruppe nach Namibia geschickt. Dort gerät er in kriegerische Auseinandersetzungen und ist seitdem verschollen.

Adam ist verheiratet mit Eva, diese hat den Sohn Kain, der in der Ehe mit Adam geboren ist. Adam wußte bei seiner Abreise seit 1½ Jahren, daß Kain von Heimlich stammt. Er hatte sich aber noch nicht zu einer Vaterschaftsanfechtung durchringen können, weil er den Jungen ganz gut leiden konnte. Adams Eltern dagegen war Kain ein rechter Dorn im Auge.

1. Können Adams Eltern in dessen Abwesenheit zur Wahrung der Zweijahresfrist gem. § 1600b die Vaterschaftsanfechtung betreiben?
2. Haben sie ggfs. andere Möglichkeiten, zu ihrem Ziel zu kommen?

Dritter Teil

Lösungen

Kapitel 1

Grundbegriffe

I. Familienrecht/Kindschaftsrecht

Fall 1: Inhalt des Familienrechts

1. Ein Rückgewähranspruch könnte theoretisch an verschiedenen Stellen des BGB geregelt sein. In Betracht kämen die Vorschriften zum Rücktritt (§§ 346ff.), zur ungerechtfertigten Bereicherung (§§ 812ff.), zur unerlaubten Handlung (§§ 823ff.), also schuldrechtliche Bestimmungen, oder spezielle familienrechtliche Normen (4. Buch). Das letztere würde allerdings voraussetzen, daß es sich bei dem, was sich im Sachverhalt abgespielt hat, um ein Verlöbnis handelt.

Was ein Verlöbnis juristisch ist, wird im Gesetz nicht gesagt. Folglich besteht in Rspr. und Lit. auch Streit darüber. Vertreten werden drei Meinungen: es sei lediglich eine Erscheinung des sozialen Lebens (**Tatsächlichkeitstheorie**); es sei ein **normaler Vertrag,** der den allgemeinen Vorschriften unterstehe; es sei ein **familienrechtlicher Vertrag**[1].

Auswirkungen hat dieser Theorienstreit vor allem, wenn es um die Verlobung eines MJ geht. Die Vertreter der 1. und 3. Theorie bringen insbesondere vor, der Schutz der mj. verlassenen Braut seit mit der 2. Theorie nicht gewährleistet. Daß dies nicht zutrifft, hat *Beitzke*[2] überzeugend nachgewiesen. Man sollte daher mit der h.M. der Vertragstheorie folgen. Unabhängig davon, welche Ansicht man vertritt, sind sich alle darüber einig, daß das Verlöbnis im Sinne von »Brautstand« entsteht, ohne daß es bestimmter äußerer Formen bedürfte. Ringwechsel, öffentliche Anzeigen oder dgl. sind rechtlich unbedeutend. Ausschlaggebend ist lediglich, ob ein ernsthaftes beidseitiges Eheversprechen vorliegt.

Der Gesetzgeber des BGB hat nicht nur das Verlöbnis unter Offenlassung seiner juristischen Natur im 4. Buch des BGB geregelt. Er hat auch Rückgewähransprüche bei fehlgeschlagener Heirat hier angesiedelt, allerdings unter Verweis auf die §§ 812ff.

Ergebnis: Der Rückgewähranspruch des Adam ist daher eine Frage des Familienrechts.

---

1 Vgl. zu den Theorien bei *Beitzke/Lüderitz,* § 6 I; *Gernhuber/Coester-Waltjen,* § 8 I

2 AaO.

2. Ein Zahlungsanspruch könnte sich theoretisch aus gesellschaftlichen oder arbeitsrechtlichen oder bereicherungsrechtlichen Gesichtspunkten ergeben.
a) Ein Anspruch gemäß §§ 730ff. würde voraussetzen, daß in dem Fall eine **Gesellschaft** des bürgerlichen Rechts (§§ 705ff.) vorhanden gewesen ist. Das trifft jedoch sicher nicht zu, weil das Verhältnis Vater–Sohn zu sehr von Über- und Unterordnung gekennzeichnet war.
b) Ein Anspruch gem. § 611 würde voraussetzen, daß vereinbart gewesen wäre, dem Sohn die Stellung eines »normalen« **Arbeitnehmers** einzuräumen, d.h. mit Lohnsteuer- und Sozialversicherungspflicht. Eine solche Absprache ist aber nicht getroffen worden.
c) Ein entsprechender Anspruch aufgrund eines **sog. faktischen Arbeitsverhältnisses** (Leistung ist ohne gültigen Arbeitsvertrag erbracht worden) kommt auch nicht in Betracht, weil die Beteiligten nicht Leistung und Gegenleistung haben erbringen wollen, sondern der Sohn auf der Basis familiärer Beziehungen, allerdings mit einem unausgesprochenen Hintergedanken, gearbeitet hat. Hierzu war er sogar gem. § 1619 (Dienstleistungen von Kindern) verpflichtet.
d) Ein Anspruch aus **§ 812 I 2 Alt. 2** (Nichteintritt des bezweckten Erfolges) greift auch nicht durch, weil nicht vereinbart worden war, daß die Leistungen des Sohnes durch die Übernahme des Geschäfts abgegolten werden sollten.
e) Im Ausnahmefall könnte sich ein Anspruch aus **§ 812 I 1 Alt. 1** (Leistung ohne Rechtsgrund) ergeben, wenn – entgegen § 1619 – die Arbeitsleistungen des Sohnes das nach seinen Kräften und seiner Lebensstellung Angemessene überstiegen hätten. Das kann man im vorliegenden Sachverhalt jedoch auch nicht sagen.

Ergebnis: Die Beantwortung der Frage hängt also von einer familienrechtlichen Vorfrage (Dienstleistungspflicht gem. § 1619) ab. Insoweit enthält der Fall Familienrecht.

3. Das eheliche Güterrecht regelt die Frage, wem das Vermögen gehört, das in die Ehe mitgebracht oder in der Ehe erworben wird. Das BGB kennt drei Güterstände: den gesetzlichen Güterstand der Zugewinngemeinschaft (§§ 1363ff.), der gilt, wenn nichts anderes vereinbart ist; und zwei vertragliche Güterstände, den der Gütergemeinschaft (§§ 1415ff.) und den der Gütertrennung (§ 1414). Im vorliegenden Sachverhalt ist keine güterrechtliche Regelung (§§ 1408, 1410) getroffen gewesen, also gilt der Güterstand der Zugewinngemeinschaft. Das bedeutet: Die Vermögen der Ehegatten bleiben während der Ehe und danach getrennt. Nach Auflösung der Ehe wird der während der Ehe gemachte Zugewinn geteilt. Dies wird rechnerisch exakt nur dann gemacht, wenn die Ehe nicht durch Tod (z.B. Scheidung) aufgelöst wird. Wird sie durch Tod beendet, wird ein pauschalierter Zugewinnausgleich durchgeführt. Hiernach wird der gesetzliche Erbteil (§ 1931) um ein Viertel erhöht, § 1371 I.

Ergebnis: Der Fall ist also sowohl dem Erbrecht als auch dem Familienrecht zuzuordnen.

Fall 2: Inhalt des Kindschaftsrechts

1. Eva ist mj., für sie besteht also e. S., §§ 1626, 1629; Adam ist vj. und damit rechtlich selbständig. Wenn mj. Kinder in Rechtsbeziehungen zu Dritten treten wollen, benötigen sie die Einwilligung des g. V., § 1629. Das gilt auch im Eherecht, § 1303 III. Wer g. V. ist und wer folglich einwilligen muß, ist eine kindschaftsrechtliche Frage; denn sie hängt davon ab, ob ein Kind von einer bestimmten Person abstammt, und wenn das zutrifft, ob diese Person auch Inhaber der e. S. ist.
Keine kindschaftsrechtliche, sondern eine rein eherechtliche Frage ist, ob Eva auch ehemündig ist, § 1303 I. Im vorliegenden Fall ist sie es nicht und würde daher eine familiengerichtliche Befreiung vom Gebot der Ehemündigkeit brauchen, § 1303 II.

2. Der Abschluß des Lehrvertrages ist dann eine kindschaftsrechtliche Frage, wenn Eva trotz Heirat noch nicht voll geschäftsfähig ist. Was Heirat für einen MJ bewirkt, regelt § 1633. Demnach verlieren die bisherigen Sorgeberechtigten nur die tatsächliche PS. Evas Eltern können ihr also nicht mehr vorschreiben, was sie anzieht, wann sie abends nach Hause kommt und ob sie Alkohol trinken darf oder nicht. In allen übrigen Bereichen der e. S. bleiben die Sorgeberechtigten weiterhin zuständig. Sie müssen daher in den Abschluß des Ausbildungsvertrages einwilligen. Der Sachverhalt ist somit dem Kindschaftsrecht zuzuordnen.

3. Als juristischer Vater eines Kindes ist M zunächst, gleichgültig ob er auch der biologische Vater ist, verpflichtet, für das Kind Unterhalt zu zahlen. Dies ergibt sich aus den §§ 1601 ff., die nur auf Verwandtschaft (= Rechtsbegriff) abstellen. Ergibt sich später aufgrund eines staatlich gesicherten Verfahrens (= Prozeß), daß der juristische Vater nicht der biologische ist, so steht damit nachträglich fest, daß er von Anfang an Leistungen erbracht hat, zu denen er eigentlich nicht verpflichtet war. Es muß daher ein Ausgleich geschaffen werden.
Das Gesetz führt diesen in § 1607 III 1 BGB in der Weise herbei, daß es zunächst fragt, welchen Anspruch das Kind gegen den »richtigen« Vater gehabt hätte. Diesen Anspruch gewährt es dem »falschen« Vater, indem es ihn automatisch auf ihn übergehen läßt.
Der Ausgleichsfrage zwischen den zwei erwachsenen Männern liegen daher kindschaftsrechtliche Fragen, nämlich die nach Abstammung und Kindesunterhalt, zugrunde. Insoweit enthält der Fall starke kindschaftsrechtliche Elemente.

II. Verwandtschaft/und Schwägerschaft

Fall 3: Arten der Verwandtschaft/Schwägerschaft

a) Verwandtschaft – Seitenlinie (Dritter = Schwiegervater) – 3. Grad = Tante von Sohn.
b) Schwägerschaft (verschwägert ist man mit **dem** Ehegatten seiner Verwandten) – gerade Linie – 2. Grad = Stief-Großmutter von M.

c) Verwandtschaft – Seitenlinie (Dritter = M's Vater) – 4. Grad = Onkel von Enkelkind.
d) Keine Rechtsbeziehung. M selber ist mit dem Mann der Cousine im 4. Grad in der Seitenlinie (Dritter = M's Großvater) verschwägert (verschwägert ist man mit **dem** Ehegatten der Verwandten). Die Frau von M ist mit der Cousine des M im 4. Grad in der Seitenlinie verschwägert (verschwägert ist man mit **den** Verwandten des Ehegatten). Diese Schwägerschaft erstreckt sich aber nicht auf die Ehegatten der Verschwägerten.
e) Als die erste Ehe noch bestand, war M's Bruder mit M's Frau in der Seitenlinie im 2. Grad verschwägert. Die Auflösung der die Schwägerschaft begründenden Ehe hat auf die Schwägerschaft keine Auswirkung, § 1590 II.
f) Schwägerschaft – gerade Linie – 1. Grad = »Stiefmutter«.
g) Keine Rechtsbeziehung. T ist mit M in gerader Linie im 1. Grad verwandt. Aber eine aufgelöste Ehe begründet keine neue Schwägerschaft.

Fall 4: Anwendungsbereich der Vorschriften zur Verwandtschaft und Schwägerschaft

1. § 1307 zählt auf, in welchen Fällen eine **Heirat** zwischen Verwandten oder Verschwägerten nicht möglich ist. Eine Ehe zwischen Verschwägerten ist seit 1. 7. 1998 gar nicht mehr verboten.
Es ist daher zu prüfen, in welcher Rechtsbeziehung Herr Schmitz und Frau Meyer stehen. Da sie weder voneinander noch von einem gemeinsamen Vorfahren abstammen, sind sie nicht miteinander verwandt. – Schwägerschaft setzt Verwandtschaft voraus. Die Ehe zwischen Herrn und Frau Schmitz zunächst weggedacht, ergibt sich, daß Frau Schmitz und Frau Meyer in der Seitenlinie miteinander verwandt sind (gemeinsamer Dritter sind ihre Eltern). Da zwei Geburten die Beziehung vermitteln, sind sie im 2. Grad miteinander verwandt. Da Schwägerschaft = Verwandtschaft + Ehe ist, ist Herr Schmitz mit Frau Meyer im 2. Grad in der Seitenlinie verschwägert.
§ 1307 verbietet nur die Ehe zwischen bestimmten Verwandten. Da Herr Schmitz und Frau Meyer nur verschwägert sind, können sie ohne weiteres heiraten.

2. Gem. § 44 I SGB VIII bedarf man für die Aufnahme bestimmter Kinder einer **Pflegeerlaubnis** des JA. Die Voraussetzungen des Abs. 1 S. 1 (MJ erhält in fremder Familie regelmäßig Betreuung oder Unterkunft) liegen hier vor. Fraglich ist nun, ob vielleicht ein Ausnahmetatbestand des S. 2 gegeben ist, demzufolge eine Erlaubnis nicht eingeholt werden mußte. In Betracht kommt Nr. 3: Verwandte oder Verschwägerte bis zum 3. Grad. Es ist daher zu prüfen, ob K8 mit Frau Schmitz verwandt ist.
K8 ist nicht Frau Schmitz' Kind, beide haben aber einen gemeinsamen Vorfahren, nämlich die Eltern von Frau Schmitz, die K8's Großeltern sind. Es liegt also eine Verwandtschaft in der Seitenlinie und zwar im 3. Grad vor.
Frau Schmitz braucht daher für K8 keine Pflegeerlaubnis.

3. An sich haben Mütter für Kinder, deren Vater tot ist, bei voller Geschäftsfähigkeit die e. S., §§ 1626, 1681. Ist allerdings der sorgeberechtigte Elternteil tatsäch-

lich verhindert, die e. S. auszuüben, kann das FamG das Ruhen der e. S. feststellen, § 1674 I. Es besteht dann keine e. S. für das Kind, § 1773 u und es bedarf folglich eines VM. Dieser ist gem. § 1774 S. 1 vAw zu bestellen.
Bei der **Auswahl des VM** hat das Gericht Verwandte und Verschwägerte zu hören, § 1779 III 1, und vorrangig zu berücksichtigen, wenn sie geeignet sind, § 1779 II 1, 2.
Frau Schmitz könnte also ggf. zum VM von K8 bestellt werden.

4.1. **Unterhalt im jetzigen Zeitpunkt.** Gem. § 1601 sind Verwandte in gerader Linie verpflichtet, einander Unterhalt zu zahlen, sofern sie leistungsfähig sind, § 1603 u und der Anspruchsteller bedürftig ist, § 1602.
Bei den Kindern ist also zu unterscheiden: K1–K5 und K7 sind mit Herrn Schmitz in gerader Linie verwandt. Er hat daher für sie Unterhalt zu zahlen. Ist er nicht greifbar, § 1607 II 1 i. V. m. I, hat Frau Schmitz sen. den Unterhalt zu leisten, §§ 1607 I, 1606 II.
Mit K6 (»Stiefkind«) ist er nicht verwandt, sondern in gerader Linie im 1. Grad verschwägert. Hier besteht keine gesetzliche, allenfalls eine vertragliche Unterhaltspflicht (s. u. Fall 109).
Frau Schmitz jun. trägt durch Pflege und Erziehung ihrer Kinder zu deren Unterhalt bei, § 1606 III. Mit K7 (»Stiefkind«) ist sie nicht verwandt. Hier gilt dasselbe wie für K6 hinsichtlich Herrn Schmitz.
K8 ist weder mit Frau noch mit Herrn Schmitz in gerader Linie verwandt. Folglich wären sie auch als Pflegeeltern nicht unterhaltspflichtig. Evtl. erhält Frau Schmitz, falls kein anderer Unterhaltspflichtiger da ist, Pflegegeld vom JA, notfalls Sozialhilfe[3].

4.2. **Unterhalt nach Scheidung.** Eine Scheidung hat keine Auswirkung auf die Verwandtschaft. Es ist daher gleichgültig, ob und wenn ja wem nach Scheidung das Sorgerecht übertragen wird: beide Elternteile bleiben unterhaltspflichtig. Lediglich die Art der Unterhaltsgewährung, nämlich Naturalien (§ 1606 III 2) oder Geld, kann sich ändern.

5. Diebstahl ist gem. § 242 StGB strafbar. **Strafbare Handlungen** werden in der Regel vAw verfolgt, wenn die Behörde Kenntnis von ihnen erhält (§§ 152 II, 163 StPO). Eine Ausnahme besteht dann, wenn es sich um sog. Antragsdelikte handelt. Bei diesen muß der »Verletzte« der Behörde gegenüber kundtun, daß er auf einer Strafverfolgung bestehe, §§ 77 ff. StGB.
§ 242 StGB ist, sofern durch die Tat ein »Angehöriger« verletzt worden ist, ein solches Antragsdelikt, § 247 StGB. Wer »Angehöriger« ist, definiert § 11 Nr. 1 StGB. Hiernach fallen nicht nur Verwandte und Verschwägerte in genau beschriebenem Umfang darunter, sondern sogar Pflegeeltern und Pflegekinder.
Demnach würde im Verhältnis Vater–Sohn jedenfalls ein Antrag erforderlich sein.

---

3 Siehe zur Problematik der Verwandtenpflegestelle: *Oberloskamp/Adams,* Fall 46. Die neue Rspr. des BVerwG (v. 12. 9. 96, FamRZ 1997, 814 und v. 12. 9. 96, FamRZ 1997, 934) ist bisher in der Praxis nicht auf Zustimmung gestoßen.

6. Die Frage, wer in einem Strafverfahren nicht aussagen muß, d.h., wer ein **Zeugnisverweigerungsrecht** hat, ist in den §§ 52ff. StPO geregelt. Gem. § 52 I Nr. 3 StPO ist zur Verweigerung des Zeugnisses berechtigt, wer mit dem Beschuldigten in gerader Linie verwandt oder verschwägert, in der Seitenlinie bis zum 3. Grad verwandt oder bis zum 2. Grad verschwägert ist oder war.
Demnach brauchen weder sie selber (in gerader Linie im 1. Grad verschwägert) noch ihre Schwiegermutter (in gerader Linie im 2. Grad verwandt), noch K1–K5 (in der Seitenlinie im 2. Grad verwandt), auch wenn es sich nur um halbbürtige Geschwister handelt, auszusagen.
Kind 6 dagegen hat kein Zeugnisverweigerungsrecht. Es ist nicht mit K7 verwandt, da die beiden keinen gemeinsamen Elternteil haben. Verschwägert sind sie auch nicht, da K6 zwar mit Herrn Schmitz und K7 auch mit Frau Schmitz verschwägert ist, jedoch nicht untereinander. Denn verschwägert ist man nur mit den Verwandten des Ehegatten und dem jeweiligen Ehegatten des Verwandten, nicht dagegen mit dessen Verwandten.
K8 hat ebenfalls kein Zeugnisverweigerungsrecht, da Pflegekinder in § 52 StPO nicht genannt sind.

7. Das **gesetzliche Erbrecht** (§§ 1924ff. BGB) ist an Verwandtschaft geknüpft, und zwar ohne Begrenzung auf Linien oder Grade. Ob jemand im konkreten Fall erbt, hängt allerdings davon ab, ob Verwandte, die näher mit dem Erblasser verwandt sind, als Erben vorhanden sind. Wenn Frau Schmitz ihre Tante soll beerben können, dürfen folgende Personen als Erben **nicht** in Frage kommen:
a) Abkömmlinge der Tante (Kinder, Enkelkinder etc.)
b) Ehegatte der Tante
c) Eltern der Tante, d.h. Großeltern von Frau Schmitz
d) Mutter und sonstige Tanten/Onkel (= Geschwister der Mutter) von Frau Schmitz.
e) Abkömmlinge (Kinder, Enkel etc.) der Tante/Onkel (= Geschwister der Mutter)
f) Geschwister von Frau Schmitz.

Nur wenn aus all diesen Gruppen niemand da ist, ist Frau Schmitz Alleinerbe. Da aus dem Sachverhalt bekannt ist, daß Frau Meyer, die Schwester von Frau Schmitz, lebt, muß sie zumindest mit dieser teilen.

III. Gesetzliche Vertretung

Fall 5: Grundausstattung eines Kindes: Ein gesetzlicher Vertreter

1. Verheiratete Eltern haben gem. § 1626a I kraft Gesetzes das Sorgerecht, solange es nicht
– kraft Gesetzes entfallen (z.B. § 1673)
– aufgrund gerichtlichen Eingriffs eingeschränkt oder entzogen (z.B. § 1666) ist

– oder solange die Eltern nicht wegen Getrenntlebens eine Übertragung auf einen von ihnen haben vornehmen lassen (§ 1671),

2.a) Sind die Eltern nicht mehr miteinander verheiratet, d. h. daß ihre Ehe aufgehoben oder geschieden worden ist, dann haben sie grundsätzlich immer noch das Sorgerecht gemeinsam. Erst wenn es einem von ihnen gerichtlich übertragen worden ist (§ 1671), ist er alleiniger g. V.

b) Waren die Eltern nie miteinander verheiratet, so hat normalerweise die Mutter gem. § 1626 a II das Alleinsorgerecht. Dies kann sich in zwei Richtungen verändern:

– Wenn nach Vaterschaftsfeststellung beide Sorgeerklärungen abgeben (§ 1626a I Nr. 1), dann sind sie Sorgerechtspartner und haben in bezug auf das Kind dieselbe Rechtsstellung wie verheiratete Eltern.
– Wenn nach Vaterschaftsfeststellung der Vater die Übertragung der Alleinsorge auf sich beantragt und erhält (§ 1672), dann ist nur er g. V., solange diese gerichtliche Regelung nicht wieder geändert wird.

3. Die Tatsache, daß die Eltern des Kindes nicht miteinander, sondern mit jeweils anderen Partnern verheiratet sind, hat auf die e. S. für das gemeinsame Kind keine Auswirkungen. Dies bedeutet, daß die Sorgeverhältnisse so wie in 2. beschrieben sein können.

4. Wenn beide Eltern in die Adoption ihres Kindes eingewilligt haben, so ruht ihre e. S. (§ 1751 I 1). Das JA wird Amtsvormund (§ 1751 I 2). Dieser Zustand dauert an, bis die geplante Adoption zustandekommt. Dann werden die Adoptiveltern g. V. (§ 1754).

5. Ein Stiefkind ist ein Kind, dessen Elternteil eine Person geheiratet hat, die nicht Elternteil des Kindes ist. Das Stiefkind ist mit dieser Person verschwägert (§ 1590). Sicher ist, daß der Stiefelternteil keine e. S. hat. Wer sie im übrigen hat, bestimmt sich nach den rechtlichen Gegebenheiten des leiblichen Elternteils. Es kommen alle Varianten in Betracht, die unter 2. beschrieben sind.

6. Ein Pflegekind steht grundsätzlich in keiner sorgerechtlichen Beziehung zu seinen Pflegeeltern. Normalerweise haben die leiblichen Eltern oder ein leiblicher Elternteil das Sorgerecht, so wie es unter 1. oder 2. dargestellt ist. Haben die leiblichen Eltern freiwillig Teile ihres Sorgerechts an die Pflegeeltern abgegeben (§ 1630 III) oder ist ihnen das Sorgerecht ganz oder teilweise entzogen (§ 1666), so hat das Kind einen Vormund oder Pfleger, der in den jeweiligen Bereichen g. V. ist. Fehlen derartige gerichtliche Regelungen, so haben die Pflegeeltern zumindest kraft Gesetzes einige Rechte, die sich aus § 1688 ergeben. Insoweit können auch sie g. V. sein.

Kapitel 2

Abstammung

IV. Natürliche Abstammung: Genetische/biologische Herkunft

Fall 6: Ersatzmutterschaft (Teil I)

1. Mutter des Kindes K

Genetische Mutter von K ist Frau Schmitz. Aus dem Ei der Frau Schmitz, das der Frau X implantiert worden ist, hat sich das Kind K entwickelt. Der Gesetzgeber hatte zu entscheiden, ob in solchen Fällen die genetische oder die soziale Mutter Mutter im Sinne des Gesetzes sein soll. Weil eine hohe Wahrscheinlichkeit dafür spricht, daß die soziale Mutter mit der genetischen identisch ist, entschied er sich für die soziale. § 1591 bestimmt daher ganz schlicht: »Mutter eines Kindes ist die Frau, die es geboren hat.«

Neben der Bevorzugung der sozialen Mutter regelt diese Vorschrift etwas anderes. Da sie die einzige Vorschrift ist, die sich mit den Voraussetzungen einer Mutterschaft beschäftigt, macht sie deutlich, daß nach deutschem Recht außer dem Gebären des Kindes nichts nötig ist, um Mutter im Rechtssinne zu werden. Es bedarf insbesondere, egal ob die Frau verheiratet ist oder nicht, keiner Mutterschaftsanerkennung.

2. Korrigierbarkeit des Ergebnisses

Eine weitere Frage ist, ob diese Festlegung der Mutterschaft unumstößlich ist oder ob sie »korrigiert« werden kann. Wie in den nachfolgenden Fällen zu sehen sein wird, kann eine Vaterschaft, wenn sie auf einer falschen Zuordnung beruht, korrigiert werden durch eine Vaterschaftsanfechtung. Ein Blick in die Abstammungsvorschriften zeigt jedoch, daß zur Mutterschaft entsprechende Regelungen fehlen. Das bedeutet, daß es jedenfalls nach den abstammungsrechtlichen Bestimmungen keine Möglichkeit gibt, die Zuordnung zu einer Mutter zu verändern.

Diese Lösung war im Gesetzgebungsverfahren durchaus nicht unumstritten.
Es wurde gefordert, dem Kind zumindest eine Feststellungsklage zu geben, mit dem Ziel, zwar nicht seine Zuordnung zu verändern, ihm aber im Rahmen des vom BVerfG[1] geschaffenen Rechts auf Kenntnis der eigenen Abstammung die Möglichkeit einzuräumen zu klären, von wem es genetisch stammt. In der Begründung des Gesetzes wird dies abgelehnt. Es wird behauptet, die Betroffenen könnten ja eine allgemeine Feststellungsklage (§ 256 ZPO) anstrengen, dies sei ausrei-

1 v. 18. 1. 1988, FamRZ 1989, 147.

chend[2]. Hiergegen ist einzuwenden, daß dieser Hinweis juristisch wohl nicht haltbar ist, weil sich Feststellungsklagen nur auf die Feststellung von Rechtsverhältnissen beziehen und nicht auf reine Fakten[3]. Wenn das aber der Fall ist, dann wird das Recht auf Kenntnis der eigenen Abstammung im Hinblick auf die Mutterschaft nicht realisiert.
Allerdings ist der § 1591 bis zu einer Feststellung der Verfassungswidrigkeit der Norm geltendes Recht und muß beachtet werden.

Ergebnis zu 1 und 2: Frau X ist daher abstammungsrechtlich die Mutter von K. Weder das Kind noch Frau S haben eine Möglichkeit, hier etwas zu verändern.

3. Vater des Kindes K
Wer der Vater des Kindes ist, ergibt sich aus § 1592. Dieser bestimmt in Nr. 1, daß Vater eines Kindes der Mann ist, der zum Zeitpunkt der Geburt mit der Mutter des Kindes verheiratet ist. Es ist also entscheidend, daß Frau X verheiratet ist. Wenn sie es ist, ist Herr X der Vater, gleichgültig ob er seine Einwilligung zu der Behandlung seiner Frau gegeben hatte. Allerdings hat er, wenn er nicht der Vater bleiben will, die Möglichkeit, seine Vaterschaft anzufechten (§ 1599 I). Einzelheiten dazu enthalten die nachfolgenden Fälle.

Ergebnis: Abstammungsrechtlich ist ihr Mann der Vater des Kindes, er kann das Ergebnis durch eine Vaterschaftsanfechtung korrigieren.

4. Austragende Mutter ledig
Wenn Frau X bei der Geburt des Kindes ledig wäre, hätte das Kind kraft Gesetzes keinen Vater. Es müßte ihn durch Vaterschaftsanerkennung (§ 1592 Nr. 2) oder gerichtliche Vaterschaftsfeststellung (§ 1592 Nr. 3) bekommen. Wenn Frau X damit einverstanden wäre (Einwilligung gem. § 1595 I), könnte Herr S das Kind anerkennen, § 1594 I. Bei Weigerung von Frau X könnte er gerichtlich feststellen lassen, daß er der Vater ist. Da das Kind mit seinem Samen gezeugt worden ist, wird ihm der Beweis problemlos gelingen.

Fall 7: Abwesenheit des Vaters

1. Adam muß gem. §§ 1601 ff. Unterhalt zahlen, wenn er – abgesehen von Kains Bedürftigkeit und seiner eigenen Leistungsfähigkeit – mit Kain verwandt ist. Die Verwandtschaft könnte hier auf juristischer Abstammung beruhen, §§ 1589, 1592. Gem. § 1592 Nr. 1 ist jemand Vater eines Kindes, wenn er zum Zeitpunkt der Geburt mit der Mutter des Kindes verheiratet ist. Dies gilt – zum Schutz des Kindes – unabhängig davon, ob das Kind in Wahrheit von einem anderen Mann stammt.
Kain ist daher Kind von Adam, und dieser ist zunächst gem. §§ 1601 ff. unterhaltspflichtig.

---

2 BT-Drucks. 13/4899, 5.83
3 *Schwab/Wagenitz*, FamRZ 1997, 1378.

2. Wenn Adam nicht bereit ist, für Kain Unterhalt zu zahlen, muß er die verwandtschaftlichen Beziehungen beseitigen. Er kann dies tun, indem er seine Vaterschaft gegenüber Kain gem. §§ 1599 I, 1600 ff. durch Klage gegen Kain vor dem FamG anficht.
Da Kain mj. ist, muß – auch wenn er Beklagter ist – sein g. V. für ihn tätig werden. G. V. eines Kindes sind seine Eltern, § 1626 a I i. V. m. §§ 1626, 1629 I. Adam kann jedoch nicht gleichzeitig Kläger sein und auf seiten des Beklagten als g. V. agieren. Es liegt eine Interessenkollision im Sinne des §§ 1629 II 1, 1795 II, 181 vor, die dazu führt, daß anstelle des g. V. im Teilbereich der Vaterschaftsanfechtung ein Ergänzungspfleger gem. § 1909 I tätig werden muß.
Im Verfahren gem. § 1599 wird das Gericht die wahren Verhältnisse erforschen. Es wird dabei auf der Grundlage des § 1600 c vorgehen. Demnach wird zunächst einmal vermutet, daß das Kind von dem Mann stammt, dessen Vaterschaft nach § 1592 Nr. 1 besteht. Diese Vermutung muß der Scheinvater entkräften, indem er beweist, daß das Kind nicht seines ist. Dies wird ihm gelingen, indem er entweder zweifelsfrei dartun kann, daß er abwesend war (Verbüßung einer Freiheitsstrafe, Reise, Kriegsdienst, Gefangenschaft oder dgl.) oder indem die biologische Unmöglichkeit der Abstammung bewiesen wird.
Im vorliegenden Fall könnte Adam beweisen, daß er seiner Frau während der EZ wegen seines Forschungsauftrages nicht beigewohnt hat. Kain kann demnach nicht Kind des Adam sein.
Da es bereits am 3. TBM fehlt, braucht das 4., nämlich die Möglichkeit, daß das Kind aus dieser Bewohnung stammt (= Kausalität), nicht mehr geprüft zu werden. Auch dieser Umstand wird zunächst zugunsten des Kindes vermutet. Es obliegt dem Scheinvater, durch naturwissenschaftliche Gutachten (Tragzeit-, Blutgruppen-, biologische, erbbiologische – dies erst ab Vollendung des 3. Lebensjahres –, gentechnologische – DNA-Fingerprinting[4]) das Gegenteil zu beweisen.

Ergebnis: Wenn Adam die Vaterschaft anficht, braucht er keinen Unterhalt zu zahlen.

Fall 8: Bedeutung des § 1599 I

Schadensersatz aus Schlechterfüllung des Anwaltsvertrages setzt einen Schaden voraus. Da das Gesetz die Pflicht zu Unterhaltsleistungen an die (juristische) Abstammung knüpft, liegt nur dann ein Schaden vor, wenn Unterhalt bei fehlender Abstammung erbracht werden muß.
Die Frist gem. § 1600 b ist verstrichen. Deshalb kann Adam nicht mehr anfechten. Das Kind ist daher juristisch sein Kind. Für diesen Fall bestimmt § 1599 I im Umkehrschluß, daß niemand sich auf die Nichtvaterschaft berufen kann, solange nicht rechtskräftig festgestellt ist, daß das Kind wirklich nicht vom Scheinvater stammt. Diese Vorschrift hat den Sinn, das Kind gegenüber seinem Scheinvater zu schützen. Dieser soll, wenn er sich zunächst dafür entschieden hat, die Klärung der wahren Verhältnisse zu unterlassen, sich später nicht in Widerspruch zu sei-

4 S. dazu *Böhm/v. Luxburg/Epplen,* DAVorm 1990, 1102.

nem ursprünglichen Verhalten setzen und sich doch noch auf die Nichtabstammung des Kindes berufen können[5]. Im vorliegenden Fall hat aber der Scheinvater deutlich zum Ausdruck gebracht, daß er sich von dem Kind distanzieren möchte. Der Prozeß ist nur deshalb unterblieben, weil der Anwalt die Anfechtungsfrist versäumt hat. In einer solchen Konstellation kann dem Interesse des Kindes daran, daß seine Abstammung nicht zum Gegenstand gerichtlicher Auseinandersetzungen gemacht werden, nicht der Vorrang vor dem Interesse des Scheinvaters an einer Befreiung von seiner Unterhaltspflicht eingeräumt werden[6]. Wenn der Vater daher – unterstellt die Klage wäre rechtzeitig erhoben worden – den Prozeß mit großer Wahrscheinlichkeit gewonnen hätte, so kann zwar jetzt nicht mehr auf Feststellung der Nichtehelichkeit geklagt werden, wohl aber kann der Scheinvater Schadenersatz in Höhe des zu zahlenden Unterhalts von dem saumseligen Rechtsanwalt verlangen.

Anmerkung: Obwohl § 1599 I den Schutz des Kindes zum Ziel hat, entfaltet er nicht nur im Verhältnis Kind–Scheinvater Wirkungen. So kann z. B. eine Mutter, die den Vater des Kindes wegen der Entbindungskosten und des Unterhalts vor und nach der Geburt in Anspruch nehmen will (§ 1615l) dies trotz § 1615o erst tun, wenn eine vorher vorhandene Vaterschaft für das Kind erfolgreich angefochten worden ist[7]. Des weiteren kann ein Ehemann, der Scheidungsantrag gestellt hat, nicht verlangen, daß der Versorgungsausgleich deswegen gem. § 1578c Nr. 1 (wegen grober Unbilligkeit) ausgeschlossen wird, weil das in der Ehe geborene Kind nicht von ihm stamme[8]. Schließlich kann auch der biologische Vater des Kindes nicht auf Feststellung klagen, daß er der wahre Vater des Kindes sei, solange die (Schein-)Vaterschaft nicht erfolgreich angefochten ist[9].
Anders ist die Rechtslage aber neuerdings bei der Anerkennung der Vaterschaft, wenn das Kind noch scheinbar aus der Ehe stammt[10]. – Auch bei der Geltendmachung von Ehegattenunterhalt gem. § 1570 hat der BGH[11] den Einwand des (jetzigen) § 1579 Nr. 7 zugelassen, das Kind stamme – unstreitig – nicht vom Ehemann, dieser habe die Vaterschaft nur deswegen nicht rechtzeitig angefochten, weil die Frau ihn mit dem Versprechen davon abgehalten habe, sie werde keinen Unterhalt verlangen.

Fall 9: Rückforderungsanspruch des Scheinvaters

Daß Adam die erbrachten **Unterhalts**leistungen zurückverlangen kann, folgt aus § 1607 III. Daß auch die **Prozeßkosten** (vgl. § 93c ZPO) im Ergebnis zu erstatten sind, ist unbestritten. Unklar ist nur, worauf dieser Anspruch zu stützen ist. Vor-

5 So zum § 1593 a.F. BGH v. 3. 11. 1978, FamRZ 1979, 112.
6 So auch BGH, a.a.O, mit zahlreichen Nachweisen aus der Lit. und in Abweichung von seiner bisherigen Rspr., insbesondere BGHZ 45, 356 = FamRZ 1966, 502. A. A. nur noch OLG Köln v. 28. 11. 1966, NJW 1967, 1090.
7 Vgl. *Büdenbender,* FamRZ 1983, 306/308.
8 So BGH v. 15. 12. 1982, FamRZ 1983, 267.
9 BGH v. 25. 3. 1981, FamRZ 1981, 538.
10 Vgl. dazu unten Fall 14.
11 V. 26. 10. 1984, FamRZ 1985, 51.

geschlagen werden §§ 1607 III analog i. V. m. §§ 1610 II, 677, 812, 823 I und II, 826[12].

Fall 10: Anfechtungsrecht des Ehemanns bei künstlicher Insemination (nach BGH v. 7. 4. 1983, 686)

1. Adam könnte sein Anfechtungsrecht, das er an sich gem. §§ 1599 I, 1600–1600c besitzt, unter dem Gesichtspunkt verloren haben, daß er es selber **rechtsgeschäftlich wirksam ausgeschlossen** hat. Dies könnte durch eine Anerkennung der Vaterschaft oder durch einen Verzicht auf ein etwaiges Anfechtungsrecht geschehen sein.
a) Bis 1938 hatte es im § 1598 a. F. eine Regelung gegeben, wonach eine **Anerkennung der Ehelichkeit** die Anfechtungsklage ausschloß. 1938 war diese Bestimmung aufgehoben worden. 1951[13] entschied der BGH zur Anerkennung der Ehelichkeit eines bereits erzeugten Kindes, daß sie das Anfechtungsrecht des Ehemannes nicht ausschließe. Nach diesem Urteil in Kraft getretene Reformgesetze (FamRÄndG v. 11. 8. 1961) verzichteten ausdrücklich darauf, eine entsprechende Norm wieder einzuführen. Daher gelten die Ausführungen des BGH[14] fort. Das heißt, daß die Anerkennung der Ehelichkeit (d. h. nach heute geltendem Recht: der rechtlich feststehenden Abstammung) eines Kindes wirkungslos ist.
b) Ein **Verzicht auf das Anfechtungsrecht** kommt in seiner Wirkung der Anerkennung der Abstammung gleich. Er ist daher ebenfalls ohne Rechtsfolgen.
c) Diese Ausführungen beziehen sich – sowohl was Rechtsgrundlagen als auch was Rspr. betrifft – ausdrücklich nur auf eine natürliche Zeugung. An die **künstliche Insemination** – unabhängig vom Wissen und Willen des Ehemannes – hat weder der Gesetzgeber des Jahres 1896, noch der BGH im Jahre 1951 gedacht. Die künstliche Insemination unterscheidet sich zwar im allgemeinen von den Fällen, die man früher regeln wollte (insbesondere Ehebruch), dadurch daß der Ehemann nach ärztlicher Übung vor der Samenübertragung ausdrücklich um seine Zustimmung gebeten wird[15]. Trotzdem kann die heterologe künstliche Insemination nicht anders beurteilt werden als die übrigen in den §§ 1591 ff. behandelten Fälle. **Das Gesetz versagt nämlich Willenserklärungen, die auf den Ausschluß eines Anfechtungsrechtes gerichtet sind, allgemein die rechtliche Wirkung.** Dafür regelt es die geltenden Anfechtungsfristen mit höchster Sorgfalt. Grundsätzlich beruht ein solches Vorgehen auf einer Interessenabwägung: Dem Anfechtungsberechtigten soll eine angemessene Überlegungszeit zugebilligt werden, der Anfechtungsgegner soll nach Ablauf der Fristen Rechtssicherheit haben. Ob eine solche Überlegungszeit auch bei wissentlicher künstlicher heterologer Insemination nötig ist, könnte zwar angezweifelt werden. Man wird es jedoch

12 Vgl. zu den Einzelheiten *Beitzke/Lüderitz*, § 22 II 4. Der BGH v. 3. 11. 1971, FamRZ 1972, 33 und ihm folgend LG Lüneburg v. 31. 1. 1991, FamRZ 1991, 1095 wollen (nach altem Recht) §§ 1610 II, 1615 b a. F. anwenden.
13 V. 10. 5. 1951, NJW 1951, 958.
14 a. a. O.
15 *Gernhuber/Coester-Waltjen*, § 51 III 2, hält einen derartigen antizipierten Verzicht generell für sittenwidrig, § 138 BGB.

wegen der Außergewöhnlichkeit der Lage bejahen müssen. Die Situation des Scheinvaters läßt sich vielleicht mit der der Mutter, die ihr Kind zur Adoption weggeben will, vergleichen. Obwohl diese monatelang weiß, daß sie schwanger ist und das Kind evtl. weggeben will, kann sie sich rechtswirksam erst acht Wochen nach der Geburt von ihm trennen. Obwohl der Ehemann seit der Samenübertragung weiß, daß er nicht der biologische Vater ist, kann er das Kind rechtswirksam erst mit Ablauf der Fristen »adoptieren«. In beiden Fällen könnte der Gesetzgeber andere Regelungen treffen (z. B. pränatale Einwilligung bei der Adoption). Da er es aber bisher nicht getan hat, läßt das z.Zt. nur den Schluß zu, daß er die vorhandenen Normen auch auf den Fall der künstlichen heterologen Insemination angewandt wissen will.
Deshalb hat Adam sein Anfechtungsrecht aufgrund seiner Erklärung nicht verloren.

2. Adam könnte jedoch sein Anfechtungsrecht **auf anderem als rechtsgeschäftlichem Wege,** nämlich nach den Grundsätzen von Treu und Glauben (§ 242) eingebüßt haben.
a) Hier wäre an eine **Verwirkung** zu denken. Eine Verwirkung setzt voraus, daß der Berechtigte sein Recht längere Zeit nicht geltend gemacht hat und der Gegner den Umständen nach darauf vertrauen durfte und sich darauf eingerichtet hat, das Recht werde nicht mehr geltend gemacht werden.
Unabhängig davon, ob bei Vaterschaftsanfechtungsklagen der Einwand der Verwirkung überhaupt Anwendung findet, kann von einer Verwirkung im vorliegenden Fall unter keinen Umständen gesprochen werden; denn Adam hat bereits wenige Monate nach der Geburt von Kain Klage erhoben.
b) Des weiteren könnte man an den Einwand der **unzulässigen Rechtsausübung** (= Mißbrauch) denken. Dieser greift dann ein, wenn jemand ein Recht zwar formal innehat, er sich mit der derzeitigen Geltendmachung dieses Rechts aber in offenen Widerspruch zu früherem Verhalten setzt, so daß sein jetziges Vorgehen treuwidrig erscheint.
Im vorliegenden Fall liegt in diesem Sinne kein Rechtsmißbrauch vor[16]. Nach der Rspr. verstößt es grundsätzlich nicht gegen Treu und Glauben, wenn eine Partei sich nachträglich auf die Unwirksamkeit einer von ihr abgegebenen Willenserklärung beruft. Dies gilt in der Regel auch bei der Einwilligung in eine künstliche heterologe Insemination. Es müßten hier, sollte die Geltendmachung der Nicht-Abstammung rechtsmißbräuchlich sein, besondere Umstände hinzutreten, die das Verhalten von Adam als unredlich erscheinen lassen würde. Davon kann jedoch vorliegend nicht die Rede sein: denn der Samenübertragung sind nicht einmal die Untersuchungen vorausgegangen, die nach ärztlicher Auffassung notwendig sind. Adam, der sich in dieser Zeit wegen seines Tabletten- und Alkoholmißbrauchs sowieso in einer Ausnahmesituation befand, war sich daher der Tragweite des

16 In seinem Urteil v. 25. 11. 1991 (FamRZ 1992, 851 – LS) kam das OLG Celle auch zu dem Ergebnis, daß kein Mißbrauch vorliege. Der BGH (v. 20. 1. 1993, FamRZ 1993, 695) hat diese Entscheidung im Ergebnis bestätigt, allerdings mit der Begründung, wer einen Mißbrauch geltend mache, trage hierfür die Beweislast (hier: das bekl. Kind). Der Bekl. könne ihn nicht beweisen, also sei die Klage abzuweisen.

Vorgehens seiner Frau möglicherweise gar nicht voll bewußt. Unter diesen Umständen ist die Geltendmachung der Nicht-Abstammung weiterhin zulässig.
Daß das Ergebnis in dieser Form auch nach dem seit 1. 7. 1998 geltenden Recht ergehen würde, folgt daraus, daß der Gesetzgeber des KindRG ausdrücklich[16a] keine Regelung bezüglich künstlicher Befruchtung treffen wollte, solange nicht grundsätzlich politisch entschieden sei, ob eine konsentierte heterologe Insemination zulässig ist. Demnach soll jedenfalls zur Zeit der geltende Rechtszustand beibehalten werden.

Hinweis: Anders lag der Sachverhalt, den das OLG Düsseldorf[17] zu entscheiden hatte. Dort hatten zwei Ärzte eingehende Gespräche mit dem Ehepaar geführt und übereinstimmend den Eindruck erhalten, daß es sich um eine intakte Ehe handele, bei der beide Partner die Problematik der Kinderlosigkeit verarbeitet, die möglichen psychologischen Folgen einer Insemination verstanden und sich die Entscheidung reiflich überlegt hätten. Ferner waren nach der Insemination die Unterlagen über den Samenspender mit Zustimmung des Ehemannes vernichtet worden. Als der Ehemann seine Frau dann schon während der Schwangerschaft verließ und nach der Geburt die Ehelichkeit des Kindes anfocht, wies das OLG die Klage wegen unzulässiger Rechtsausübung zurück.

Fall 11: Anfechtungsrecht des Kindes

a) Die zweijährige Anfechtungsfrist des Mannes[18] gem. § 1600b ist verstrichen. Adam kann also trotz Scheidung seine Vaterschaft nicht mehr loswerden.
b) Die Frist gem. § 1600b I 1 steht jedoch auch der Mutter und dem Kind zu. Für die Mutter gilt, da sie Kenntnis von den Umständen hatte, § 1600 I 2, daß ihre Frist ebenfalls abgelaufen ist. Das Kind dagegen ist während seiner Minderjährigkeit von seinem gesetzlichenVertreter abhängig. Wenn dieser nichts unternimmt, beginnt mit Erreichen der Volljährigkeit eine neue kenntnisabhängige Zweijahresfrist, § 1600d III. Ist diese verstrichen, so kann für das Kind noch einmal eine Zweijahresfrist zu laufen beginnen, wenn es Kenntnis von Umständen erlangt, aufgrund derer die Folgen der Vaterschaft für es unzumutbar werden, § 1600b V. Für die Kenntnis des Kindes ist gem. § 166 BGB die Kenntnis des g. V. maßgebend. Wenn für das Kind ein Pfleger bestellt werden muß, läuft ab dessen Kenntnis eine neue Frist an.
c) Für die Möglichkeiten, die Eva und Kain zur Verfügung stehen, kommt es daher zunächst einmal darauf an, ob K zu diesem Zeitpunkt noch mj. oder schon vj. ist. Ist er mj. und die Ehe noch nicht geschieden, so sind auf jeden Fall A und E seine g. V. Da sich die Anfechtungsklage jedoch gegen Adam richten würde, wäre dieser und damit der gesamte g. V. an der Vertretung des Kindes gehindert, § 1629 II 1, 1795 II, 181. Es müßte ein Ergänzungspfleger gem. § 1909 bestellt werden.

16a BT-Drucks. 13/4899, S. 52 linke Spalte.
17 V. 22. 7. 1987, FamRZ 1988, 762.
18 Sie ist nicht verfassungswidrig: BGH v. 7. 11. 1990, FamRZ 1991, 325.

Für diesen würde eine neue Zweijahresfrist zu laufen beginnen. Er könnte jedoch überhaupt nur anfechten, wenn dies dem Wohl des Kindes diente, § 1600 a IV.

Ist K mj. und ist die Ehe geschieden, so kommt es darauf an, wer g. V. von K ist.

- Sind es weiterhin beide Eltern, weil keiner von ihnen eine Antrag auf Übertragung des Sorgerechts gem. § 1671 gestellt hat, so gilt das zuvor Ausgeführte.
- Ist die E alleinige Sorgerechtsinhaberin, so könnte sie nunmehr für K klagen, wobei eine Kindeswohlprüfung gem. § 1600 a IV durchzuführen wäre.
- Ist A alleiniger Sorgerechtsinhaber, so ist wegen des Insichprozesses ein Ergänzungspfleger gem. § 1909 zu bestellen.

Ist K vj., steht ihm ab Kenntnis, frühestens ab Erreichen des 18. Lebensjahres, eine neue Frist zur Anfechtung zur Verfügung.

Anmerkung: Die nach altem Recht nötige Genehmigung des VormG, die Einwilligung der Mutter bei Anfechtung durch einen Vormund oder Pfleger und die Anhörung des JA zur Frage des Kindeswohls entfallen. Das FamG als Fachgericht braucht keine Assistenz!

Fall 12: Besonderheiten bei Anfechtung durch Kind/Scheinvater

1. Wenn Adam anfechten möchte, so kann er dies trotz der Betreuung grundsätzlich alleine machen, weil die Betreuung seine Geschäftsfähigkeit nicht beeinträchtigt (vgl. §§ 1896, 1902, 1903). Voraussetzung ist allerdings, daß er geschäftsfähig ist (§ 1600b V).
Zwar könnte man überlegen, ob sich der Aufgabenkreis des Betreuers auf die Vaterschaftsanfechtung erstrecken kann. Da die Vaterschaftsanfechtung jedoch gem. § 1600 a ein höchstpersönliches Recht ist, könnte der Betreuer nicht für den Betreuten handeln. Auch ein Einwilligungsvorbehalt könnte insoweit nicht angeordnet werden, weil dies gem. § 1903 II Alt. 3 (Willenserklärungen, zu denen ein beschränkt Geschäftsfähiger nach den Vorschriften des 4. Buches nicht der Zustimmung seines g. V. bedarf) i. V. m. § 1600 a I nicht zulässig wäre.

2. Wenn Kain anficht, kommt es zunächst darauf an, wer die e. S. hat. An sich muß bei Scheidung die e. S. nicht zwingend geregelt werden. Lediglich wenn aufgrund des Getrenntlebens der Eltern ein entsprechender Antrag gestellt wird (§ 1671 I), ist die Übertragung auf den Antragsteller möglich. Da Adam wegen Rauschgiftsucht unter Betreuung steht, wird Eva vermutlich einen Antrag gestellt haben. Eva ist jedoch noch mj. Sie kann dann zwar die e. S. grundsätzlich bekommen; jedoch ruht sie gem. § 1673 II. Kain erhält deswegen gem. §§ 1773, 1774 einen VM. Dieser muß dann anfechten. Die Anfechtung muß dem Kindeswohl dienen, § 1600 a IV.

3. Nach neuem Recht können nicht nur Vater und Kind, sondern auch die Mutter die Vaterschaft anfechten, § 1600. Die Anfechtungsbefugnis ist höchstpersönlich, § 1600 a II 1. Für beschränkt geschäftsfähige Väter und Mütter bedeutet das, daß sie nur selbst anfechten können und hierzu nicht der Zustimmung ihres g. V. be-

dürfen, § 1600 a II 2. Eva kann daher zwar nicht im Namen von Kain, wohl aber im eignen Namen ohne Zustimmung ihrer Eltern anfechten. Das ist für sie auch unter dem Gesichtspunkt günstiger, daß bei ihrem Handeln im eigenen Namen keine Kindeswohlprüfung gem. § 1600 a IV durchzuführen ist.

Fall 13: Ein Kind mit zwei Vätern

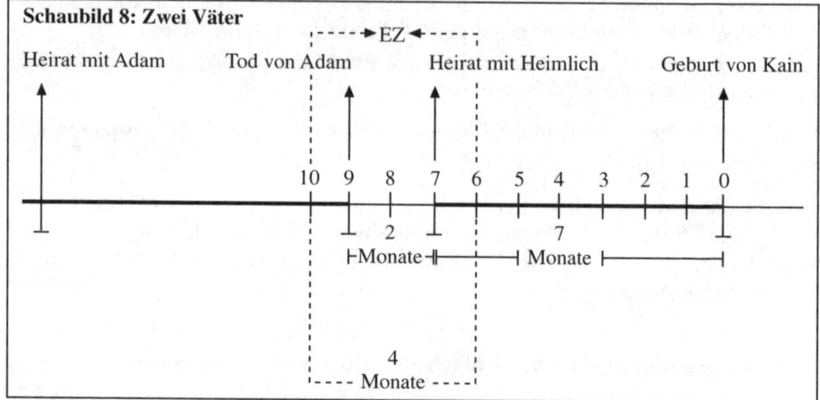

1. Gem. § 1592 Nr. 1 ist Vater eines Kindes der Mann, der zum Zeitpunkt der Geburt mit der Mutter des Kindes verheiratet ist. Da das Gesetz auf ein Verheiratetsein zum Zeitpunkt der Geburt abstellt und Eva zum Zeitpunkt der Geburt von K nicht mehr mit Adam verheiratet war, kann Adam eigentlich nicht der Vater von K sein. Dieses Ergebnis befriedigt jedoch nicht unbedingt. Warum sollte ein Kind, das nach dem Tod des Ehemannes seiner Mutter geboren wird, im Normalfall nicht mehr das Kind dieses Mannes sein? Wenn die Ehe der Mutter durch Scheidung aufgelöst worden ist, spricht die Lebenserfahrung dafür, daß das Kind nicht vom ehemaligen Ehemann der Mutter stammt, nicht jedoch wenn die Ehe durch Tod aufgelöst worden ist. Das Gesetz versucht daher – lebensnah – die beiden Fälle unterschiedlich zu beurteilen. Ist die Ehe durch Scheidung oder Eheaufhebung aufgelöst worden, so ist der ehemalige Ehemann nicht der Vater des Kindes. Ist die Ehe durch Tod aufgelöst worden, so ist der tote Ehemann der Vater, wenn das Kind innerhalb von 300 Tagen (= längstmögliche gesetzliche Empfängniszeit, die gem. § 1600 d III vom 180.–300. Tag vor der Geburt liegt), ausnahmsweise sogar später, § 1593 S. 2, nach Auflösung der Ehe geboren ist, § 1593 S. 1. Demnach wäre Adam Kains Vater.

2. Nach der Grundregel des § 1592 Nr. 1 ist K jedoch auch Kind des Heimlich, da seine Mutter zur Zeit seiner Geburt mit H verheiratet war.

3. Das Kind hätte also juristisch zwei Väter. Diese Ergebnis kann keinen Bestand haben. Das Gesetz sieht daher eine Lösung vor. § 1595 S. 3 bestimmt folgendes: »Wird von einer Frau, die eine weitere Ehe geschlossen hat, ein Kind geboren, das sowohl nach den Sätzen 1 und 2 Kind des früheren Ehemannes als auch nach

§ 1592 Nr. 1 Kind des neuen Ehemannes wäre, so ist es nur als Kind des neuen Ehemannes anzusehen.« Diese Regelung tritt kraft Gesetzes ein, ohne daß jemand dafür die Gerichte bemühen müßte. Ist allerdings der zweite Ehemann der Mutter mit diesem Ergebnis nicht zufrieden, kann er die Vaterschaft anfechten, § 1595 S. 4. Mit Rechtskraft des Urteils ist das Kind dann automatisch Kind des ersten Ehemannes.

Fall 14: Schon wieder zwei Väter

Die Antwort ist insoweit unrichtig, als das Wort »nur« zu streichen ist. Es trifft zweifelsfrei zu, daß die Beteiligten diesen aufwendigen, langwierigen und teuren Weg gehen können. Jedoch sollte ein Berater die Betroffenen vorrangig über die einfacheren Methoden der Problemlösung aufklären. Und einen solchen einfacheren Weg gibt es seit 1. 7. 1998.

Das Gesetz sieht in § 1599 II vor, daß Heimlich auf folgendem Weg Vater werden kann:
- Es muß sich um ein Kind handeln, das nach Stellung eines Scheidungsantrags geboren worden ist. – Das tifft für K zu.
- Die Betroffenen müssen ihre Aktivitäten innerhalb eines bestimmten zeitlichen Rahmens entfalten: Seit Rechtskraft des Scheidungsurteils darf nicht mehr als ein Jahr vergangen sein. Rückwärts betrachtet sieht das Gesetz keine ausdrückliche zeitliche Vorgabe vor. Der früheste Zeitpunkt ist daher die Stellung des Scheidungsantrags. – Vorliegend befinden sich die Beteiligten in diesem Zeitraum.
- Ein Dritter muß die Vaterschaft anerkennen. Dritter ist jeder Mann, der nicht der Ehemann der Mutter ist. – Heimlich ist in diesem Sinne Dritter.
- Eine Vaterschaftsanerkennung muß abgegeben werden. Dies geschieht in der Weise, daß der Dritte in öffentlich beglaubigter Form vor Standesamt, Jugendamt, Amtsgericht oder Notar (s. u. Fall 20) erklärt, daß er der Vater eines bestimmten Kindes sei (§§ 1594 I, 1597 I) und daß die Mutter des Kindes dem in entsprechender Form zustimmt (§§ 1595 I, 1597 I). Die Einschränkung des § 1594 II, daß eine Anerkennung nicht möglich ist, wenn schon ein anderer Mann Vater ist, gilt ausdrücklich nicht. – Eine solche Anerkennung wird H abgeben.
- Der bisherige Ehemann der Mutter muß der Anerkennung durch den Dritten ebenfalls in öffentlich beglaubigter Form zustimmen. Dies wird A machen.

Wenn die Betroffenen in der beschriebenen Weise vorgehen, dann wird die Anerkennung von H im Zeitpunkt der Rechtskraft des dem Scheidungsantrag stattgebenden Urteils rechtswirksam. A ist dann nicht mehr Vater von K. Dieser Zustand ist eingetreten, ohne daß seine Vaterschaft in einem Vaterschaftsanfechtungsprozeß beseitigt worden wäre.

Fall 15: Voraussetzungen der Vaterschaft außerhalb einer Ehe

Grundsätzlich müßte H für K nur dann Unterhalt zahlen, wenn K sein Kind wäre, §§ 1601. Wenn H Kain aber weder anerkannt hat (§ 1592 Nr. 2) noch dessen Vaterschaft gerichtlich festgestellt worden ist (§ 1592 Nr. 3), kann K gegen ihn auch keine Unterhaltsansprüche geltend machen. Vorher spricht gem. § 1600 d II lediglich eine Vermutung für seine Vaterschaft, wenn feststeht, daß er Eva während der gesetzlichen EZ (§ 1600d III) beigewohnt hat. H könnte dann allenfalls durch einstw. AO verpflichtet werden, dem K für die ersten drei Lebensmonate Unterhalt zu zahlen, § 1615 o I 1.

Fall 16: Einwilligung bei Anerkennung

1. Gem. § 1595 I ist zu einer wirksamen Anerkennung primär die Zustimmung der Mutter erforderlich. Wenn diese nicht die e. S. hat, ist auch die Zustimmung des Kindes nötig, § 1595 II. Für das Kind unter 14 Jahren muß sein g. V. zustimmen, § 1596 II 1, das Kind über 14 Jahren stimmt selber zu und bedarf dazu der Zustimmung seines gesetzlichen Vertreters, § 1595 II 2. Der g. V. des Kindes einer mj. Mutter ist, wenn kein vj. sorgeberechtigter Vater vorhanden ist, § 1626 a I, das JA als Amtsvormund, § 1791 c I.
Alle diese notwendigen Zustimmungen können nicht gerichtlich ersetzt werden. Wenn nur eine von ihnen fehlt, ist keine Anerkennung möglich. Die Vaterschaft kann dann nur durch eine Vaterschaftsfeststellungsklage geklärt werden, die der Vater gegen das Kind durchführen kann, § 1600d, e.

Evas Protest, auch wenn sie mj. ist, bewirkt daher,daß Heimlich nicht anerkennen kann.

2. Wenn H wegen einer Alkoholkrankheit unter Betreuung steht (§ 1896), ändert dies – obwohl der Betreuer g. V. ist, § 1902 – nichts an seiner Geschäftsfähigkeit. H kann daher selbständig ein Vaterschaftsanerkenntnis abgeben, § 1596 III. Wenn allerdings für den Bereich Vaterschaftsanerkennung ein Einwilligungsvorbehalt angeordnet worden ist, § 1903 I, muß der Betreuer gem. § 1596 III zustimmen.

Fall 17: Die Wahrheit bei der Anerkennung

1. § 1598 befaßt sich mit der Frage, wann ein Anerkenntnis unwirksam ist, und führt aus, daß dies bei Nichterfüllung der vorstehend genanten Erfordernisse der Fall ist. Unter diesen Erfordernissen wird nicht aufgezählt, daß der Anerkennende wirklich der Vater sein muß. Also ist Schleicher an keiner Anerkennung gehindert.

2. Wenn allerdings H schon anerkannt hat, ist ein weiteres Anerkenntnis gem. § 1600 b III grundsätzlich ausgeschlossen.

Fall 18: Anerkennung des biologischen Vaters bei juristisch falscher Zuordnung

1. Solange eine Vaterschaft im Verhältnis zu einem anderen Mann besteht, kann das Kind nicht anerkannt werden, § 1594 II. Erst wenn die Vaterschaft angefochten wäre, könnte H anerkennen (Sperrwirkung des § 1599 I) (s. dazu o. Fall 8).

2. Ob das unter 1. gewonnene Ergebnis für jeden Fall zutrifft, wird zweifelhaft, wenn man sich die zweite Konstellation vor Augen führt, d. h. wenn schon Vaterschaftsanfechtungsklage erhoben worden ist und H den positiven Prozeßausgang vermutlich nicht mehr erleben wird. Hier stellt sich die Frage, ob es nicht doch eine Möglichkeit gibt, um des Kindes willen dessen Rechtsbeziehungen zu seinem richtigen Vater abzusichern.
Zwar wäre eine Anerkennung, die für den Fall der erfolgreichen Vaterschaftsanfechtung abgegeben wird, eine Anerkennung unter einer Bedingung, und an sich erklärt § 1594 III solche Anerkennungen für unwirksam. Allerdings läßt § 1594 IV eine Ausnahme davon zu, wenn die Bedingung die Geburt des Kindes ist. Diese Ausnahme hat der Gesetzgeber im Interesse des Kindes geschaffen für den Fall, daß eine spätere Anerkennung durch den Mann schwierig oder unmöglich erscheint[19], was z. B. bei Auswanderungsabsichten oder schwerer Erkrankung des Mannes zutreffen könnte. Aufgrund dieser Tatsache hat der BGH[20] gefolgert, daß eine interessengerechte Auslegung es erfordere, das Verbot der Zweitvaterschaft dort nicht eingreifen zu lassen, wo die Geltendmachung der Nichtabstammung den Interessen des Kindes diene und ihm nur Vorteile bringe. Deshalb kann die Vaterschaft eines zweiten Mannes auch schon für den Fall anerkannt werden, daß die Nichtvaterschaft des ersten Mannes rechtswirksam festgestellt wird. Der Standesbeamte darf die Vaterschaft allerdings erst dann am Rande des Geburtseintrags vermerken, wenn die Feststellung der Nichtvaterschaft rechtswirksam geworden ist.

3. Auch für den Fall, daß ein falscher Vater die Vaterschaft anerkannt hat, gilt im Verhältnis zum richtigen Vater § 1594 II. D. h. S könnte nicht anerkennen, solange das Anerkenntnis von H existiert.

Allerdings wird er – gestützt auf die unter 2. erörterte Rspr. des BGH – für den Fall anerkennen können, daß die Vaterschaft des H rechtskräftig angefochten worden ist. Eine solche Anfechtung ist möglich gem. § 1599 I.

Fall 19: Pränatales Vaterschaftsanerkenntnis

H muß nur dann für K's Unterhalt aufkommen, wenn er im Rechtssinn K's Vater ist.

1. Zunächst hat H vor der Geburt von K ein notarielles Vaterschaftsanerkenntnis abgegeben. Dies ist gem. § 1594 IV grundsätzlich möglich. Allerdings gelten auch bei einem pränatalen Anerkenntnis die §§ 1595 I und II, wonach die Mutter

19 Amtl. Begründung zum NEhelG, BT-Drucks. V 72370, S. 27.
20 V. 17. 12. 1986, FamRZ 1987, 375.

und bei deren Minderjährigkeit das Kind bzw. sein g. V. zustimmen muß. Da vor der Geburt im Rechtssinne weder ein Kind noch ein g. V. da ist, muß gem. § 1912 ein Pfleger für die Leibesfrucht bestellt werden. Dies ist hier unterblieben. Das Anerkenntnis kann daher – jedenfalls jetzt – keine Wirkungen entfalten, § 1598 I.

2. Bei Geburt des Kindes war Eva mit Adam verheiratet. K ist daher in einer Ehe geboren und somit rechtlich gem. § 1592 Nr. 1 Kind von Adam. H ist nicht unterhaltspflichtig.

3. Soll H unterhaltspflichtig werden, muß die Vaterschaft von A beseitigt und die Vaterschaft des H festgestellt werden. Wenn Adam hierbei nicht mitwirken will (§§ 1599 I, 1600), kann K gem. §§ 1599 I 1, 1600, 1600 a IV unbefristet Anfechtungsklage erheben. Beklagter wäre Adam, Kläger K, vertreten wegen §§ 1629 II 1, 1795 II, 181 durch einen Ergänzungspfleger (§ 1909). Denkbar wäre es auch, entweder eine Sorgerechtsregelung gem. § 1671 anzustreben oder dem Adam gem. § 1666 das Sorgerecht wegen Vernachlässigung zu entziehen oder – wenn er »untergetaucht« ist – das Ruhen seiner e. S. gem. §§ 1674, 1675, 1678 festzustellen. In allen Fällen müßte dem K dann ein VM gem. §§ 1773, 1774 S. 1 bestellt werden, da Eva wegen ihrer MJ ihre e. S. gem. §§ 106, 1673 II, 1675 nicht ausüben könnte.
Hat die Anfechtung Erfolg, ist K im Verhältnis zum Vater statuslos, und es kann eine neue Vaterschaft festgestellt werden, §§ 1600 a ff. In Betracht kommt
– ein Rechtswirksammachen der pränatalen Anerkennungdurch Abgabe der fehlenden Zustimmungen, § 1595 d da es für das Liefern der Zustimmungen keine Fristen gibt. Der Mann kann allerdings nach einem Jahr seine Anerkennung widerrufen, § 1597 III;
– die Abgabe eines neuen Anerkenntnisses gem. §§ 1594–1597;
– die gerichtliche Feststellung der Vaterschaft gem. §§ 1600d, e.

Anmerkung: Auch wenn die pränatale Anerkennung bereits vor der Geburt alle Voraussetzungen erfüllt hätte, weil ein Pfleger für die Leibesfrucht eingewilligt hätte, wäre K bei der Geburt Kind von A geworden. Auch ein vorgeburtliches Anerkenntnis kann erst mit der Geburt wirksam werden. Und konkurrieren bei der Geburt zwei Väter miteinander, so hat im Interesse des Kindes der Ehemann der Mutter Vorrang, gleichgültig ob die Voraussetzungen für den Erwerb der anderen Vaterschaft zeitlich früher geschaffen worden sind. Nach erfolgreicher Vaterschaftsanfechtung wäre dann allerdings keine neue Vaterschaftsfeststellung nötig; die pränatale Anerkennung durch H würde sofort ihre Wirkungen entfalten.

Fall 20: Formerfordernisse

Gem. § 1600 e I 1 müssen Anerkennung und Zustimmungen der Beteiligten öffentlich beurkundet werden. Dies können tun: Notar (§ 20 BNotO), AmtsG (§ 62 BeurkG), JA (§ 59 I Nr. 1 KJHG), Standesbeamter (§ 29 a PStG) und das Prozeßgericht (= Gericht, vor dem die Vaterschaftsfeststellungsklage anhängig ist)

(§ 641 c ZPO). Die Zustimmung des g. V. zu einer solchen Erklärung ist ebenfalls in öffentlich beurkundeter Form abzugeben, § 1597 I.

Fall 21: Irrtümliche Anerkennung

S kann seine Anerkennung gem. §§ 1599 I, 1600 anfechten. Dafür müßte er innerhalb von 2 Jahren seit Kenntnis (§ 1600 b I, II) Klage vor dem FamG erheben, § 1600e.

Macht H im Verfahren der Vaterschaftsanfechtung geltend, daß seine Anerkennung unter einem Willensmangel gelitten habe, dann gelten andere Vaterschaftsvermutungen als wenn er nur behauptet , das Kind stamme nicht von ihm.

In einem »normalen« Vaterschaftsanfechtungsverfahren wird vermutet, daß das Kind von dem Mann, dessen Vaterschaft nach § 1592 Nr. 1 und 2, § 1593 besteht, abstammt. Diese Vermutung muß der Mann widerlegen.

Ficht der Mann dagegen an, weil er sich geirrt hat oder weil er arglistig getäuscht oder bedroht worden ist, dann gilt die Vaterschaftsvermutung, die bei der Vaterschaftsfeststellungsklage eingreift (§ 1600c II). Hier wird als Vater vermutet, wer der Mutter während der Empfängniszeit beigewohnt hat (§ 1600d II). Allerdings gilt diese Vermutung schon dann nicht, wenn schwerwiegende Zweifel an der Vaterschaft bestehen (§ 1600 d II 2). Die Gründe, die die Rechtsprechung hier akzeptiert oder nicht akzeptiert, sind ausgesprochen vielfältig. Sie reichen von dem berühmten Dirneneinwand (ja) bis zu der nachgewiesenen Tatsache des Gebrauchs empfängnisverhütender Mittel (nein). Sie sind in den Kommentaren zum BGB differenziert dargestellt [21] .Jedenfalls braucht der Mann hier nicht den vollen Beweis des Gegenteils zu erbringen.

Fall 22: Mehrere potentielle Väter

Wenn H die Vaterschaft nicht anerkennt, kann eine Vaterschaftsfeststellung nur auf gerichtlichem Wege gem. § 1600 d erfolgen. Im Prozeß wird zunächst gem. Abs. 2 vermutet, daß das Kind von dem Mann stammt, der der Mutter in der EZ beigewohnt hat. Will H die Vermutung widerlegen, muß er **beweisen**, daß er Eva in der EZ nicht beigewohnt hat. Ist ihm dies nicht möglich, kann er nur mit Hilfe naturwissenschaftlicher Verfahren nachweisen, daß das Kind nicht von ihm stammen kann. Nicht genügt es zu beweisen, daß in der EZ auch andere Männer mit der Kindesmutter verkehrt haben. Die notwendigen und zumutbaren medizinischen Untersuchungen zur Feststellung der Vaterschaft muß H gem. § 372 a ZPO hinnehmen[22].

---

21 vgl. *Palandt/Diederichsen* § 1600 o a. F. Rdnr. 14 ff.

22 Diese Vorschrift gilt nicht nur für potentielle Väter, sondern auch für andere Personen (z. B. Mütter, Großeltern), deren Untersuchung zur Klärung von Abstammungsfragen beitragen kann. Vgl. OLG Karlsruhe v. 16. 10. 1991, FamRZ 1992, 334.

Die Rechtskraft eines Urteils erstreckt sich nur auf die Parteien, die den Prozeß geführt haben. Allerdings kann das Urteil gleichwohl Wirkungen für Dritte haben und sei es auch nur, daß der Dritte im Falle des Unterliegens des Klägers nunmehr selber in Anspruch genommen wird. Diese Situation liegt vor, wenn mehrere Männer der Mutter in der EZ beigewohnt haben und diese bei Abweisung der Klage gegen den ersten nacheinander in Anspruch genommen würden. In einer solchen Situation ist es sinnvoll, die Dritten gleich am ersten Rechtsstreit zu beteiligen. Man nennt diese Beteiligung **»Streithilfe« (Nebenintervention)**, und sie ist vorgesehen in § 66 ZPO. Sie dient dazu, zur eigenen Entlastung Dritten die Möglichkeit zu geben, ihre Argumente zugunsten des Klägers hier gleich mit einzubringen (Prozeßökonomie). Den Vorgang, mit dem man Dritten das Schweben des Rechtsstreits zur Kenntnis bringt und sie auffordert, sich als Helfer zu beteiligen, nennt man **»Streitverkündung«**, § 72 ZPO. Im vorliegenden Fall sollte das JA dem Schleicher den Streit verkünden, § 641 b ZPO. Dieser könnte dann im folgenden Prozeß des Kindes gegen ihn alle die Dinge, die zuvor Grundlage der Entscheidung waren, nicht mehr vorbringen, §§ 74, 68 ZPO.

V. Künstliche Abstammung: Annahme als Kind

Fall 23: Alter und Geschäftsfähigkeit (nach OLG Hamm v. 14. 9. 1981, FamRZ 1982, 194)

1. Aus § 1743 S. 2 folgt, daß Eva zu jung ist, so daß eine gemeinsame Annahme durch das Ehepaar nicht in Betracht kommt. Die Frage ist, ob Adam vielleicht gem. § 1741 II 4 alleine adoptieren kann. Bis zum 30. 6. 1998 kam das auch nicht in Frage, da Eva nicht in der Geschäftsfähigkeit beschränkt, sondern nur nicht adoptionsfähig ist. Seit 1. 7. 1998 ist es jedoch möglich. Wenn Eva dann 21 Jahre alt ist, kann sie gem. § 1742 ebenfalls adoptieren.

2. Allerdings setzt jedes rechtsgeschäftliche Tun voraus, daß der Annehmende geschäftsfähig ist. Die Tatsache, daß Eva unter Betreuung steht, beeinträchtigt ihre Geschäftsfähigkeit nicht, vgl. §§ 1896, 1902. Es wäre nur zu prüfen, ob sie etwa gem. § 104 Nr. 2 geschäftsunfähig ist. Trifft das nicht zu, könnten Adam und Eva adoptieren, sofern dies dem Wohl des Moses dient, § 1741 I. Daran wird es möglicherweise vorliegend fehlen.
Ist Eva geschäftsunfähig, so könnte Adam allein adoptieren, wenn dies dem Kindeswohl diente. – Nur in Ausnahmefällen sind Konstellationen denkbar, bei denen trotz fehlender Geschäftsfähigkeit eines Elternteils die Kindesannahme nur durch den anderen Elternteil dem Kindeswohl entspräche. Etwa: Ein Kind ist bei Pflegeeltern aufgewachsen, die Adoption scheitert am Widerstand der leiblichen Mutter. Nun stirbt diese. Inzwischen ist ein Pflegeelternteil verunglückt und hat eine so schwere Gehirnverletzung davongetragen, daß er geschäftsunfähig ist. Der gesunde Pflegeelternteil kann allein adoptieren. Im vorliegende Fall ist es höchst unwahrscheinlich, daß A und E ein Kind zur Adoption bekämen. Es gibt so viele

Adoptionsbewerber, so daß man sich keine kranken Eltern auszusuchen braucht.

Fall 24: Annahme des eigenen Kindes

1. Das bis zu 30. 6. 98 geltende Recht kannte eheliche und nichteheliche Kinder. Weil es nichtehelichen Kindern gesellschaftlich (rechtlich schon lange nicht mehr wirklich) oftmals nicht besonders gut ging, gestattete das Recht, daß Mütter ihre eigenen nichtehelichen Kinder adoptieren konnten. Es erlaubte auch den Vätern nichtehelicher Kinder, sie zu legitimieren oder zu adoptieren. Hierdurch wurden die Kinder nicht eheliche Kinder in dem Sinn, daß ihre Eltern verheiratet waren, aber sie erhielten eine Rechtsstellung, die der von Kindern entsprach, deren Eltern verheiratet waren. Diese Möglichkeit der Adoption eigener Kinder gab es aber ausdrücklich immer nur für nichteheliche Kinder, insoweit war der Gesetzeswortlaut völlig eindeutig, und die Gerichte widerstanden auch der Versuchung, die Adoptionsmöglichkeit auf eheliche Kinder (aus geschiedenen Ehen) auszudehnen[23].

Im Laufe der Zeit nahm die gesellschaftliche Diskriminierung nichtehelicher Kinder sowieso immer mehr ab, so daß zum Schluß dem »Durchschnittsbürger« gar nicht mehr vermittelt werden konnte, warum man eigene Kinder sollte adoptieren können. Darüber hinaus entdeckte man auch zunehmend die Wichtigkeit von Vätern in der Entwicklung von Kindern, das Recht auf Kenntnis der eigenen Abstammung und die Elternverantwortung, die nicht mit elterlicher Sorge identisch ist. Nach dieser Entwicklung war keine Diskussion mehr nötig, um den Gesetzgeber davon zu überzeugen, daß die Adoption eigener Kinder in die Rechtsgeschichte gehörte.

2. In Ihrer Beratung haben Sie also klar zum Ausdruck zu bringen, daß es keine Adoption eigener Kinder mehr gibt. Sie haben Eva zu vermitteln, daß ihr Kind ein Recht darauf hat zu wissen, wer sein Vater ist, und daß sie Adam daher nicht aus dem Leben von Kain verbannen kann. Sie haben ihr ferner zu verdeutlichen, daß es Adams Rechtspflicht ist, sich um sein Kind zu kümmern. Zwar kann Adam Eva nicht zwingen, ihn an der e. S. zu beteiligen. Aber sein Umgangsrecht, das ihm kraft Gesetzes zusteht, kann ihm nur unter den Voraussetzungen der §§ 1666, 1684 IV 2 weggenommen werden. Im übrigen hat das Kind selber ein Recht auf Umgang mit beiden Elternteilen, § 1684 I Hs. 1.

Fall 25: Einwilligung des gesetzlichen Vertreters

1. Wenn Eltern verheiratet sind und zusammenleben, haben sie gemeinsam das Sorgerecht, §§ 1626 a I a. e. c. i. V. m. §§ 1626, 1629.

---

23 So OLG Hamm v. 13. 6. 1978, FamRZ 1978, 735.

2. Nicht verheiratete Eltern haben gemeinsam das Sorgerecht, wenn sie Sorgeerklärungen abgegeben haben, § 1626a I Nr. 1. Dann sind beide g. V. und müssen beide einwilligen.

3. Bei einem Kind, dessen Eltern geschieden sind, kommt es darauf an, wer das Sorgerecht hat. Da die Scheidung kein zwingender Anlaß ist, das Sorgerecht zu regeln, kann es sein, daß noch beide Eltern g. V. sind. Dann müssen auch beide einwilligen. – Es kann aber auch sein, daß anläßlich der Scheidung einer der Eltern einen Antrag auf Übertragung des Sorgerechts gestellt und das Sorgerecht erhalten hat (§ 1671). Dann willigt der Sorgeberechtigte allein ein.

4. Auch hier kommt es wieder darauf an, wer Sorgerechtsinhaber war. Waren die Eltern verheiratet und lebten sie zusammen, so hatte aufgrund des Todes der Vater allein das Sorgerecht (§ 1680 I). Dasselbe gilt, wenn die Eltern nicht verheiratet waren, aber Sorgeerklärungen abgegeben hatten (§ 1626a I Nr. 1). – Hatte dagegen nur einer das Sorgerecht (was auf verschiedenen Gründen beruhen kann), dann kann bei Tod der Mutter entweder dem Vater das Sorgerecht durch das Gericht übertragen (§ 1680 II) oder es kann ein Vormund bestellt worden sein (§§ 1773, 1774). Vater oder Vormund müssen dann einwilligen.

5. Bei einem Kind mit lediger vj. Mutter ist diese gem. § 1626a II alleinige Sorgerechtsinhaberin und muß deshalb einwilligen.

6. Bei einem Kind mit lediger mj. Mutter ist das JA Amtsvormund.

7. Ein Waisenkind in einem Heim hat aus Anlaß des Todes seiner Eltern einen Vormund bekommen (§§ 1773 I, 1774 S. 1). Dieser muß einwilligen.

8. Ein Findelkind muß, damit eine Adoption überhaupt durchgeführt werden kann, einen Vormund erhalten (§§ 1773 II, 1774 S. 1). Dieser muß einwilligen.

Wenn Eltern nach § 1747 als Inhaber des grundrechtlich geschützten Elternrechts eingewilligt haben oder ihre Einwilligung gem. § 1748 ersetzt worden ist, dann brauchen sie, da ihre e. S. nunmehr gemäß § 1751 I 1 ruht, gar nicht mehr als g. V. einzuwilligen, § 1746 III Hs. 2.

Fall 26: Einwilligung in zwei Adoptionen (OLG Hamm v. 14. 2. 1991, FamRZ 1991, 1230)

Das Gericht hat darüber zu entscheiden, ob es die Einwilligung des JA ersetzen kann, da dieses die Einwilligung ohne triftigen Grund verweigert.
Die Einwilligung des JA wird ohne triftigen Grund verweigert, wenn die zweite Einwilligung der Mutter wirksam ist und der angestrebten Adoption auch sonst keine unausräumbaren Hindernisse entgegenstehen.
Zweifel an der Wirksamkeit der Einwilligung der Mutter könnten deshalb bestehen, weil ihre Erklärung die zweite dieser Art ist und weil das Gesetz in § 1750 II 2 Hs. 1 vorsieht, daß Einwilligungen unwiderruflich sind. Die Abgabe einer zweiten Willenserklärung ist jedoch kein Widerruf der ersten. Sie ist vielmehr eine alternative Erklärung in dem Wissen, daß (nur) eine von ihnen zum »Erfolg«

führen wird. Ob ein solches Vorgehen zulässig ist, läßt sich dem Gesetz nicht eindeutig entnehmen. Nach dem vor 1. 7. 98 geltenden Adoptionsrecht war in § 1747 II 2 Alt. 1 BGB a. F. immerhin ein Hinweis vorhanden, der für eine Zulässigkeit sprach. Dort wurde der Fall behandelt, daß das Kind zu Dritten in Adoptionspflege gegeben worden ist, die Mutter hierzu ihre Einwilligung gibt, nunmehr der Vater erklärt, sein Kind adoptieren zu wollen, und die Mutter nunmehr hierein einwilligt. – Die Tatsache, daß diese Vorschrift jetzt nicht mehr im Gesetz steht, bedeutet aber nicht, daß das, was sie geregelt hat, nunmehr nicht mehr gelten soll. Sie ist vielmehr weggefallen, weil aufgrund des Wegfalls der Nichtehelichkeit und der Sondersituation für nichteheliche Väter eine derartige Regelung überflüssig geworden ist. In den Materialien zum KindRG wird nirgendwo erwähnt, daß die Abgabe von zwei Einwilligungserklärungen unzulässig sein soll. So haben die Gerichte auch weiterhin keinen Zweifel daran, daß leibliche Eltern gleichzeitig alternativ ihre Einwilligung für die Inkognito-Adoption X oder Y erteilen können. Daß im vorliegenden Fall die Erklärungen zeitlich nacheinander und nicht gleichzeitig abgegeben werden, kann ihrer Wirksamkeit keinen Abbruch tun.
Zusammenfassend läßt sich daher feststellen, daß auch die zweite Einwilligungserklärung der E wirksam war, im übrigen keine Adoptionshindernisse bestehen und die Verweigerung der Einwilligung des JA als gesetzlicher Vertreter somit ohne triftigen Grund erfolgt. Daher kann das Gericht die Einwilligung gem. § 1746 III ersetzen. Die Ersetzung kann durch die Adoptivbewerber »beantragt« werden, weil § 1746 III sogar ein Tätigwerden vAw vorsieht.

Fall 27: Betreute leibliche Eltern

1. K ist ein Kind einer ledigen Mutter. Es hat demnach zwar eine juristische Mutter (§ 1591), aber zunächst keinen Vater (a. e. c. § 1592). Dieser müßte über Vaterschaftsanerkennung (§ 1592 Nr. 2) oder gerichtliche Vaterschaftsfeststellung (§ 1592 Nr. 3) gefunden werden. Dies ist auch nicht überflüssig angesichts der Tatsache, daß K adoptiert werden soll und dadurch sowie die Rechtsbeziehungen zu seinen leiblichen Eltern abbrechen, § 1755. Jedes Kind hat ein Recht auf Kenntnis seiner Abstammung[24], und der Staat muß dazu beitragen, daß dieses Recht realisiert werden kann.

Es sollte also zunächst die Vaterschaft des K geklärt werden. Da A unter Betreuung steht, kommt es darauf an, ob er geschäftsfähig ist oder nicht. Ist er es, muß er selber anerkennen (§ 1596 III). Ist er geschäftsunfähig, muß sein g. V. mit Genehmigung des FamG anerkennen (§ 1596 I 3). Jedenfalls hätte K nunmehr zwei Eltern.

2. Für die wirksame Adoption eines Kindes ist es nötig, daß seine Eltern (§ 1747) und sein g. V. (§ 1746) einwilligen.

24 so BVerfG v. 18. 1. 1988, FamRZ 1989, 147 sowie BVerfG v. 31. 1. 1989, RamRZ 1989, 255.

Für die Einwilligung als Eltern kommt es wieder darauf an, ob diese geschäftsfähig sind oder nicht. Sind sie es, müssen sie trotz Betreuung ihre Einwilligung persönlich abgeben. Da diese Einwilligungen höchstpersönliche Recht sind, ist weder der Betreuer befugt zu handeln, noch könnte ein Einwilligungsvorbehalt für den Aufgabenkreis Adoption gemacht werden (§ 1903 II). Aus diesem Grund kann der Betreuer selbst dann nicht einwilligen, wenn die Eltern nicht geschäftsfähig sind. Vielmehr bestimmt das Gesetz (§ 1747 IV Alt. 1), daß dann gar keine Einwilligung erforderlich ist.

3. Für die Einwilligung gem. § 1746 ist entscheidend, wer g. V. von K ist. K ist Kind einer ledigen Mutter. Daher hat grundsätzlich E gem. § 1626 a II das Alleinsorgerecht für K. Daran würden nur Sorgeerklärungen beider Eltern etwas ändern. Bei dem beschriebenen Sachverhalt würde sicher niemand A und E ermutigen, Sorgeerklärungen abzugeben. Die Frage, ob dies überhaupt geht, wenn etwa einer von ihnen nicht geschäftsfähig ist, soll daher an dieser Stelle nicht weiterverfolgt werden[25]. Vorliegend hat E das Sorgerecht, solange sie geschäftsfähig ist. So, wie sie im Sachverhalt beschrieben wird, trifft dies nicht zu. Es müßte daher gem. §§ 1673 I, 1773 I, 1774 S. 1 ein VM bestellt werden. Dieser wäre der g. V., der gem. § 1746 in die Adoption von K einwilligen müßte.

Fall 28: Rechte des leiblichen Vaters

1. Solange A nur der biologische Vater von M ist und nicht sein juristischer, hat er keinerlei Rechte. Er müßte also als erstes die Vaterschaft anerkennen (§ 1594 I). Wenn E sich dem nicht widersetzt, d. h. ihre Zustimmung erteilt (§§ 1592 Nr. 2, 1595 I), ist A nunmehr auch Vater im adoptionsrechtlichen Sinn.

Eine Adoption des eigenen Kindes sieht das Adoptionsrecht nicht mehr vor. A muß daher anders vorgehen. Er muß selber Sorgerechtsinhaber werden, dann kann er M zu sich nehmen. In einer Situation wie der vorliegenden kommt in Betracht, daß A sich durch das FamG das Sorgerecht von E übertragen läßt, § 1672. Hierzu muß A einen Antrag stellen, und E muß zu dem Antrag ihre Zustimmung geben. Stimmt sie zu, wird das Gericht dem Adam das Sorgerecht übertragen, wenn dies dem Wohl des Kindes dient[26]. Durch den gerichtlichen Beschluß nach § 1672 hat A nur das Sorgerecht erhalten, alle anderen Rechtsbeziehungen zu E, z. B. gegenseitiges Umgangsrecht, Unterhalt und Erbrecht, bleiben jedoch bestehen. Wenn sie daher mit »loswerden« meinte, daß sie mit M gar keine Rechtsbeziehungen mehr haben will, so kann sie das hiermit nicht erreichen. Dies würde ihr nur mithilfe einer Adoption gelingen. Allerdings könnte diese – wie gesagt – nicht durch Adam, sondern nur durch Dritte erfolgen. Deshalb könnte es sein, daß sie zu dem Sorgerechtsantrag des A ihre Zustimmung verweigert. Das ist die Situation der Variante 1.

---

25 vgl. dazu *Dickerhof-Borello*, FuR 1998, 70 und 157

26 Hier werden ähnliche Kriterien zu prüfen sein wie nach altem Recht, nachdem auch die Adoption des ne. Kindes durch seinen Vater dem Kindeswohl dienen mußte. Vgl. dazu den Fall des BayObLG v. 16. 12. 1982, FamRZ 1983, 532.

2. Wenn E unter keinen Umständen will, daß das Kind zu A kommt, dann wird sie schon seinem Vaterschaftsanerkenntnis nicht zustimmen. Wenn A nämlich nicht Vater ist, braucht auch seine Einwilligung in die Adoption durch Dritte nicht vorzuliegen. Es ist dann gleichgültig, ob er damit einverstanden ist oder nicht. Die fehlende Zustimmung von E kann auch nicht gerichtlich ersetzt werden. A müßte dann schleunigst die gerichtliche Vaterschaftsfeststellung (§ 1592 Nr. 3) betreiben. Diese kann E nicht verhindern.

Gerichtliche Vaterschaftsfeststellungen dauern meistens ziemlich lang. Das Schicksal des Kindes würde deshalb lange in der Schwebe bleiben. aus diesem Grund macht das Adoptionsrecht eine Ausnahme von dem Erfordernis, daß das Geltendmachen von Vaterrechten nur möglich ist, wenn die Vaterschaft definitiv geklärt ist. Es sieht in § 1747 I 2 vor, daß als Vater und damit Einwilligungsberechtigter auch schon der Mann angesehen wird, der die Voraussetzungen des § 1600 d II 1, d. h. Beiwohnung der Mutter in der Empfängniszeit, glaubhaft macht. – Falls dem A dies gelingt, gilt er für den Zweck einer Adoption als Vater.

Wenn A entweder Vater im Rechtssinne ist (§ 1592 Nr. 2, 3) oder rechtlich als Vater fingiert wird (§ 1747 I 2), ist seine Einwilligung in die Adoption seines Kindes durch Dritte erforderlich. Gibt er sie nicht, kann das Kind grundsätzlich nicht adoptiert werden. Allerdings sieht das Adoptionsrecht vor, daß notwendige Einwilligungen aus verschiedenen Gründen ersetzt werden können. § 1748 I – III enthalten Ersetzungsgründe, denen ein schweres elterliches Fehlverhalten oder ein für das Kind unzumutbarerer Zustand bei den Eltern zugrunde liegt. Diese würden hier nicht vorliegen. § 1748 IV enthält einen weiteren Ersetzungsgrund, der nur eingreift, wenn die Mutter Alleinsorgeberechtigte gem. § 1626 a II ist. Davon ist vorliegend auszugehen. Es müßte dann feststehen, daß das Unterbleiben der Annahme dem Kind zu unverhältnismäßigem Nachteil gereicht. Hierzu enthält der Sachverhalt keine Ausführungen. Allerdings scheint es eher so, als wenn der E das Kindeswohl egal ist, während A sich sehr um das Kind bemüht. Wenn daher das Kind nicht schon längere Zeit in einer Pflegefamilie und dort fest verwurzelt ist, so daß eine Herausnahme nicht mehr verantwortet werden kann, ist es kaum vorstellbar, daß § 1748 IV hier durchgreifen würde.

Demnach bliebe es dabei, daß der Vater in die Adoption durch die Familie D einwilligen müßte, dies ablehnt und daher die Adoption durch Dritte nicht zustande kommt. Damit hat A eine Adoption durch Dritte verhindert, aber selber noch immer keine Rechte in bezug auf M.

A müßte nun wieder eine Antrag auf Sorgerechtsübertragung gem. § 1672 I stellen. Hierfür wäre an sich die Zustimmung von E vonnöten. Diese wird E jedoch nicht geben. Für diesen Fall sieht § 1751 I 6 vor, daß dann, wenn die Mutter in die Annahme des Kindes durch Dritte eingewilligt hat, ein Antrag des Vaters nach § 1672 I nicht mehr ihrer Zustimmung bedarf. Diese Vorschrift würde vorliegend dem A helfen, das Sorgerecht für M zu bekommen. Solange ein Übertragungsantrag nach § 1672 gestellt ist, dürfte über den Adoptionsantrag durch die Familie D gar nicht entschieden werden, § 1747 III Nr. 2. Wenn die Übertragung des Sorgerechts auf A dem Kindeswohl dient, könnte Eva sich mit ihrem Wunsch, M durch Familie D adoptieren zu lassen, nicht durchsetzen. Damit ließe auch ihr Wunsch, sich abstammungsmäßig von M zu trennen, nicht erfüllen. Das Gesetz zwingt sie, in der Verantwortung zu bleiben, solange der zweite Elternteil die Verantwortung will.

3. § 1741 II 3 sieht vor, daß ein Ehegatte das Kind seines Ehegatten allein annehmen kann. Demnach ist eine Adoption von M durch G grundsätzlich möglich. Sie muß dafür alle Voraussetzungen erfüllen, die bei jeder »normalen« Adoption zu erfüllen sind.

3.1 Die wichtigste Voraussetzung, die jedoch leider von der Praxis der Adoptionsvermittlungsstellen und FamGe speziell bei Stiefkindfällen häufig ignoriert wird, ist die, daß auch eine Stiefkindadoption dem Kindeswohl dienen muß, § 1741 I 1. Eine solche Adoption sollte daher nur dann befürwortet werden, wenn einerseits durch sie dem Kind nicht ein Elternteil weggenommen wird und wenn andererseits zu erwarten ist, daß die Ehe seines leiblichen Elternteils und des Stiefelternteils so stabil ist, daß das Kind nicht in absehbarer Zeit erneut einen Elternteil verliert. Auf keinen Fall ist es angemessen, die Stiefelternadoption mit der Begründung, daß die Betroffenen ja doch sowieso schon zusammenleben, als unausweichliche Notwendigkeit anzusehen.

3.2 Weitere Voraussetzung, die erfüllt sein muß, ist das Vorhandensein der nötigen Einwilligungen. Im vorliegenden Fall müßte A als g. V. gem. § 1746 I und als Ehegatte des Adoptierenden gem. § 1749 I 1 einwilligen. Das wird er tun. – Ferner müßten unabhängig von der e. S. A und E gem. § 1747 I einwilligen. Diesmal wird E, wenn sie A nicht gerade schikanieren will, freudig zustimmen, weil durch diese Stiefkindadoption endlich der von E lange ersehnte Zustand eintritt, daß sie M wirklich »los ist«. Gem. § 1755 II erlöschen nämlich alle Rechtsbeziehungen zwischen E und M, und gem. § 1754 I Alt. 2 wird M gemeinschaftliches Kind von A und G.

4. Wenn A eine Verzichtserklärung gem. §§ 1747 II Nr. 3 i. V. m. 1672 abgegeben hat, dann beinhaltet das, daß er die e. S. nicht haben will. Offenbar ersetzt diese Erklärung aber nicht die Einwilligung in die Adoption. Diese müßte gem. § 1747 I trotzdem abgegeben werden. Da nach § 1747 II Nr. 3 S. 3 auf die Verzichtserklärung § 1750 sinngemäß anzuwenden ist, ist sie unwiderruflich (§ 1750 II 2 Hs. 1). Das würde bedeuten, daß A keine Chance mehr hat, an die e. S. zu kommen.

Die analoge Anwendung der Vorschriften über die Einwilligung bedeutet jedoch auch, daß die Verzichtserklärung ihre Wirksamkeit verlieren kann. Dies trifft zwar nicht zu, wenn der Adoptionsantrag zurückgenommen oder die Annahme versagt wird, weil ein Verzicht – anders als eine Einwilligung – blanko erklärt wird und der erste Antrag durch einen weiteren ersetzt werden kann. Die Verzichtserklärung verliert jedoch ihre Kraft, wenn das Kind nicht innerhalb von drei Jahren seit dem Wirksamwerden der Erklärung (das ist mit Zugang beim Gericht) angenommen wird, §§ 1747 II Nr. 3 S. 3 i. V. m. 1750 IV 2[27].

Auf unseren Fall bezogen bedeutet das, daß die Tatsache der Rücknahme des Adoptionsantrages nicht zum Kraftloswerden der Verzichtserklärung führt, wohl aber das Verstreichen einer Frist von drei Jahren. Nach Ablauf dieser Zeit ist die Verzichtserklärung nicht mehr vorhanden, so daß A wieder einen Antrag auf Übertragung der e. S. nach § 1672 stellen und G anschließend M adoptieren kann.

Fall 29: Ersetzung der Einwilligung bei Drogenabhängigkeit und Straftaten (nach OLG Frankfurt v. 14. 2. 1983, FamRZ 1983, 531)

Die Ersetzung der Einwilligung in eine Adoption gem. § 1748 ist der gravierendste Eingriff in das Elternrecht, den unser Gesetz vorsieht. Entsprechend dem Grundsatz der Verhältnismäßigkeit kann sie daher nur erfolgen, wenn ein besonders schwerwiegendes, vollständiges Versagen der Eltern in ihrer Verantwortung vorliegt. Ein Verhalten der Eltern kann daher u. U. sowohl einen Tatbestand des § 1666 I als auch einen des § 1748 erfüllen, und dennoch kann die Ersetzung der Einwilligung unverhältnismäßig sein. Der § 1748 enthält in allen Tatbestandskonstellationen Formulierungen, die den jeweiligen Verhältnismäßigkeitsgrundsatz präzisieren. Gem. § 1748 hat das FamG auf Antrag des Kindes die Einwilligung eines Elternteils in die Adoption in vier Fällen zu ersetzen:

a) anhaltend gröbliche Pflichtverletzung + unverhältnismäßiger Nachteil bei Unterbleiben der Annahme (§ 1748 I 1 Alt. 1).
b) Gleichgültigkeit + unverhältnismäßiger Nachteil bei Unterbleiben der Annahme + Belehrung über die Ersetzungsmöglichkeit + Beratung über mögliche Hilfen (§ 1748 I 1 Alt. 2 II) + Ablauf von drei Monaten seit Belehrung.
c) Besonders schwere Pflichtverletzung + voraussichtliche Unmöglichkeit, das Kind in der Obhut **des** Elternteils zu belassen (§ 1748 I 2).
d) Besonders schwere geistige Gebrechen + Kausalität für dauernde Unfähigkeit, das Kind zu pflegen und erziehen + Unmöglichkeit für das Kind, in **einer** Familie aufzuwachsen + Kausalität für schwere Gefährdung der Entwicklung des Kindes (§ 1748 III).

Zu c): Eine besonders schwere Pflichtverletzung liegt bei dem gegebenen Sachverhalt nicht vor. Hier hat der Gesetzgeber an ganz gravierende Einzeltaten wie Sittlichkeitsdelikte, schwere Körperverletzungen, psychische Mißhandlungen etc. gedacht. Die Heroinsucht als solche gehört jedenfalls nicht dazu.

Zu a): Auch eine anhaltend gröbliche Pflichtverletzung ist nicht gegeben. Eine Pflichtverletzung kommt in diesem Zusammenhang nur in Betracht, sofern der Elternteil noch Rechtspflichten hat.

Da Eva jedoch vorliegend die PS entzogen war, müßten ihr Verletzungen hinsichtlich ihrer Restpflichten vorgeworfen werden können. Das Begehen von Straftaten

27 So überzeugend AmtsG Bruchsal v. 10. 12. 1990, FamRZ 1991, 980.

mit der möglichen Folge der Inhaftierung kann eine Pflichtverletzung darstellen, wenn ein Kind dadurch unversorgt und gefährdet ist. Da K jedoch in Krankenhaus, Heim und Pflegefamilie untergebracht war, konnte die Inhaftierung das Kind nicht gefährden.

Zu b): Ferner liegt keine Gleichgültigkeit vor. Zwar hat Eva den K nur selten besucht. Bei ihrer Situation und aus ihrer Begründung für ihr Verhalten läßt sich jedoch nicht erkennen, daß ihr das Wohl des Kindes nicht am Herzen liegt. Im Gegenteil: die Tatsache, daß sie mit den jeweiligen Unterbringungen ausdrücklich einverstanden war, zeigt, daß sie die Verantwortung für das Kind tragen wollte. Außerdem fehlt es an der notwendigen Beratung und Belehrung.

Zu d): Schließlich liegt bei Eva auch keine »besonders schwere psychische Krankheit« oder keine »besonders schwere geistige oder seelische Behinderung« vor. Zwar könnten Suchterkrankungen hierzu führen. Die Rspr. ist allerdings sehr zurückhaltend bei der Subsumtion unter dieses Tatbestandsmerkmal. So sind beispielsweise akute paranoide Schizophrenie mit ausgeprägten Wahnvorstellungen sowie schwere Psychopathie mit hochgradiger Stimmungslabilität, explosiver Reizbarkeit und Haltlosigkeit als schwere geistige Gebrechen qualifiziert worden. Der Zustand wie er hier bei Eva beschrieben ist, fällt sicher nicht darunter. Selbst wenn man dies jedoch annehmen wollte, käme es nicht zu einer Ersetzung, da K ja in **einer** Familie, seiner Pflegefamilie, aufwachsen kann[28].
Als Ergebnis ist daher festzuhalten, daß der Pfleger besser keinen Ersetzungsantrag stellen sollte.

Fall 30: Gleichgültigkeit gegenüber Heimkind

1. Gem § 47 II 1 Nr. 4 i. V. m. II 2 ist der Träger einer erlaubnispflichtigen Einrichtung (Heim) verpflichtet, der zuständigen Behörde (JA) jährlich eine Äußerung zu übermitteln, ob für das Kind die Annahme als Kind in Betracht kommt und ob Vermittlungsbemühungen bereits untenommen werden. – Der Heimleiter müßte daher seine Beobachtungen über Kain der zuständigen Adoptionsvermittlungsstelle mitteilen.

2. Gem. § 1747 II 1 ist die Einwilligung von E in eine Adoption nötig. Diese kann ausnahmsweise gem. § 1748 ersetzt werden. Hier kommt in Betracht: Gleichgültigkeit und unverhältnismäßiger Nachteil für K bei Unterbleiben der Adoption, § 1748 I 1 Alt. 2. Gem. § 1748 II i. V. m. § 51 I, II KJHG ist dann folgendes notwendig:
Das JA **muß** E gem. § 51 I KJHG darüber **belehren,** daß ihre Einwilligung gerichtlich ersetzt werden kann. – Des weiteren **soll** das JA die E gem. § 51 II KJHG **beraten,** was es für Möglichkeiten gibt, die Adoption zu vermeiden und den Verbleib des Kindes in der eigenen Familie zu ermöglichen. Dieser Beratung bedarf es dann nicht, wenn das Kind seit längerer Zeit bei dem Annehmenden in Fami-

28 Ebenso AmtsG Melsungen v. 21. 6. 1995, FamRZ 1996, 53; BGH v. 15. 10. 1996, FamRZ 1997, 85.

lienpflege lebt und bei seiner Herausnahme an den Elternteil eine schwere und nachhaltige Schädigung des körperlichen und seelischen Wohlbefindens des Kindes zu erwarten ist. Dieser Ausnahmefall ist nicht nur gegeben, wenn das Kind in Familienpflege ist, sondern auch wenn es sich bei einer Stiefkindadoption bei seinem Stiefelternteil befindet. Bei einer Heimunterbringung kann die Beratung nicht entfallen.
Wenn seit der Belehrung drei Monate verstrichen sind und nichts passiert ist, kann auf Antrag des Kindes – vertreten durch einen Ergänzungspfleger (§ 1909), der dem Kind auf Anregung des JA zu bestellen ist – das FamG die Einwilligung durch Beschluß ersetzen.

Fall 31: Ersatzmutterschaft (Teil II; Forts. v. S. 127)

1. Beurteilung des Vorgehens
Gleichgültig, durch wen A und E die Ersatzmutter Frau X gefunden haben, sie selber handeln nicht ordnungswidrig und machen sich auch nicht strafbar. Dies ergibt sich aus §§ 14a. e. c., 14b III AdVermiG (i. d. F. des Gesetzes vom 27. 11. 1989). Zwar ist das Vermitteln von Ersatzmüttern (§ 13c i. V. m. §§ 13a, 13b) und das Suchen oder Anbieten von Ersatzmüttern oder Bestelleltern durch öffentliche Erklärungen (§ 13d) seit dem 1. 12. 1989 untersagt. Ordnungswidrig handelt aber nur, wer durch öffentliche Erklärungen Ersatzmütter oder Bestelleltern sucht (§ 14 I Nr. 2c), und strafbar macht sich nur derjenige, der Ersatzmuttervermittlung betreibt. Beides trifft für A und E nicht zu. Allerdings ist das Handeln des Inserenten ordnungswidrig und das des Gynäkologen strafbar.

2. Die Antwort hängt davon ab, ob Frau X verheiratet ist oder ledig
2.1 Wenn Frau X verheiratet ist, hat weder Adam noch Eva eine Rechtsbeziehung zu K. Sie müßten dann als Ehepaar K gem. § 1741 II 2 adoptieren. Hierfür wären folgende Einwilligungen erforderlich:
- die des K bzw. des g. V. von K, § 1746 I 1,2. Das sind gem. § 1626 a I Herr und Frau X;
- die der grundrechtlich geschützten Eltern, § 1747 I. Das sind ebenfalls Herr und Frau X. Ihrer Erklärung nach § 1746 I bedarf es nicht, soweit sie nach §§ 1747, 1750 unwiderruflich in die Annahme eingewilligt haben, § 1746 III Hs. 2;
- A und E müßten einen Adoptionsantrag nach § 1752 beim FamG stellen.

Die Rechtsfolge wäre gem. § 1754 I Alt. 1, daß K gemeinschaftliches Kind von A und E ist.

2.2 Wenn Frau X nicht verheiratet ist und Adam die Vaterschaft anerkannt hat, braucht nur E den K zu adoptieren. Rechtsgrundlage hierfür ist § 1741 II 3 (Stiefkindadoption). Hierfür wären folgende Einwilligungen erforderlich:
- Die des K bzw. seines g. V. gem. § 1746 I 1,2. Das ist gem. § 1626 a II Frau X;
- die der grundrechtlich geschützten Eltern gem. § 1747 I. Das sind Frau X und bei Anerkennung der Vaterschaft durch A dieser.
- A als Ehegatte des Annehmenden gem. § 1749 I 1.

– Nur E müßte einen Adoptionsantrag gem. § 1752 beim FamG stellen.

Die Rechtsfolge wäre gem. § 1754 I Alt. 2, daß K gemeinschaftliches Kind von A und E ist.

2.3 Wenn Frau X nicht verheiratet ist und A die Vaterschaft nicht anerkannt hat, müßten ebenfalls A und E als Ehepaar adoptieren. Dann entfiele A's Einwilligung als Vater gem. § 1747 I.

3. Zusage

Die Zusage der Frau X, die adoptionsrechtlich als Einwilligung zu werten wäre, ist aus verschiedenen Gründen unwirksam:
- Sie kann erst 8 Wochen nach der Geburt abgegeben werden, § 1747 III 1.
- Sie muß notariell beurkundet sein, § 1750 I 2.
- Sie muß dem Gericht zugehen, § 1750 I 1.

Die Bereitschaft des Ehepaares S, die adoptionsrechtlich als Antrag zu qualifizieren wäre, ist ebenfalls unwirksam:
- Sie muß sich auf ein konkretes Kind beziehen, Arg. aus §§ 1741 ff.
- Sie muß ebenfalls notariell beurkundet sein, § 1752 II 2.
- Sie muß bei Gericht erklärt werden, § 1752 I.
- Es müßte eine »angemessene Pflegezeit« vorausgegangen sein, § 1744.

4. Nichthergabe des Kindes

Die Einwilligung von Frau X gem. § 1747 ist grundsätzlich unverzichtbar.
Eine Ersetzung der Einwilligung käme nur in den Fällen des § 1748 in Betracht, die bei ihrem Verhalten alle nicht vorliegen.

5. Verweigerung der Annahme

Ebensowenig wie auf die Einwilligung gem. § 1747 kann auf den Antrag gem. § 1752 verzichtet werden. Hier ist nicht einmal eine »Ersetzung« möglich, da es keine Zwangsadoptionen gibt.
Frau X müßte dann das Kind behalten oder nach anderen Adoptionswilligen suchen.

Fall 32: Aufhebung der Kindesannahme/Zweitadoption

1. Adoptionsaufhebung

Gem. § 1759 ist eine Aufhebung des Annahmeverhältnisses nur in den Fällen der §§ 1760, 1763 möglich.
§ 1760 betrifft den Sachverhalt, daß der Annahmeantrag oder eine erforderliche Einwilligung fehlte oder schwere juristische Mängel aufwies (§ 1760 I, II). Bei dieser Konstellation können bestimmte Personen (§ 1762 I) in bestimmten Fristen (§ 1762 II), wenn sie die Annahme nicht bestätigt haben (§ 1760 III–V) und der Aufhebung keine Aufhebungssperren (§ 1761) entgegenstehen, die Aufhebung **beantragen.** Der vorliegende Fall wird hiervon nicht erfaßt.

Gem. § 1763 kann die Annahme **vAw** aufgehoben werden, wenn dies aus schwerwiegenden Gründen zum Wohl des Kindes erforderlich ist und das Kind dadurch nicht familienlos wird. Das letztere ist nur der Fall, wenn
- die Annahme zu einem Elternteil bestehen bleibt oder
- ein leiblicher Elternteil Pflege und Erziehung übernehmen kann oder
- eine neue Kindesannahme vorgesehen ist.

Selbst wenn man also vorliegend aufgrund genauer Untersuchungen der Eltern zu dem Ergebnis käme, daß eine Aufhebung erforderlich wäre, käme sie nur dann in Betracht, wenn eine der übrigen Alternativen vorläge. Ob eine solche gegeben ist, läßt der Sachverhalt offen.

2. Zweitadoption

Zweitadoptionen, die auch die Aufhebung einer Erstadoption rechtfertigen (vgl. § 1763 IIIb), sind gem. § 1742 nur in sehr engen Grenzen möglich, nämlich in folgenden Fällen:
a) Die Erstadoptiveltern sind gestorben.
b) Das Kind ist zunächst nur Adoptivkind eines Elternteils, später möchte der andere Ehegatte auch adoptieren.
c) Die erste Adoption ist aufgehoben.

Soll eine Adoption im Interesse des Kindes von Amts wegen aufgehoben werden (§ 1763), dann müssen zu diesem Zeitpunkt schon neue Adoptivbewerber feststehen. Sonst könnte der Fall eintreten, daß das Kind nach der Aufhebung juristisch »in der Luft hängt«. In jedem Fall würde es sich bei dem Vorgang nicht um eine »Freigabe« i. S. d. § 1747 handeln. Vielmehr müßte die erste Adoption beseitigt und mit Einwilligung der leiblichen Eltern (§ 1764 III) eine neue Adoption durchgeführt werden.

3. Verhältnis Aufhebung–Zweitadoption

Vor einigen Jahren hat das AG Kerpen[29] dem BVerfG einen Adoptionsfall, in dem es um eine begehrte Zweitadoption geht, zur Entscheidung vorgelegt. In diesem war das Kind, das nach Scheidung der Eltern von seinem neuen Stiefvater adoptiert worden war, inzwischen volljährig geworden. Die zweite Ehe seiner Mutter mit seinem Stiefvater war geschieden, die Beziehung Sohn–Adoptivvater völlig zerrüttet, und die leiblichen Eltern hatten wieder geheiratet. Das Kind wollte nun wieder seinem leiblichen Vater juristisch zugeordnet werden.
Das AG stellte fest, daß dies nicht möglich sei. Die Aufhebungsmöglichkeit nach § 1763 gelte nur für mj., die nach § 1771 nur für vj. Kinder, die erst als Volljährige adoptiert worden seien. Für als MJ Adoptierte, die nun vj. seien, fehle eine entsprechende Regelung. Der Sohn könne daher unter keinem Gesichtspunkt wieder seinem leiblichen Vater zugeordnet werden. Es verstoße gegen Art. 6 GG, daß keine Zweitadoption durch den leiblichen Vater möglich sei.
M. E. ist es richtig, daß es mit dem GG unvereinbar ist, den jungen Mann auf seinen Adoptivvater quasi festzunageln. Allerdings würde es genügen, die erste

29 V. 26. 8. 1988, FamRZ 1989, 431.

Adoption aufhebbar zu machen, dann wäre das Kind automatisch wieder dem Kind zugeordnet. Daß der Vater das Kind hierfür sollte adoptieren müssen, scheint lebensfremd.

Kapitel 3

Eltern-Kind-Beziehung im allgemeinen

VI. Familiäre Rechtspositionen

Fall 33: Name des Kindes verheirateter Eltern

1. Gem. § 1355 I, II können die Eheleute den Familiennamen bestimmen. Es kann dies Kater (= Geburtsname von Herrn Löwe) oder Katze (= Geburtsname von Frl. Katze) sein. Treffen sie keine Bestimmung, hießen sie bis 5. 3. 1991 automatisch Kater (= Geburtsname des Mannes).
Die Regelung, daß bei Nichtbestimmung der Mannesname Ehename wird, wurde vom BVerfG am 5. 3. 1991[1] wegen ihres Verstoßes gegen Art. 3 II GG für verfassungswidrig erklärt. Am 1. 4. 1994 ist ein neues Namensrecht in Kraft getreten. Es enthält folgende Regelung: Treffen die Ehegatten bei einer Eheschließung keine Bestimmung gem. § 1355 III1 BGB, so behält jeder Ehegatte den von ihm zur Zeit der Eheschließung geführten Namen, § 1355 I 3.
Wählen sie den Namen Kater, kann Frau Katze sich Katze-Kater oder Kater-Katze nennen. Entscheiden sie sich für Katze, kann Herr Kater sich Kater-Katze oder Katze-Kater nennen, § 1355 IV.

2. Gem. § 1616 trägt K als Kind verheirateter Eltern (§ 1592 Nr. 1) den Ehenamen seiner Eltern (= der Namensteil, den beide Eheleute haben), also im Regelfall Kater.
Haben sie sich für keinen gemeinsamen Ehenamen entschieden, so gilt für den Kindesnamen folgendes: Die Eltern können vor der Beurkundung der Geburt des Kindes gegenüber dem Standesbeamten bestimmen[2], daß das Kind den Familiennamen des Vaters oder den Familiennamen der Mutter erhalten soll. Treffen sie keine Bestimmung innerhalb eines Monats nach der Geburt, so überträgt das FamG das Bestimmungsrecht einem Elternteil.
Das Gericht kann dem Elternteil für die Ausübung des Bestimmungsrechts eine Frist setzten. Ist nach Ablauf der Frist das Bestimmungsrecht nicht ausgeübt worden, so erhält das Kind den Namen des Elternteils, dem das Bestimmungsrecht übertragen worden ist (§ 1617 II).

3. Bei Scheidung der Eltern kann der Elternteil, der durch die Heirat seinen Geburts- oder vorher geführten Namen eingebüßt hatte, diesen wieder annehmen, § 1355 IV 2. Erhält dieser Elternteil, der seinen Geburtsnamen wieder angenom-

1 FamRZ 1991, 535.
2 Wenn die Geburt schon beurkundet ist, ist öffentliche Beglaubigung nötig, § 1617 I 2.

men hat, das Sorgerecht für das Kind und heißt das Kind jetzt anders als der Sorgeberechtigte, so besteht für das Kind – je nachdem wie alt es ist – gem. § 1617c II Nr. 2 die Möglichkeit der Anpassung des Namens. Ist es unter 5 Jahre, so folgt es automatisch. Ist es über 5 Jahre, so kann es sich der Namensänderung anschließen. Ist es über 14 Jahre, muß es eine entsprechende Erklärung sogar selber abgeben, bedarf aber dazu der Zustimmung des g. V. – Kätzchen kann also den Namen Katze bekommen.

4. Gem. § 1616 ändert sich auch in diesem Fall nichts automatisch am Namen des Kindes. Jedoch kommt eine sog. Einbenennung gem. § 1618 S. 1 in Betracht. Trägt das Kind den Namen des nicht mehr sorgeberechtigten Elternteils, so muß dieser in die Einbenennung einwilligen, weil das Kind den Namen dieses Elternteils verliert. – Soll Kätzchen jetzt also Tiger heißen und hieß es vorher Kater, so müssen Frau Katze und Herr Tiger K den Namen erteilen, das Kind über 5 Jahre und Herr Kater müssen einwilligen (S. 3). Notfalls kann die Einwilligung des Herrn Kater durch das FamG ersetzt werden (S. 4).

Fall 34: Der Name ist Schall und Rauch ...

1. Wenn K innerhalb einer Ehe geboren ist, dann ist die Frau, die ihn geboren hat, seine Mutter (§ 1591), der Ehemann der Frau sein Vater (§ 1592 Nr. 1), und beide sind »seine Eltern«. Wenn diese einen Ehenamen führen, erwirbt K diesen Namen, § 1616. Hier führen sie den Ehenamen Dick, also heißt er auch Dick.

2. Wenn die Vaterschaft eines Mannes mit Erfolg angefochten wird, so ändert sich nichts automatisch am Namen des Kindes. Gem. § 1617b II ist jedoch eine Änderung auf Antrag möglich. Das Kind kann unabhängig von seinem Alter einen Antrag stellen, der Mann nur, wenn das Kind noch nicht 5 Jahre alt ist. Allerdings führt ein solcher Antrag dazu, daß das Kind den Namen erhält, den die Mutter zur Zeit der Geburt des Kindes trug. – Im vorliegenden Fall führte Frau Dick diesen Namen als Ehenamen, und sie trug ihn zur Zeit der Geburt von K. Infolgedessen nutzt ein Antrag nichts, das Kind hat so oder so den Namen Dick.

3. Wenn die Mutter von K zur Zeit der Geburt des Kindes nicht verheiratet war, dann trug sie keinen Ehenamen, der gem. § 1616 auf das Kind übergehen konnte.
Im Normalfall hat dann K gem. § 1617a I den Namen, den seine Mutter zur Zeit seiner Geburt trug, als Geburtsnamen bekommen. Er heißt also Ledig. – Im Ausnahmefall kann er auch Heimlich heißen, das ist unter Nr. 4 dargestellt.

4. Denkbar ist auch, daß die Eltern von K, ohne verheiratet zu sein, ein gemeinsames Sorgerecht hatten (§ 1626a I Nr. 1). Dann konnten sie gem. § 1617 den Namen des Kindes bestimmen. Nach den sich hieraus ergebenden Möglichkeiten heißt das Kind entweder Ledig oder Heimlich.
Außerdem konnte Frau Ledig von der in § 1617a II vorgesehenen Möglichkeit Gebrauch machen. Hiernach kann ein Kind auch den Namen eines nicht sorgeberechtigten Elternteils erhalten, wenn er ihm durch Erklärung gegenüber dem

Standesbeamten erteilt wird. Dies bedarf der Einwilligung des Namensgebers und der des Kindes über 5 Jahre.

5. Ein Doppelname für das Kind ist, weder wenn die Eltern verheiratet noch wenn sie nicht verheiratet sind, vorgesehen. Ob die Eltern zusammenleben oder nicht, spielt ebenfalls keine Rolle.

6.a) Wenn K's Mutter Herrn Dünn geheiratet hat, so heißt K zunächst weiterhin Ledig, wie seine Mutter zur Zeit seiner Geburt, § 1617 a I. Die Heirat gibt seiner Mutter und seinem Stiefvater die Möglichkeit, ihn einzubenennen, § 1618. Dadurch kann K den Ehenamen seiner Mutter oder einen Doppelnamen bekommen. Er heißt dann also Dünn oder Dünn-Ledig oder Ledig-Dünn. Wenn ein Kind einen Doppelnamen hat, ist es also immer ein einbenanntes Kind, nie ein Kind, das diesen Namen von beiden leiblichen Elternteilen erhalten hat. Ausnahmsweise (»aus schwerwiegenden Gründen zum Wohl des Kindes erforderlich«) könnte es auch ein Adoptivkind sein, § 1757 IV Nr. 2.
b) Wenn Frau Ledig Herrn Heimlich, der der Vater von K ist, heiratet, dann haben die Eltern jetzt ein gemeinsames Sorgerecht (§ 1626 a I Nr. 2). Für den Namen des Kindes kommt es darauf an, ob die Eltern einen Ehenamen führen. Ist ihr Ehename Ledig, so herrscht sowieso Namensidentität zwischen allen Familienmitgliedern. Ist ihr Ehename Heimlich, so erwirbt K gem. § 1617 c I diesen Namen, wenn er unter 5 Jahren ist. Ist er über 5 Jahre, so kann er sich der Namensänderung anschließen. – Haben sie keinen Ehenamen, so kann der Name von K trotzdem gem. § 1617 b I innerhalb von 3 Monaten seit Heirat neu bestimmt werden, weil sie gemeinsam das Sorgerecht haben.

7. Wenn K nach § 1618 einbenannt worden ist und die Mutter nach Scheidung wieder ihren Mädchennamen annimmt, dann kann K ihr gem. §§ 1618 S. 6, 1617 c II Nr. 1 folgen und auch wieder Ledig heißen.

8. Eine zweite Heirat hat wieder keine automatischen Auswirkungen auf den Namen von K. Die Frage ist, ob er ein zweites Mal einbenannt werden kann. Der vor dem 1. 7. 1998 geltende § 1618 sah ausdrücklich vor, daß das Kind noch seinen Ursprungsnamen tragen mußte. Diese Einschränkung ist im neuen § 1618 nicht mehr vorhanden. Also können auch Frau Dünn bzw. Ledig und Herr Schmächtig gemeinsam dem Kind den Namen Schmächtig erteilen, wobei bei der ersten Einbenennung dem Geburtsnamen vorangestellte oder angfügte Namensteile entfallen (S. 2 Hs. 2). K kann demnach jetzt nur Schmächtig oder Ledig-Schmächtig oder Schmächtig-Ledig heißen.

Fall 35: Erwerb der Staatsangehörigkeit

Im Bereich des StA-Rechts sind zwei Lösungsmöglichkeiten denkbar:
1. Ein Kind erwirbt die StA, die die Eltern besitzen (Abstammungsrecht – ius sanguinis);

2. Ein Kind erwirbt die StA des Landes, wo es geboren wird (Bodenrecht – ius soli).

Das deutsche Recht (geregelt im RuStAG) folgt im wesentlichen dem Abstammungsrecht, nur für Findelkinder gilt das Bodenrecht. Gem. § 4 I 1 RuStAG erwirbt ein Kind die deutsche StA, wenn Vater oder Mutter Deutsche sind. Demnach ist K Deutscher. Ob K darüber hinaus eine ausländische StA erhält, K also »Doppelstaater« ist, richtet sich nach dem jeweiligen ausländischen Recht.
Nach spanischem Recht erwirbt ein Kind die spanische StA, wenn Vater oder Mutter Spanier sind (Art. 17 span. C. c.). Also ist K auch Spanier.
Nach argentinischem Recht (Art. 1 Nr. 1 des arg. StaatsangehörigkeitsG) gilt – wie in vielen Einwanderungsstaaten – das ius soli. Da K dort geboren ist, ist er außerdem Argentinier.
Ob K Mehrstaater bleibt, richtet sich danach, ob und welche StA er aufgibt. Nach deutschem Recht könnte er gem. § 26 RuStAG auf seine deutsche StA unter den dort genannten Voraussetzungen verzichten.

Fall 36: Bedeutung der Staatsangehörigkeit im Zivilrecht

1. Ist an einem rechtlich relevanten Vorgang ein Ausländer beteiligt, so handelt es sich um einen sog. Fall mit Auslandsberührung.

2. In Fällen mit Auslandsberührung (die auch auf gewöhnlichem Aufenthalt im Ausland, auf Belegenheit einer Sache im Ausland, auf Ereignissen im Ausland beruhen kann) ist zunächst die **internationale Zuständigkeit** zu prüfen, d. h. die Frage, ob deutsche Behörden und Gerichte hier überhaupt tätig werden dürfen oder den Fall den ausländischen Behörden überlassen müssen. Die internationale Zuständigkeit ist eine Verfahrensfrage und – sofern nicht internationale Abkommen als spezielles Recht vorgehen – in der ZPO oder dem FGG geregelt. Die Kindschaftsklagen, zu denen die Vaterschaftsanfechtung gehört, sind in den §§ 640 ff. ZPO geregelt. Dort bestimmt § 640 a II ZPO, daß die deutschen Gerichte zuständig sind, wenn eine der Parteien
- Deutscher ist oder
- ihren gewöhnlichen Aufenthalt im Inland hat.

Da K gem. § 4 I RuStAG deutsch ist – ob es darüber hinaus auch noch Italiener ist, spielt keine Rolle –, sind die deutschen Gerichte für die Klage zuständig.

3. Ist die internationale Zuständigkeit zu bejahen, so stellt sich weiter die Frage, ob in dem Prozeß nun **deutsches oder ein anderes materielles Recht** – hier etwa italienisches – anzuwenden ist. Die Frage des anzuwendenden Rechts ist eine des sog. **Internationalen Privatrechts.** Dieses findet sich – soweit nicht wieder internationale Abkommen vorgehen – im EGBGB.
Mit der Abstammung des Kindes befassen sich die Art. 19 und 20 EGBGB. Art. 19 regelt die Abstammung insgesamt, Art. 20 speziell die Anfechtung der Abstammung. Dort wird in Satz 1 ausgeführt, daß die Abstammung nach jedem Recht angefochten werden kann, aus dem sich ihre Voraussetzungen ergeben. Damit kann natürlich nicht jede beliebige Rechtsordnung gemeint sein, sondern jede, die gem. Art. 19 für die Klärung der Abstammung, d. h. für ihre Begründung, in Betracht kommt. Demnach kann die Anfechtung der Vaterschaft nach dem

Recht des gewöhnlichen Aufenthalts des Kindes, nach dem Heimatrecht des Vaters, nach dem Heimatrecht der Mutter sowie nach dem Recht des Ehewirkungsstatuts (Art. 14) durchgeführt werden. – Im vorliegenden Fall kommen daher in Frage:
- deutsches Recht, weil das Kind in Deutschland lebt
- deutsches Recht, weil die Mutter Deutsche ist
- italienisches Recht, weil der Vater Italiener ist
- deutsches Recht, weil dieses das Recht ist, was nach Art. 14 I Nr. 2 Alt. 1 die allgemeinen Ehewirkungen beherrscht.

Aus dem deutschen oder dem italienischen Recht – je nachdem, auf welches sich das Kind stützt – ergibt sich, wer anfechten kann und innerhalb welcher Frist dies geschehen muß. Demnach beurteilt sich die Anfechtungsbefugnis von K nach § 1600 und die Anfechtungsfrist nach § 1600b BGB.

4. **Zusammenfassend** ist daher festzustellen, daß in Fällen mit Auslandsberührung die StA sowohl bei der internationalen Zuständigkeit als auch beim anzuwendenden Recht eine Rolle spielen kann.

Fall 37: Wohnsitz

Gem. §§ 43, 36 FGG i. V. m. §§ 621a, 621 ZPO ist das Gericht am WS des Kindes zuständig. Die Frage ist, wo dieses seinen WS hat, wenn seine Eltern getrennte WSe begründet haben.
§ 11 gibt auf diese Frage keine Antwort, weil er nur von einem gemeinsamen WS der Eltern ausgeht. Zwei Möglichkeiten bieten sich als Lösung an: 1. Das Kind hat – abgeleitet von seinen Eltern – zwei WSe. 2. Das Kind hat seinen WS am letzten gemeinsamen WS seiner Eltern.
Die h. M. in Lit. und Rspr.[3] steht auf dem Standpunkt, daß das Kind zunächst zwei WSe hat. Allerdings werden die Eltern in den meisten Fällen einverständlich gem. §§ 11 S. 3; 7, 8 einen WS des Kindes aufzuheben; dies kann auch stillschweigend geschehen.
Sind wegen fehlender Einigung weiterhin zwei WSe des K vorhanden, so ist das Gericht zuständig, das zuerst mit der Angelegenheit befaßt wurde, § 4 FGG.

VII. Familiäre Rechtspflichten

Fall 38: Dienstleistungspflicht

1. Die Antwort regelt sich nach § 1619. Demnach ist Voraussetzung für eine Dienstleistungspflicht
- ein Kind, das dem elterlichen Hausstand angehört,

3 Vgl. dazu *Palandt/Heinrichs,* § 11 Rdnrn. 3, 4 sowie BGH v. 30. 11. 1983, DAVorm 1984, 510 und BGH v. 11. 7. 1990, FamRZ 1991, 1226.

- ein Kind, das von den Eltern erzogen (= mj.) **oder** unterhalten (= mj. oder vj.) wird,
- Eltern, die für ein Hauswesen **oder** ein Geschäft Leistungen fordern,
- Dienstleistungen, die den Kräften und der Lebensstellung des K entsprechen.

Zum vierten Spiegelstrich ist anzumerken, daß die Lebensstellung des K sich nach der der Eltern richtet und daß es bei den Kräften im wesentlichen auf die körperlichen und geistigen Fähigkeiten, die Gesundheit und die Erziehungsbedürftigkeit des Kindes ankommt.
Demnach wird man sagen können, daß von dem **Studenten** folgende Dienstleistungen verlangt werden können: a) ja b) ja c) wohl nicht, da hierfür normalerweise ein ziemlicher Arbeitseinsatz erforderlich ist.

2. Für den **Schüler** wäre das Ergebnis: a) ja b) nein c) nein.

3 a) **Entgelt:** Entgelt kommt, sofern es nicht vertraglich vereinbart ist, nicht in Betracht. Die Dienstleistungen sind ein Äquivalent für die Vorteile, die die Versorgung im elterlichen Haus bietet.
b) **Weigerung:** Bei einem mj. Kind können die Eltern persönlich Erziehungsmaßregeln ergreifen (Grenze: § 1631 II BGB) oder die Unterstützung des FamG in Anspruch nehmen, § 1631 III. Ein vj. Kind kann zur Leistung der Dienste verurteilt werden, ein solches Urteil ist allerdings nicht vollstreckbar, § 888 II ZPO. Eine Kürzung der Unterhaltsleistungen der Eltern käme höchstens (sehr zweifelhaft) gem. § 1611 I wegen vorsätzlicher schwerer Verfehlung gegen den Unterhaltspflichtigen oder einen nahen Angehörigen in Betracht.
c) **Auszug:** Das vj. Kind kann ausziehen, muß dann aber möglicherweise die Folgen des § 1612 II in Kauf nehmen (vgl. u. Fall 96). Das mj. Kind kann seine Eltern nicht gegen deren Willen verlassen, es sei denn über § 1666 (dazu vgl. Frage 54).

Fall 39: Beistandspflicht

Einen ausdrücklichen Anspruch auf persönliche Pflege gewährt das Gesetz an keiner Stelle. Allerdings bestimmt § 1618a, daß Eltern und Kinder einander Beistand und Rücksicht schuldig sind. Diese Vorschrift bezieht sich eindeutig nicht nur auf das Verhältnis mj. Kind–Eltern und stellt eine familienrechtliche Generalnorm vergleichbar dem § 1353 I 2 dar. Sie ist – so die Begründung des Gesetzgebers – jedoch absichtlich für den Fall der Verletzung nicht mit einer Rechtsfolge ausgestattet. Das bedeutet, daß zwar evtl. auf persönliche Pflege geklagt werden, daß aber ein entsprechendes Urteil nicht vollstreckt werden kann (§ 888 II ZPO).

Fall 40: Auskunftspflicht der Mutter gegenüber vaterlosem Kind (BVerfG v. 6. 5. 1997, FamRZ 1997, 869)

Unsere Rechtsordnung enthält keine Vorschrift, die die geltendgemachten Ansprüche unmittelbar trägt. Eine Anspruchsgrundlage läßt sich auch nicht in analoger Anwendung einer anderen Norm oder im Umkehrschluß ermitteln. Es stellt sich daher die Frage, ob das Gericht unter Zugrundelegung des § 1618 a das Recht insoweit fortbilden kann, daß es aus dieser Vorschrift eine Anspruchgrundlage für das Kind entwickelt. Diese Möglichkeit ist zu bejahen.

Zu klären ist dann, wie diese Norm inhaltlich auszusehen hätte. Aus dem Grundgesetz folgt, daß ein Kind ein Recht auf Kenntnis seiner Abstammung hat (Art. 2 I i.V.m. Art. 1 I), daß der Staat nichteheliche Kinder besonders schützen muß (Art. 6 V) und daß das Erbrecht grundrechtlich abgesichert ist (Art. 14). Ferner ergibt sich aus dem Grundgesetz für die Mutter das allgemeine Persönlichkeitsrecht, das das Recht auf Achtung der Privat- und Intimsphäre umschließt (Art. 2 I i.V.m. Art. 1 I).

Der Staat hat zu gewährleisten, daß der einzelne unberechtigte staatliche Eingriffe abwehren kann, und er ist verpflichtet, dafür Sorge zu tragen, daß der einzelne in der Wahrnehmung seiner Rechte geschützt wird. *Abwehrrechte* erfordern vom Staat ein bestimmtes Verhalten, während die *Schutzpflichten* grundsätzlich unbestimmt sind. Bei ihrer Wahrnehmung steht dem Staat ein breiter Gestaltungsspielraum zu. Nur ausnahmsweise lassen sich aus den Grundrechten konkrete Regelungspflichten ableiten. Gestaltungsspielräume bestehen vor allem dort, wo es um die Berücksichtigung widerstreitender Grundrechte geht.

Bei Benutzung des § 1618 a BGB zur Rechtsfortbildung für einen Auskunftsanspruch über potentielle Erzeuger eines Kindes sind verschiedene Interessen abzuwägen. Selbst bei zulässiger Formulierung eines Auskunftsanspruchs ergibt sich nicht zwingend, daß das Kind in jedem Fall diesen Anspruch hat. Gerade aus der Formulierung des § 1618a, daß beide Seiten sich etwas schulden, läßt sich herleiten, daß die Interessen beider Seiten eine Rolle spielen.

Im vorliegenden Fall läßt sich die gestellte Frage anhand des mitgeteilten Sachverhalts nicht abschließend beantworten. Die konkrete Situation beider Parteien muß weiter aufgeklärt und gegeneinander abgewogen werden.

Anmerkung: In dem dem Sachverhalt zugrunde liegenden Fall hat das AmtG dem Hauptantrag der Klägerin stattgegeben. Das LG hat auf Berufung der Beklagten nur dem Hilfsantrag stattgegeben. Die hiergegen eingelegte Verfassungsbeschwerde der Beklagten hat zu einer Zurückverweisung der Sache an das LG geführt. Das BVerfG hat die Rechtsfortbildung aus § 1618 a BGB gebilligt, jedoch beanstandet, daß die Interessen der beiden Parteien nicht gegeneinander abgewogen worden seien. Das LG Münster (Az.: 1 S 414/89)[4] hat inzwischen die Mutter zum zweiten Mal verurteilt, die Namen der Männer zu benennen, mit denen sie in der gesetzlichen Empfängniszeit verkehrt hat.

---

4 Bonner Gerneral-Anzeiger v. 27. 8. 1998.

Kapitel 4

Elterliche Sorge

VIII. Erwerb, Inhalt und Umfang der elterlichen Sorge

Fall 41: Erwerb der elterlichen Sorge

1. Adam und Eva sind bei der Geburt des Kindes verheiratet: Für diesen Fall sagt § 1626 a indirekt (wenn nicht verheiratet, dann nur gemeinsame Sorge, wenn … ; Umkehrschluß: wenn verheiratet, dann gemeinsame Sorge), daß sie kraft Gesetzes gemeinsam das Sorgerecht haben.

Ist E mj. und A vj., so ruht E's e. S. gem. § 1673 II, 1675. Dann übt A die e. S. allein aus, § 1678 I Hs. 1.
Ist A mj. und E vj., so gilt dasselbe umgekehrt.
Daß beide mj. sind, ist nicht möglich, weil sie dann nicht verheiratet sein könnten, vgl. § 1303 I, II.

2. Adam und Eva heiraten nach der Geburt des Kindes: Dann kommt A als Sorgerechtsinhaber nur in Betracht, wenn seine Vaterschaft rechtlich feststeht. Diese kann durch Anerkennung (§ 1592 Nr. 2), die auch schon vorgeburtlich abgegeben sein kann (1594 IV), oder gerichtliche Vaterschaftsfestellung (§ 1592 Nr. 3) geklärt sein. Feststehende Vaterschaft plus Heirat bewirken gemeinsames Sorgerecht, § 1626 a I Nr. 2.

Hinsichtlich der Minderjährigkeit von A oder E oder beiden gilt dasselbe wie unter 1.

3. Leben A und E unverheiratet zusammen, so hat zunächst einmal E das Sorgerecht alleine, § 1626 a II. Die Eltern können es jedoch gemeinsam erhalten, wenn sie Sorgeerklärungen abgeben, § 1626 a I Nr. 1. Dies geschieht durch öffentlich beurkundete Erklärungen beider Elternteile, § 1626d. Allerdings muß A zuvor seine Vaterschaft legalisieren. Ist E nicht bereit, zugunsten von A eine Sorgeerklärung abzugeben, so erhält A kein Sorgerecht. Die fehlende Erklärung von E ist nicht gerichtlich ersetzbar. Auch Sorgeerklärungen können pränatal abgegeben werden, § 1626 b II.

Ist E mj., so ruht ihre e. S. gem. § 1673 II. Solange A noch nicht am Sorgerecht beteiligt ist, braucht das Kind einen g. V.. Dies ist kraft Gesetzes das JA als Amtsvormund, § 1791 c I 1. Trotz ihrer Minderjährigkeit kann E eine Sorgeerklärung abgeben, sie benötigt dazu allerdings die Zustimmung ihres g. V., § 1626 c II 1, 2. Verweigert dieser die Zustimmung, so kann sie vom FamG ersetzt werden, wenn

die Sorgeerklärung dem Wohl des mj. Elternteils nicht widerspricht, § 1626c II 3. Geben die mj E und der vj. A Sorgeerklärungen ab, so sind sie *Sorgerechtspartner*, wie wenn die Eltern verheiratet wären. Die gesetzliche Amtsvormundschaft entfällt dann automatisch, § 1882. A übt das Sorgerecht alleine aus, da Evas Sorgerecht immer noch ruht.
Ist E vj. und A mj., so ist bei der Geburt des Kindes keine gesetzliche Amtsvormundschaft eingetreten.Vielmehr ist E alleinige Sorgerechtsinhaberin, § 1626a II. Gibt nun der mj. A zusammen mit der vj. E Sorgeerklärungen ab – was genauso möglich ist wie im umgekehrten Fall –, so wird A zwar Sorgerechtspartner, aber seine e.S. ruht, und E übt die e.S. bis zu A's Volljährigkeit alleine aus.
Sind A und E mj, so können sie – anders als bei einer Heirat – beide Sorgeerklärungen abgeben, zu denen der g.V. von beiden seine Zustimmung geben muß. Die mit der Geburt eingetretene gesetzliche Amtsvormundschaft bleibt jedoch bestehen, da noch keiner der Eltern das Sorgerecht ausüben kann.

4. **Sind A und E nicht verheiratet und leben sie auch nicht zusammen**, so hat zunächst wieder E das Sorgerecht alleine, § 1626a II. Auch wenn die Eltern nicht zusammenleben, können sie gleichwohl Sorgeerklärungen abgeben. Es ist also alles genauso wie unter 3.

Fall 42: Struktur der elterlichen Sorge

Gemäß der in Frage 35 dargestellten Struktur der e.S. sind die Sachverhalte folgendermaßen zuzuordnen:

1. 1 a (Erziehung, Aufenthaltsbestimmung)
2. 1 a und evtl. 1 b (Aufenthaltsbestimmung, Abschluß eines Mietvertrages)
3. 1 b und evtl. 1 a (Vertragsabschluß, Aufenthaltsbestimmung)
4. 1 a (Pflege)
5. 2 a (Vermögenserhaltung ohne Außenbeziehung)
6. 1 a (Erziehung, Umgang)
7. 2 b (Rechtsgeschäft zur Vermögenserhaltung)
8. 1 a und 1 b (Aufenthaltsbestimmung und Mietvertrag)
9. 2 a und 2 b (Vermögenserhaltung und Vertretung dabei)
10. 1 a und 1 b (Pflege und Vertragsabschluß mit Krankenhaus über Operation)

Fall 43: Elterliche Sorge für verheiratete Minderjährige

a) Für die **Frau** ist § 1633 von Bedeutung, der besagt, daß nach Heirat des Kindes die tatsächliche PS der Eltern wegfällt, diesen also lediglich die Vertretung in persönlichen Angelegenheiten bleibt. § 1633 sagt allerdings nichts über die VS. Das ergibt sich aus seiner Stellung im Gesetz: Die §§ 1626–1630 machen allgemeine Aussagen über die e.S.. Die §§ 1631–1637 befassen sich mit der PS, die §§ 1638–1663 mit der VS. Im letztgenannten Bereich müßte also ggf. eine Vorschrift enthalten sein, die etwas Entsprechendes wie § 1633 bestimmt. Da das nicht der Fall ist, gilt für die VS trotz Heirat die allgemeine Vorschrift des § 1626.

Somit erhält die Tochter Element 1a, die Eltern behalten die Elemente 1b, 2a, 2b.
b) Die Frau ist mj. gem. §§ 2a. e. c., 106. Deshalb ruht gem. § 1673 II ihre e. S. mit Ausnahme der tatsächlichen PS. Das bedeutet gem. § 1675 d daß sie sie nicht ausüben kann. Da dann für das Kind im Umfang des § 1773 I Alt. 2 keine e. S. besteht, muß gem. § 1774 S. 1 ein VM bestellt werden.

Fall 44: Meinungsverschiedenheiten

1. Die Eltern müssen sich gem. § 1627 S. 2 primär allein einigen. Was getan werden kann, wenn eine Einigung nicht erfolgt, sagt das Gesetz hilfweise in § 1628 w wonach das FamG im Streitfall einem der Elternteile die Entscheidungskompetenz überträgt (also keine Sachentscheidung des Richters). Allerdings wird die Möglichkeit, die Hilfe des Richters in Anspruch zu nehmen, nur in *Angelegenheiten von erheblicher Bedeutung* eingeräumt (vorwiegend Schulwahl, Berufswahl, Fremdunterbringung), wobei der Richter als Vorfrage entscheidet, ob es sich um eine bedeutende Sache handelt. Streiten sich die Eltern über die Religion des Kindes, so kann das VormG (nicht FamG!) ausnahmsweise selber entscheiden, § 2 III 1 RelKErzG.

2. Nach § 1626 I 1 haben die Eltern in der Regel bis zur Vollendung des 18. Lebensjahres ihres Kindes das alleinige Entscheidungsrecht. Allerdings bestimmt § 1626 II, daß die Eltern bei Pflege und Erziehung des Kindes seine wachsende Fähigkeit und sein wachsendes Bedürfnis zu selbständigem verantwortungsbewußtem Handeln berücksichtigen sollen. Ferner sollen sie mit dem Kind, soweit es nach dessen Entwicklung angezeigt ist, Fragen der e. S. besprechen und Einvernehmen anstreben. Diese Vorschrift, die vom Gesetzgeber bewußt ohne unmittelbare Sanktion gedacht ist, sieht also nicht vor, daß sich eine dritte Instanz (Gericht, JA) mit Entscheidungsbefugnis in die Beziehung Eltern–Kind einmischt. Die äußerste Grenze der Mißachtung der Interessen des Kindes ist jedoch § 1666 d der das FamG zur Beschränkung der elterlichen Befugnisse ermächtigt.
Für den Bereich Ausbildung/Beruf enthält § 1631 a eine Spezialvorschrift, die einige Kriterien benennt, die Eltern bei Ausübung der e. S. in diesem Bereich zu berücksichtigen haben. Sie sind auch bei der Interpretation des § 1666 verwendbar. Die Norm bestimmt, daß die Eltern hier insbesondere auf Eignung und Neigung des Kindes Rücksicht nehmen und im Zweifel einen Lehrer oder eine andere geeignete Person um Rat bitten sollen.

3. Ein solcher Streit kann entstehen, wenn das Kind für Teilbereiche der e. S. einen Pfleger hat (§ 1909) und nunmehr eine Angelegenheit zu entscheiden ist, die sowohl in die Kompetenz der Eltern als auch des Pflegers fällt. Vorstellbar ist dies z. B., wenn das Kind etwa ein Mietshaus geerbt hat, dieses Vermögen der Verwaltung eines Onkels unterstehen soll und die Eltern nunmehr eine Internatsunterbringung des Kindes wünschen, die aus den Mieten bezahlt werden soll.
In einem solchen Fall sieht § 1630 II vor, daß das FamG die Sachentscheidung treffen kann.

4. Ein derartiger Streit ist z. B. vorstellbar, wenn die 17jährige verheiratete Tochter mit ihrem Ehemann, der seine Frau nicht unterhält (Student), in Urlaub fahren möchte und die Eltern nicht bereit sind, diesen aus den Einkünften des Kindes zu finanzieren.
Dieser Sachverhalt ist gesetzlich nicht geregelt. Wegen der vergleichbaren Interessenlage wendet die Literatur[1] § 1630 II analog an.

5. Hier sind gem. § 1673 II zwei Fälle zu unterscheiden:
a) An sich wäre ein Elternteil g. V. (anderer tot, geschieden ohne Sorgerecht, Sorgerecht entzogen, ledige Mutter), aber dessen e. S. ruht wegen MJ (§ 106): g. V. des Kindes ist der VM, Meinung des Elternteils geht vor, S. 3 Hs. 1.
b) An sich wären beide Eltern g. V., aber die e. S. des einen ruht wegen MJ: g. V. des Kindes ist der andere Elternteil; die Eltern müssen versuchen, sich zu einigen (§ 1627), notfalls entscheidet das FamG (§ 1628), S. 3 Hs. 2.

Fall 45: Erziehungsmittel

Gem. Art. 6 II 1 GG ist der Freiraum, wie Eltern ihre Kinder erziehen, sehr groß.

§ 1626 II BGB, der stärkere Rücksichtnahme auf die Kindesinteressen fordert, ist keine mit Sanktionen ausgestattete Norm. Deshalb ist fraglich, welche Konsequenzen es haben kann, wenn Eltern diesem gesetzlichen Leitbild zuwider ein Kind z. B. autoritär erziehen.[2]
Die gleiche Frage stellt sich bei § 1631 II, der ausspricht, daß entwürdigende Erziehungsmaßnahmen, insbesondere körperliche und seelische Mißhandlungen, unzulässig sind. Mit entwürdigenden Erziehungsmaßnahmen sind solche gemeint, die das sich erst entwickelnde Ehr- und Selbstwertgefühl des Kindes unverhältnismäßig verletzen. Dies ist nicht nur bei schweren körperlichen Strafen der Fall, sondern auch bei anderen unangemessenen physischen und psychischen Gewaltanwendungen (Einsperren im Keller, tagelanges Nichtsprechen). Im übrigen können die Eltern ihre Kinder gemäß ihrem pädagogischen Ermessen bestrafen.
Bei den geschilderten vier Sachverhalten würde unter Berücksichtigung dieser gesetzlichen Regelung wohl nur der Fall 2 eine familiengerichtliche Maßnahme (§ 1666) nach sich ziehen können.

Fall 46: Aufsichtspflicht

1. In Betracht kommen **Schadensersatzansprüche von K1 gegen die Eltern von K1** gem. § 823 I (kein § 832 o obwohl eine Aufsichtspflichtverletzung der Eltern vorliegen könnte, weil nur zwei Parteien beteiligt sind):

---

1 Vgl. *Palandt/Diederichsen,* § 1633 Rdnr. 2.

2 *Diederichsen,* NJW 1980, 1/3, ist für verfassungskonforme Auslegung in der Weise, daß § 1666 nicht angewandt werden kann; a. A. – d. h. Eingreifen von § 1666 w wenn auch nur in Extremfällen – *Simon,* JuS 1979, 752/753; *Fieseler,* ZfF 1979, 193/194.

a) Rechtsgutverletzung: Gesundheit, Körper des Kindes
b) Durch Tun oder Unterlassen trotz Rechtspflicht zum Handeln: Gem. §§ 1626, 1631 waren die Eltern verpflichtet, das Kind ordnungsgemäß zu beaufsichtigen, d.h., auch im Urlaub genügend zu überwachen. Das ist hier nicht geschehen.
c) Wenn die Eltern das Kind nicht an den Hund herangelassen hätten, wäre es nicht gebissen worden: adäquate Kausalität ist also gegeben.
d) Ein Rechtfertigungsgrund ist nicht ersichtlich.
e) Verschulden:
   – Die Eltern sind schuldfähig.
   – Vorliegend haben die Eltern fahrlässig gehandelt, weil sie nicht die Umsicht haben walten lassen, die Durchschnittseltern in einem solchen Fall an den Tag gelegt hätten.

   Die Frage ist, welcher Haftungsmaßstab hier anzuwenden ist, ob der allgemeine gem. § 276d der auf den Durchschnittsbürger abstellt, oder der besondere gem. §§ 1664, 277, wonach nur die Sorgfalt verlangt wird, die man in eigenen Angelegenheiten anzuwenden pflegt. An sich gilt in der Eltern-Kind-Beziehung der letztere Maßstab; jedoch machen Rspr. und Lit. Ausnahmen für zwei Bereiche: verschuldete Verkehrsunfälle und Verletzung der Aufsichtspflicht. Hier wird die Einhaltung der objektiv erforderlichen Sorgfalt verlangt.[3]

Ergebnis: Die Eltern haften hier, auch wenn sie in einigen Angelegenheiten nachlässiger als Durchschnittsbürger sind.

2. In Betracht kommen **Schadensersatzansprüche von K2 gegen die Eltern von K2** gem. § 832.
a) Aufsichtspflichtiger kraft Gesetzes: §§ 1626, 1631
b) Aufsichtsbedürftiger: mj. Kind
c) Schädigung eines Dritten: K2
d) Widerrechtlichkeit: Es liegt kein Rechtfertigungsgrund vor.
e) Aufsichtsverletzung: kann nicht abschließend beantwortet werden, ist aber zugunsten von K2 anzunehmen und muß von in Anspruch Genommenem widerlegt werden.
f) Kausalität: kann ebenfalls nicht abschließend beantwortet werden, wird jedoch auch zugunsten von K vermutet.
g) Ergebnis: Die Eltern haften.

3. **Sonstige juristische Folgen:** § 1666 BGB und § 170d StGB kommen bei diesen Sachverhalten wohl nicht in Frage. Möglich ist jedoch eine Bestrafung wegen fahrlässiger Körperverletzung (bei K1 bzw. K2) gem. § 230 StGB. Den gem. § 232 StGB erforderlichen Strafantrag müßten im Fall 2 die Eltern von K2 (§ 77 III StGB), im Fall 1 ein PFL stellen, da die Eltern als Täter nicht Strafantrag gegen sich selber stellen können.

3 Vgl. hierzu *Palandt/Diederichsen,* § 1664, Rdnrn. 2, 3.

Fall 47: Umgangsverbot

1. **Im Verhältnis zu T:** Diese untersteht gem. § 1626 der e. S. ihrer Eltern. Zu deren Befugnissen gehört gem. §§ 1631, 1632 II im Rahmen von Erziehung, Aufenthalts- und Umgangsbestimmung das Recht, der Tochter den Umgang mit anderen zu versagen. Maßstab hierfür ist nach immer noch h. M. nicht die Fähigkeit des Jugendlichen, selber eine sachgerechte Entscheidung darüber zu treffen, mit wem er Umgang pflegen will, sondern erst der Mißbrauchstatbestand des § 1666 I BGB[4]. Allerdings setzt § 1626 II voraus, daß die Eltern das wachsende Bedürfnis des Kindes zu selbständigem verantwortungsbewußtem Handeln berücksichtigen und mit ihm auch die Fragen des Umgangs besprechen. Man kann daher erwarten, daß sie ein Umgangsverbot zumindest begründen.

2. **Im Verhältnis zu M:** Im Rahmen des § 1632 II können die Eltern auch dem Dritten den *Umgang* mit ihrer Tochter *verbieten* und diesem Verlangen durch einen familiengerichtlichen Beschluß (sogar eine einstweilige Anordnung ist möglich) Ausdruck verleihen. Das Verbot bedarf keiner Begründung. Das FamG kann den Dritten durch Festsetzung eines Zwangsgeldes zur Befolgung der Anordnung anhalten (§ 33 I FGG). Es muß allerdings zuvor angedroht werden, und das einzelne Zwangsgeld darf den Betrag von DM 50000 nicht übersteigen (§ 33 III FGG).
Für evtl. *Schadensersatzansprüche* gegen den Dritten (z. B. weil dieser die Tochter zum Konsum von Drogen verführt hat und diese jetzt drogenkrank ist) ist nicht das FamG, sondern das AmtsG zuständig.

Fall 48: Vermögenssorge

Bei der VS sieht das Gesetz zum Schutz des Kindervermögens verschiedene Schranken für die elterlichen Befugnisse vor. Es sind unter anderem:

a) §§ 1638, 1639: Beschränkung der VS bei Ererbtem oder Geschenktem
b) § 1640: Pflicht zur Einreichung eines Vermögensverzeichnisses beim FamG, wenn das Kind Vermögen von mindestens 30.000 DM erwirbt (von Todes wegen; Rente, Schadensersatzansprüche, Lebensversicherung anläßlich eines Todesfalles; Abfindungen anstelle von Unterhalt; Schenkungen)
c) § 1641: Schenkungsverbot aus dem Kindesvermögen
d) § 1642: Art und Weise der Anlegung von Geld
e) § 1643: Einholung von familiengerichtlichen Genehmigungen
f) § 1629 II 1 i. V. m. § 1795: Rechtsgeschäfte zwischen Kind und Angehörigen des g. V.
g) § 1629 II i. V. m. §§ 1795 II, 181: Rechtsgeschäfte zwischen Kind und g. V.

Für die zu bearbeitenden Sachverhalte gilt daher folgendes:

1. Die Schenkung ist wirksam, ohne daß ein PFL bestellt zu werden braucht. Zur Begründung vgl. Frage 38, Erläuterung Abschnitt 1 und 3.

---

4 So die wohl immer noch h. M. in Rspr. und Lit.; vgl. *Palandt/Diederichsen,* § 1632 Rdnr 32. Zum gegenteiligen Standpunkt: *Gernhuber/Coester-Waltjen,* § 57 VII 7.

2.a) Die Schenkung ist ebenfalls wirksam (vgl. zur Begründung Frage 38, Erläuterung Abschnitt 2 und 3).
b) Da S bestimmt hat, daß die Eltern das Haus nicht verwalten sollen, und dies gem. § 1638 I zulässig ist, muß gem. § 1909 I 2 insoweit ein Ergänzungspfleger bestellt werden.

3. Das Geld unterliegt nicht der Inventarisierungspflicht gem. § 1640. Es muß jedoch gem. § 1642 nach den Grundsätzen einer wirtschaftlichen Vermögensverwaltung angelegt werden.

4.a) Gem. § 1643 II brauchen die Eltern für Annahme oder Ausschlagung einer Erbschaft die Genehmigung des FamG.
b) Dasselbe gilt gem. § 1643 I i.V.m. § 1821 I Nr. 1 und 4 für die Veräußerung eines Grundstückes.

IX. Elterliche Sorge bei Getrenntleben

Fall 49: Minderjährigkeit eines Elternteils

1. Elterliche Sorge für Eva

Gem. § 1633 hat Eva die tatsächliche PS für sich, die tatsächliche VS und die Vertretung in beiden Bereichen haben ihre Eltern. Das gilt allerdings schon seit der Eheschließung, und die Scheidung ändert nichts daran.

2. Elterliche Sorge für Kain

Auch an der e.S. für Kain ändert sich grundsätzlich nichts. Denn die Scheidung der Eltern ist für sich betrachtet kein Anlaß für eine Sorgerechtsregelung. Allerdings steht es jedem Elternteil frei, bei Getrenntleben einen Antrag auf Übertragung des Sorgerechts auf sich zu stellen, § 1671 I. Einen solchen Antrag kann er auch in Zusammenhang mit der Scheidung stellen, so daß über Scheidung und Sorgerecht im Verbund (§ 623 ZPO) entschieden wird.

Stellte A einen derartigen Antrag und würde ihm stattgegeben, so hätte er alleine die e.S.. Stellte E, vertreten durch ihren g.V., einen Antrag, so könnte sie zwar grundsätzlich das Sorgerecht erhalten. Da ihre e.S. jedoch wegen ihrer eigenen Minderjährigkeit ruht, könnte sie sie nicht ausüben. Das Kind müßte gem. §§ 1773, 1774 einen Vormund bekommen. Dies wären jedenfalls nicht kraft Gesetzes ihre eigenen Eltern, allerdings könnten diese zum Vormund bestellt werden, § 1779 II.

Stellten beide einen Antrag mit dem Ziel, daß dem jeweiligen Antragsteller das Sorgerecht übertragen werden solle, dann hätten wir es mit einer streiten Sorgerechtsregelung ähnlich wie vor Inkrafttreten des KindRG am 1. 7. 1998 zu tun. Nach welchen Kriterien hier eine Entscheidung zu treffen ist, ergibt sich aus § 1671 II, III und wird in Fall 32 Frage 3 näher dargestellt.

Fall 50: Übertragungskriterien

1. Einvernehmlicher Antrag

1. Gem. § 1671 II Nr. 1 hat das FamG dem Antrag von E stattzugeben, wenn A zustimmt. Es hat nicht zu prüfen, ob dies dem Kindeswohl dient oder widerspricht. Solange keine Anhaltspunkte dafür vorliegen, daß die Übertragung des Sorgerechts auf den Antragsteller das Kind gefährdet (Abs. 3), hat das Gericht dem Wunsch der Eltern zu entsprechen. Die Elternautonomie hat Vorrang.

2. Abweichende Kinderwillle

Beantragt ein Elternteil die Übertragung des Sorgerechts und ist der andere Elternteil damit einverstanden, dann ist diesem Antrag grundsätzlich stattzugeben. Allerdings räumt § 1671 II Nr. 1 dem Kind über 14 Jahren ein Widerspruchsrecht ein. Die Gewährung eines solchen Rechts bedeutet die Berücksichtigung des Willens des Kindes.
Der Wille des Kindes spielt im Sorgerechtsverfahren in zweifacher Hinsicht eine Rolle: im materiellen Recht (§ 1671 III 2) und im Verfahrensrecht (§ 50b FGG).

Bei der Bedeutung des Willens im *materiellen* Recht sind wiederum zwei Konstellationen zu unterscheiden: Der Wille des Kindes über 14 Jahren »neutralisiert« den gemeinsamen und an sich grundsätzlich zu respektierenden Elternvorschlag, § 1671 III 2. Daneben spielt der Kindeswille aber auch insofern eine materiellrechtliche Rolle, als er – gleichgültig, wie alt das Kind ist – für den Richter als inhaltliches Entscheidungskriterium (s. o. Frage 46) (mit)ausschlaggebend sein kann[5]. Die Berücksichtigung dieses Willens ist verfassungsgemäß[6].
Schließlich ist der Kindeswille *verfahrensrechtlich* relevant. Im Rahmen des im FGG geltenden Amtsermittlungsgrundsatzes (vgl. § 12 FGG) ist die Feststellung des Kindeswillens gem. § 50b FGG vorgeschrieben. Diese Norm, die nicht nur für die Sorgerechtsregelung bei Scheidung, sondern in allen Sorgerechtsverfahren gilt, bestimmt, daß Kinder oder Mündel in derartigen Verfahren gerichtlich anzuhören sind, d. h., daß ihr Wollen und Empfinden vom Richter zu erforschen ist. Auch diese Vorschrift ist verfassungskonform[7].
Abs. 1 des § 50b FGG befaßt sich mit den Sorgerechtsverfahren, in denen Neigungen, Bindungen oder Wille eine Rolle spielen. Dies wird in der Regel bei Sachverhalten, die die Personensorge betreffen, der Fall sein. Ausnahmen hat die Rspr. für die Konstellationen herausgefunden, in denen es sich um Kleinkinder handelte, zu denen ein Elternteil bisher überhaupt keinen Kontakt hatte[8].

In allen Fällen, in denen Neigung, Bindung oder Wille vorhanden sind, ist ein Absehen von der Anhörung nur zulässig, wenn »schwerwiegende Gründe« vorliegen. Derartige Gründe werden z. B. dann bejaht, wenn das Kind durch die

---

5 Nach KG v. 10. 11. 1989, FamRZ 1990, 1383 kann allein der Wille eines siebenjährigen Kindes entscheidend sein, wenn sich weder nach dem Förderungs- noch nach dem Kontinuitätsprinzip feststellen läßt, welcher Elternteil für die Alleinsorge besser geeignet ist.

6 BVerfG v. 5. 11. 1980, FamRZ 1981, 124.

7 BVerfG v. 5. 11. 1980, a. a. O.

8 BayObLG v. 9. 12. 1983, FamRZ 1984, 312; OLG Hamm v. 4. 6. 1986, DAVorm 1986, 804.

Anhörung aus seinem seelischen Gleichgewicht gebracht wird und eine Beeinträchtigung seines Gesundheitszustandes zu befürchten ist[9].
Im vorliegenden Fall sind beide Konstellationen zu erörtern.
Ist *K vier Jahre alt*, so steht ihm kein förmliches Widerspruchsrecht zu. Das Gericht muß ihn jedoch anhören und versuchen herauszufinden, warum K zu A will und ob Gründe dafür sprechen, daß K bei E gefährdet ist. Falls dies zuträfe, müßte das Gericht der E trotz Einvernehmens der Eltern das Sorgerecht entziehen, § 1666, und A wäre, wenn nicht auch in seiner Person Entzugsgründe vorliegen, jetzt alleiniger Sorgerechtsinhaber (§ 1680 III), auch wenn er selber keinen Antrag gestellt hat. – Wäre K nicht bei E gefährdet, so hätte der Richter dem Antrag der E stattzugeben. Mit dem Problem des entgegenstehenden Willens des K müssen die Eltern pädagogisch fertig werden.

Bei dem *Kind über 14 Jahren* hat der entgegenstehende Wille schon rein formal ein größeres Gewicht. Er neutralisiert das elterliche Einverständnis, so daß es für das Gericht nicht mehr als bindender Faktor existiert. Der entgegenstehende Wille des Kindes führt aber auch beim Kind über 14 nicht dazu, daß es seinen Kopf zwangsläufig durchsetzen kann. Es bedeutet nur, daß der Richter den Antrag so behandeln muß, als wenn kein Einverständnis vorläge. In einem solchen Fall muß er gem. § 1672 II Nr. 2 entscheiden. Das hat zur Folge, daß er dem Antrag nur stattzugeben hat, wenn »zu erwarten ist, daß die Aufhebung der gemeinsamen Sorge und die Übertragung auf den Antragsteller dem Wohl des Kindes am besten entspricht«. Wenn er zu dem Ergebnis kommt, daß dies nicht der Fall ist, bleibt es bei der gemeinsamen Sorge, auch wenn dies dem Wunsch der Eltern nicht entspricht.

Ergebnis: Bei gleicher Sachlage und Einvernehmen der Eltern führt daher der entgegenstehende Wille des Kindes unter 14 Jahren nur zu einer Überprüfung auf Gefährdung. Im übrigen kann sich der Antragsteller durchsetzen, auch wenn die Lösung nur mittelmäßig ist. Beim Kind über 14 Jahren dagegen bewirkt der entgegenstehende Wille eine Neutralisierung des Einverständnisses mit der Folge, daß sich der Antragsteller nur noch durchsetzen kann, wenn er das Gericht davon überzeugen kann, daß seine Alleinsorge die beste Lösung ist.

3. Sonstige Entscheidungskriterien

Wenn sowohl A als auch E einen Antrag auf Übertragung stellen, dann liegen verfahrensmäßig zunächst einmal zwei Verfahren vor. Da sie beide denselben Verfahrensgegenstand haben, wird das Gericht sie zu einem Verfahren verbinden. In ihm stehen sich jetzt zwei gegenläufige Anträge gegenüber. Das Gericht muß entscheiden, welchem Antrag stattzugeben und welcher abzuweisen ist. Evtl. können auch beide abzuweisen sein mit der Folge, daß die Eltern gemeinsam das Sorgerecht behalten. Ebenso wie es auch nach altem Sorgerecht bis zum 30. 6. 1998 nicht darum ging herauszufinden, welcher Elternteil der bessere ist, geht es auch jetzt nicht darum festzustellen, ob ein Elternteil erziehungsfähiger ist als der andere.

---

9 So z. B. KG v. 9. 5. 1980, FamRZ 1981, 204.

Was das Gericht zu prüfen hat, sind zwei Dinge: 1. daß die Aufhebung der gemeinsamen Sorge das Beste ist und 2. daß die Übertragung der Alleinsorge auf einen von beiden dem Wohl des Kindes am besten entspricht[10]. Bei der Beantwortung dieser Frage können durchaus die Kriterien, die die Rechtsprechung über Jahrzehnte entwickelt hat, hilfreich sein. Nach der alten Rechtsprechung hat u. a. eine Rolle gespielt,

- zu wem das Kind eine stärkere emotionale Beziehung hatte
- wer das Kind besser fördern konnte
- bei wem die Einheitlichkeit und Gleichmäßigkeit der Betreuung eher gewährleistet war
- zu wem das Kind wollte
- ob das Kind zu Geschwistern eine Bindung hatte
- zu welchen Personen das Kind sonst noch Bindungen besaß
- bei welchem Elternteil die äußeren Verhältnisse für das Kind vorteilhafter waren.

Wie im vorliegende Fall zu entscheiden wäre, kann bei dem gegebenen knappen Sachverhalt nicht gesagt werden.

4. Eigenes Antragsrecht des Kindes?
Stellt keiner von den Eltern einen Übertragungsantrag, so gibt es auch kein gerichtliches Verfahren. Es ist also kein Raum da, in dem der Wille des Kindes berücksichtigt werden könnte. Der Gesetzgeber hätte dem Kind über 14 Jahren ein eigenes Antragsrecht einräumen können. Das hat er jedoch ausdrücklich abgelehnt[11], wohl auch weil das systemfremd wäre. Im FGG hat das Kind über 14 Jahren nämlich zwar ein selbständiges Beschwerderecht. Ein eigenes Antragsrecht hat es im Zivilrecht jedoch nirgendwo. Das Kind über 14 Jahren kann also nur anregen, daß das Gericht überprüft, ob einem Elternteil das Sorgerecht gem. §§ 1671 III, 1666 zu entziehen ist. Im übrigen muß es sich mit dem gemeinsamen Sorgerecht der Eltern abfinden und ggfs. abwarten, bis eine Gefährdung z. B. wegen Dauerstreits oder Beschlußunfähigkeit der Eltern droht.

Fall 51: Prozeßkostenhilfe für Sorgerechtsübertragung

A kann gem. § 114 ZPO PKH beanspruchen, wenn

- er nach seinen persönlichen und wirtschaftlichen Verhältnissen die Kosten nicht aufbringen kann,
- die beabsichtigte Rechtsverfolgung hinreichende Aussicht auf Erfolg bietet und
- nicht mutwillig erscheint.

a) Ob A tatsächlich **hilfebedürftig** i. S. d. § 114 I ZPO ist, ergibt sich aus Anlage 1 zu § 114 ZPO.

---

10 BT-Drucks. 13/4899, S. 99.
11 BT-Drucks. 13/4899, S. 64 re Sp.

b) Ob A's Begehren **Aussicht auf Erfolg** hat, hängt davon ab, ob er die materiellen Voraussetzungen des § 1671 erfüllt. Dazu gibt der Sachverhalt nichts her.
c) **Nicht mutwillig** ist ein Verfahren immer dann, wenn eine verständige Partei in einem gleichgelagerten Fall auch ohne PKH in gleicher Weise vorgehen würde. **Mutwillig** ist umgekehrt ein Prozeß, der unwirtschaftlich ist, bei dem das gleiche Ergebnis mit einfacheren, billigeren oder schnelleren Mitteln erreicht werden kann.

Im Zusammenhang mit der **fehlenden Mutwilligkeit** ist u.a. zu prüfen, ob A überhaupt ein **Rechtsschutzinteresse** für eine gerichtliche Regelung besitzt. Im Prozeßrecht gilt nämlich der Grundsatz, daß man die staatlichen Gerichte nur dann bemühen darf, wenn man ein objektiv festzustellendes Interesse an der verlangten Entscheidung hat.
Nach dem bis zum 30. 6. 1998 geltenden Recht war es unter den Oberlandesgerichten – der BGH hatte in dieser Sache noch nicht zu entscheiden – höchst kontrovers, ob eine Sorgerechtsregelung bei Getrenntleben beantragt werden konnte ohne Nachweis, daß dies erforderlich war. Der alte § 1672, der den Fall des Getrenntlebens behandelte, enthielt nämlich für das Antragsverfahren keinerlei Kriterien. Genau dies dürfte der Grund sein, warum das Problem nach dem neuen § 1671 (der die alten §§ 1671 und 1672 umfaßt) nicht mehr existiert. Nach § 1671 II Nr. 1 besteht ein Rechtsschutzbedürfnis, wenn einer der Elternteile die e. S. nicht mehr mittragen will. Ein solcher »Ausstieg« aus der Verantwortung ist nämlich überhaupt nur mit Hilfe des Gerichts möglich und nicht beispielsweise durch eine notarielle Vereinbarung. Und nach Nr. 2 besteht ein Rechtsschutzbedürfnis, weil die Ausübung der e. S. durch beide Elternteile offenbar nicht mehr funktioniert (die Aufhebung der gemeinsamen Sorge muß dem Wohl des Kindes am besten entsprechen).
Es besteht daher kein Zweifel, daß A für ein Verfahren zur Regelung des Sorgerechts PKH erhalten könnte.

Fall 52: Sorgerechtsregelung vor Scheidung

Nach dem neuen § 1671 ist die Scheidung nicht mehr der »magische Zeitpunkt« für eine Sorgerechtsregelung. Bei jedem nicht nur vorübergehenden Getrenntleben kann sie beantragt werden. Das Sorgerecht kann in einem »normalen« Verfahren und in einem einstweiligen Verfahren (»Eilverfahren«) (§ 620 Nr. 1 ZPO) geregelt werden. Beide Verfahren haben denselben Streitgegenstand und somit dieselbe Rechtsgrundlage. Wodurch sie sich unterscheiden ist lediglich die Eilbedürftigkeit, die zur Folge hat, daß die Tatbestandmerkmale der anzuwendenden Norm nicht bewiesen, sondern nur glaubhaft gemacht sein müssen. Jede einstweilige Regelung verliert automatisch ihre Wirksamkeit, wenn die endgültige Entscheidung ergangen ist.
Gibt das Gericht Adams Antrag auf Erlaß einer einstw. AO statt und will Eva Kain nicht herausgeben, so muß das Gericht die Herausgabe gem. § 1632 I gesondert anordnen. Diese AO ist nach § 33 FGG mit Zwangsgeld und zwangsweise durch den Gerichtsvollzieher (JA, Polizei) vollstreckbar. Allerdings wird in einem Fall

wie dem geschilderten das Gericht in der Regel das Kind bei der Mutter belassen, wenn diese es bisher betreut hat (Kontinuitätsgrundatz) und beide Eltern gleich zur Erziehung geeignet sind[12].

Fall 53: Verhältnis von § 1671 BGB und § 620 Nr. 1 ZPO (nach BGH v. 12. 5. 1982, FamRZ 1982, 788)

Die Frage, ob nach Stellung des Scheidungsantrages nur das Verfahren gem. § 620 Nr. 1 ZPO oder statt dessen auch das nach § 1671 BGB gewählt werden kann, ist in Rspr. und Lit. streitig. Die erste Meinung beruft sich vor allem darauf, daß § 620 ZPO die spezielle Norm (gleiche Zielsetzung mit einfacherem und schnellerem Verfahren) sei und daher Vorrang vor § 1671 habe. Aus drei Gründen ist dieser Ansicht jedoch nicht zu folgen[13]:

1. § 620 ZPO und § 1671 verfolgen nicht dasselbe Ziel. Die ZPO-Regelung ist vorläufiger (ggf. automatisches Außerkrafttreten, § 620 ZPO) und summarischer (keine Beweise, nur Glaubhaftmachung, § 620a II 3 ZPO) Art. Die BGB-Regelung trägt endgültigen und die Wahrheit ermittelnden Charakter (§ 12 FGG). Eine Abänderung ist nur möglich, wenn triftige, das Kindeswohl nachhaltig berührende Gründe dafür vorliegen (§ 1696).

2. Die ZPO-Regelung funktioniert nicht einfacher. Wird der Antrag gem. § 620 ZPO abgelehnt, gibt es gegen diese Entscheidung kein Rechtsmittel (§ 620c S. 2 ZPO). Bei einer Ablehnung des BGB-Antrages dagegen ist die befristete vierwöchige Beschwerde möglich (§§ 621e III, 516 ZPO). Wehrt sich der Antragsteller bei einer ZPO-Entscheidung gegen die Art des Ausspruchs (nicht gegen die Ablehnung), so kann er nur mit Hilfe eines Anwalts (§ 78 I 2 Nr. 1 ZPO) die auf zwei Wochen befristete Beschwerde (§§ 620c, 577 ZPO) einlegen, wehrt er sich dagegen gegen die BGB-Entscheidung, so besteht kein Anwaltszwang.

3. Ein Vorrang der einstw. AO würde zu verfahrensrechtlichen Komplikationen führen, wenn nach Einleitung eines BGB-Verfahrens Scheidungsantrag gestellt wird.

Eva kann daher durchaus eine Regelung gem. § 1671 anstreben. Sowohl wenn Adams Scheidungsantrag abgewiesen würde als auch wenn er ihn zurücknähme, würde die Regelung auf der Basis des § 1671 fortbestehen.

Fall 54: Aufteilung des Sorgerechts

1. Gem. § 1671 kann jeder ET beantragen, daß ihm ein Teil der e. S. übertragen wird. Hinsichtlich der Art und Weise der Aufteilung enthält das Gesetz keine Vorschriften. Sie können A und E daher darin bestärken, entsprechende Anträge zu stellen.

---

12 OLG Hamburg v. 8. 9. 1987, FamRZ 1988, 425.

13 So BGH v. 12. 5. 1982, FamRZ 1982, 788 mit ausführlicher Benennung der Vertreter beider Ansichten.

2. Wenn A und E grundsätzlich gemeinsam das Sorgerecht behalten wollen, dann brauchen sie keinen gerichtlichen Beschluß gem. § 1671. Gemäß dem Grundsatz der Verhältnismäßigkeit, der auch für die Wahl der Verfahren gilt, genügt es, eine Regelung nach §§ 1687, 1628 herbeizuführen. Durch sie wird es ermöglicht, in einer einzelnen Anglegenheit einem Elternteil die Entscheidungskompetenz zu übertragen[14], wenn sich die gemeinsam sorgeberechtigten Eltern insoweit nicht einigen können[15]. Einzige Voraussetzung, die erfüllt sein muß, ist, daß es sich um eine für das Kind wichtige Anglegenheit handeln muß, was für den Aufenthalt des Kinds zutrifft. Nicht erforderlich ist, daß der Antragsteller nachweist, daß die Voraussetzungen des § 1671 II Nr. 2 vorliegen.

Fall 55: Streit um gemeinsames Sorgerecht

Die Verpflichtung des JA, bei der Regelung des Sorgerechts im Zusammenhang mit der Scheidung mitzuwirken, folgt aus § 50 I 2, II SGB VIII i. V. m. § 49 a I Nr. 9 FGG. Dem steht auch nicht entgegen, daß das JA daneben gem. § 17 SGB VIII die Aufgabe hat, Trennungs- und Scheidungsberatung durchzuführen. Kollidieren diese beiden Aufgaben des JA aus datenschutzrechtlichen Gründen miteinander (§§ 62 ff. SGB VIII), so können die Informationen, die das JA anläßlich der Scheidungsberatung bekommt, nicht an das FamG weitergegeben werden. Das JA muß dann ggf. einen zweiten Mitarbeiter mit der Mitwirkung im Sorgerechtsverfahren betrauen. Nach altem Recht war es seit der grundlegenden Entscheidung des BVerfG zur Zulässigkeit der gemeinsamen e. S. nach Scheidung[16] streitig, ob es ein gemeinsames Sorgerecht gegen den Willen eines Elternteils gebe. Der neue § 1671 scheint auf den ersten Blick das Problem aus dem Weg geräumt zu haben, indem der Elternteil, der keine, ansonsten fortbestehende gemeinsame Sorge will, einen Antrag stellen und damit die gemeinsame Sorge beenden kann. Auf den zweiten Blick wird jedoch deutlich, daß es gem. § 1671 II Nr. 2 eine gemeinsame Sorge gegen den Willen des Antragstellers gibt. Wenn nämlich einer der Ehegatten einen Übertragungsantrag stellt und das Gericht der Meinung ist, daß die Übertragung nicht die beste Lösung ist, bleibt das Sorgerecht bei beiden Elternteilen. Wenn dies das Ergebnis der gerichtlichen Entscheidung sein kann, dann kann dies auch Inhalt des Vorschlags sein, den das JA dem Gericht macht.

Fall 56: Mangelnde Eignung der Eltern

1. Die Frage ist, ob die fehlende Eignung so weit geht, daß die e. S. aufgrund anderer Vorschriften abweichend geregelt werden muß (§ 1671 III). In Betracht kommt hier wohl nur § 1666. Wenn also das Kindeswohl gefährdet ist, falls einer

14 *Schwab* Rdnr. 460 hegt gewisse Zweifel, ob § 1628 über aktuelle Einzelfragen hinaus auch künftige Entscheidungen in einem bestimmten Bereich meint, »tröstet« sich aber dann mit dem Wortlaut des Gesetzes »in einer bestimmten Art von Angelegenheiten«.

15 BezG Erfurt v. 26. 11. 1992, FamRZ 1993, 830.

16 V. 3. 11. 1982, FamRZ 1982,1179.

allein das Sorgerecht erhält oder beide das Sorgerecht behalten, dann ist der Antrag zurückzuweisen und von Amts wegen in das Sorgerecht im erforderlichen Umfang einzugreifen.

2. Ohne weiteres kann der Richter eine solche Entscheidung nicht treffen. Im Bereich der tatsächlichen PS kann er dem Antrag stattgeben. Die anderen beiden Bereiche kann er nur dann so regeln, wenn insoweit die Voraussetzungen des § 1666 vorliegen. Liegen sie vor, kann er der E die Vermögenssorge entziehen. Dann hat A gem. § 1680 III die VS alleine. Die Vertretung in persönlichen Angelegenheiten müßte er beiden gem. § 1666 entziehen, dann könnte er insoweit einen PFL bestellen.

Fall 57: Tod des Sorgeberechtigten

1. Gem. § 1680 I steht die e. S. automatisch dem andern Teil allein zu, wenn ein Elternteil gestorben ist. Diese Vorschrift gilt nur bei vorherigem gemeinsamem Sorgerecht. Nach einer Sorgerechtsregelung bei Getrenntleben hat der Richter die e. S. dem überlebenden Elternteil zu übertragen, es sei denn, daß dies dem Wohle des Kindes widerspricht, § 1680 II 1.

Er wird also die Verhältnisse überprüfen und in der Regel dem überlebenden Elternteil das Sorgerecht übertragen.

2. Auch hier ist wieder § 1680 II 1 einschlägig. Maßstab für eine Entscheidung wird sein, was für K wichtiger ist: »geordnete Verhältnisse«, aber keine Bindung oder ein straffälliger Vater, der K mit Hilfe seiner Mutter, also der Großmutter des Kindes, unbeanstandet erzieht und zu dem das Kind eine tragfähige Beziehung hat. Das OLG Schleswig[17] hat den Stiefvater von K gem. §§ 1680 II 1, 1773 zum Vormund bestellt.

Fall 58: Vom Elternvorschlag abweichende Regelung des Gerichts

Die Abtrennung der Sorgerechtsregelung verstößt hier nicht gegen das Verbundprinzip des § 623 ZPO; denn § 627 ZPO sieht ausdrücklich vor, daß über die e. S. vorab zu entscheiden ist, wenn der Richter von einem Antrag eines Ehegatten, dem der andere zugestimmt hat, abweichen will.
Ein weiterer Fall der Auflösung des Verbunds ist der des § 628 ZPO, wonach ausnahmsweise zunächst geschieden und danach andere Folgesachen geregelt werden können. Dies ist gem. Abs. 1 Nr. 3 u. a. möglich, wenn eine gleichzeitige Regelung zu einer unzumutbaren Verzögerung der Scheidung führen würde. Diese Vorschrift, die ihrem Wortlaut nach nicht auf bestimmte Scheidungsfolgesachen beschränkt ist, wird von der Praxis fast gar nicht im Zusammenhang mit der e. S. benutzt, obwohl es manchmal vielleicht gut wäre, die beantragte Übertragung der e. S. aus dem Kampf um die anderen Folgesachen (z. B. Unterhalt) herauszunehmen.

---

17 v. 12. 2. 1993, FamRZ 1993, 832 unter Anwendung von § 1681 I 2 BGB a. F.

Fall 59: Rechtsmittel gegen Sorgerechtsregelungen

1. Rechtsmittel des Adam

a) Die Scheidung mit Folgesachen erfolgt durch Urteil. Dieses ist durch Berufung beim OLG angreifbar, §§ 623, 629, 511 ZPO, evtl. durch Revision beim BGB, §§ 545, 546 ZPO.
b) Die Entscheidung über die e. S. ist eine Folgesache i. S. der §§ 629a, 621 I Nr. 1. Hiergegen ist das Rechtsmittel der auf vier Wochen befristeten Beschwerde zulässig, §§ 629a II, 621e ZPO. Bei Zulassung kann gegen diese Entscheidung befristete weitere Beschwerde eingelegt werden, § 621e II 1 ZPO. Dies gilt auch dann, wenn die beim OLG eingelegte weitere Beschwerde als unzulässig verworfen worden ist, § 621e II 2 ZPO.
c) Gegen eine einstw. AO besteht das Rechtsmittel der sofortigen Beschwerde, § 620c, die gem. § 22 FGG in zwei Wochen eingelegt werden muß.
d) Hiergegen gibt es kein Rechtsmittel, weil ja nicht geltend gemacht wird, daß die zuvor ergangene Entscheidung falsch ist. Stattdessen wird vorgebracht, daß sich die Verhältnisse verändert haben und die alte Entscheidung den Veränderungen angepaßt werden soll. Dies kann mit Hilfe des § 1696 geschehen. Er macht es möglich, daß das alte Verfahren einer neuen Entscheidung zugeführt wird. Erforderlich ist dafür, daß eine Änderung der alten AO angezeigt ist, weil dafür triftige, das Wohl des Kindes nachhaltig berührende Gründe vorliegen.
Daß Kinder, für die zunächst die Mutter die e. S. allein erhalten hat, später bei ihrem Vater leben möchten, ist nicht außergewöhnlich. Dies ist vor allem ein geschlechtsspezifisches Phänomen, das sich entwicklungspsychologisch erklären läßt. In vielen Fällen ist es geradezu notwendig, daß die Jungen zu den Vätern und die Töchter zu den Müttern kommen, weil sie den geschlechtsgleichen Elternteil zur Identifikation brauchen. Es ist also durchaus wahrscheinlich, daß auf Antrag von A (der ist notwendig, weil die Übertragung nach § 1671 auf Antrag erfolgt) das Verfahren nach § 1671 wieder aufgenommen und bei Widerspruch von E gem. Abs. 2 Nr. 2 dem A das Alleinsorgerecht übertragen wird.

2. Rechtsmittel des Jugendamtes

Das JA, das im Verfahren der Sorgerechtsregelung vom Gericht angehört werden muß (§ 49a I Nr. 9 FGG), ist Verfahrensbeteiligter und besitzt daher auch ggf. ein Beschwerderecht. Beschwerdebefugt ist nur das gem. § 87b KJHG zuständige und somit anzuhörende JA. Hat das Gericht im Rahmen seiner Amtsermittlungspflicht gem. § 12 FGG auch das JA angehört, in dessen Bezirk ein Elternteil wohnt, der das Kind nicht betreut, so ist dieses JA nicht beschwerdeberechtigt[18].

Gegen die Bitte des Gerichts, eine gutachtliche Stellungnahme abzugeben – auch wenn sie an ein unzuständiges JA geht –, hat dieses kein Beschwerderecht, da durch verfahrensleitende Verfügungen (dazu gehören auch z. B. Beweisanordnungen) noch in niemandes Rechtsposition eingegriffen wird[19].

---

18 OLG Düsseldorf v. 5. 1. 1979, FamRZ 1979, 857.
19 OLG Köln v. 13. 9. 1985, FamRZ 1986, 707.

Dieses läßt sich aus § 20 FGG oder aus § 57 I Nr. 9 FGG herleiten. Nach § 20 FGG muß es geltend machen, daß ein eigenes Recht (»rechtliches Interesse«) des JA verletzt worden ist. Dies wäre das Anhörungsrecht als solches, wenn das FamG entschieden hat, ohne dem JA die Chance zu geben, von dem ihm eingeräumten Recht auf Äußerung § 49 a I Nr. 9 FGG i. V. m. § 50 SGB VIII Gebrauch zu machen. – Nach § 57 I Nr. 9 FGG genügt es geltend zu machen, daß durch die ergangene Entscheidung das Kindeswohl verletzt sei (»berechtigtes Interesse«)[20].

3. Zuständigkeit

Da die Übertragung des Sorgerechts im Verbund erfolgt ist, richtet sich die Zuständigkeit hierfür nach der Zuständigkeit für die Ehesache. Diese ergibt sich aus § 606 ZPO. Hiernach sind folgende Zuständigkeiten vorgesehen: primär Gericht am Ort des gemeinsamen gewöhnlichen Aufenthalts der Ehegatten, sekundär am Ort des gewöhnlichen Aufenthalts von dem Elternteil und mj. Kind. Die weiteren Zuständigkeiten spielen für die Jugendämter keine bedeutende Rolle und können daher in diesem Zusammenhang vernachlässigt werden.

Für das Verfahren nach § 1696 dagegen ist nicht mehr das ursprüngliche Scheidungsverfahren maßgebend. Es wird vielmehr – trotz der inhaltlichen Fortschreibung des Rechtsstreits – als selbständiges Verfahren behandelt[21]. Maßstab ist daher das FGG und somit der Wohnsitz des Kindes (§§ 36 I 1, 43 I i. V. m. § 64 III FGG).

Fall 60: Rechte des nichtsorgeberechtigten Elternteils

1. Gem. § 1684 I Hs. 1 steht Eva kraft Gesetzes ein Umgangsrecht zu, das ggf. vom Richter näher ausgestaltet bzw. ausgeschlossen werden kann, § 1684 III. In jedem Fall haben der PSB und der Umgangsberechtigte alles zu unterlassen, was das Verhältnis des Kindes zum anderen beeinträchtigt oder die Erziehung erschwert, § 1684 II 1.
Ein dauerhafter Ausschluß des Umgangsrechts kommt erst in Betracht, wenn das Wohl des Kindes gefährdet ist, § 1684 IV 2, nicht schon vorher, z. B. wenn die familiäre Situation keine Chance einer für das Kind seelisch erträglichen, möglichst konfliktfreien Anbahnung von Kontakten mit dem nichtsorgeberechtigten Elternteil bietet[22].

2. Die Einbeziehung Dritter muß der Sorgeberechtigte grundsätzlich dulden[23]. Allerdings kann das Gericht auch die Umgangsbefugnis Dritter regeln, § 1684 III 1.

---

20 *Bumiller/Winkler,* § 57 Anm. 3, Nr. 9; KG v. 23. 4. 1982, FamRZ 1982, 954; KG v. 19. 10. 1981, FamRZ 1982, 955.

21 BGH v.25. 9. 1991, FamRZ 1992, 170; BGH v. 27. 5. 1992, FamRZ 1993, 49; *Palandt/Diederichsen* § 1696 Rdnr. 8.

22 So aber die alte Rspr., z. B. OLG Hamburg v. 3. 7. 1990, FamRZ 1991, 471.

23 OLG Hamm, v. 6. 8. 1981, FamRZ 1982, 93 m. w. N.

3. Grundsätzlich haben Großeltern ein eigenständiges Umgangsrecht, § 1685 I, das gerichtlich geregelt werden kann. Im Fernhalten der Kinder von nahen Verwandten (evtl. Pflicht zur Zulassung des Kontakts aus § 1618a), die kein eigenes Umgangsrecht gem. § 1685 haben, kann ein Mißbrauch des Sorgerechts liegen, der im Extremfall sogar gem. § 1696 mit einer Abänderung der Sorgerechtsregelung sanktioniert werden kann[24].

4. Bei berechtigtem Interesse kann der Nichtsorgeberechtigte vom Sorgeberechtigten Auskunft über die persönlichen Verhältnisse des Kindes verlangen, soweit ihre Erteilung dem Wohl des Kindes nicht widerspricht, § 1686. Wenn daher z. B. Eva und Kain in großer Entfernung voneinander leben und Eva die Reisekosten für sich oder Kain nicht aufbringen kann oder wenn sie aus Gesundheitsgründen reise- oder besuchsunfähig ist oder wenn sie mit Rücksicht auf Kain, der sich etwa in eine neue Familie einlebt, diesen nicht sehen will, so hätte sie ein berechtigtes Auskunftsinteresse. Adam könnte daher z. B. verpflichtet sein, halbjährlich schriftlich über Kain zu berichten sowie Fotos und Kopien von Schulzeugnissen zu schicken[25].

5. Ob Adam ein solches Recht hat, hängt von den Schulgesetzen der Länder ab. Denkbar ist, daß ein SchG die Erziehungsberechtigten im zivilrechtlichen Sinn meint (§§ 1626, 1631) oder daß der Begriff ausgedehnt ist wie in § 7 I Nr. 6 KJHG, wo neben dem PSB auch andere Personen erziehungsberechtigt sein können. Im ersteren Sinn erging eine ausführliche Entscheidung des VGH Baden-Württemberg zu Art. 17 IV LV BW, § 11 LDSG, §§ 55, 61 SchG, § 1 ElternbeiratsVO[26].

6. Bei Androhung einer Entführung kann A Evas Umgangsrecht ausschließen oder, wenn dies ausreichend ist, es auf eine Ausübung in Deutschland beschränken lassen, § 1684 III, IV. Wenn dem Kind Gefahr droht, kann eine solche Entscheidung im Wege der einstw. AO ergehen (§ 620 Nr. 2 ZPO). Zwar enthält das FGG keine ausdrückliche Regelung zur Zulässigkeit von Eilentscheidungen. Es geht jedoch in einer Reihe von Vorschriften davon aus, daß es einstw. AO gibt (vgl. z. B. § 49 IV FGG). Die Beschleunigung der Entscheidung bei der einstw. AO beruht darauf, daß zwar alle materiellen Voraussetzungen geprüft, daß sie aber nicht bewiesen, sondern nur glaubhaft (= geringerer Grad der Wahrscheinlichkeit) gemacht werden müssen.

7.a) Adam verweigert den Umgang: Die Fälle, in denen der Sorgeberechtigte die Kontakte verhindert, sind juristisch schwer zu handhaben; denn die Durchführung des Umgangs ist trotz der Möglichkeit, Zwangsgeld und Zwangshaft anzudrohen (§ 33 FGG)[27], nur begrenzt erzwingbar. In verschiedenen Städten bietet z. B. der Kinderschutzbund seine Dienste an, damit Vater und Mutter sich bei der Übergabe

24 Rspr. Nachweise bei *Palandt/Diederichsen,* § 1634 Rdnr. 7.

25 Vgl. LG Karlsruhe v. 28. 7. 1983, FamRZ 1983, 1169; BayObLG v. 12. 7. 1983, 1169.

26 v. 17. 12. 1991, FamRZ 1993, 828.

27 OLG Düsseldorf v. 25. 3. 1993, FamRZ 1993, 1349: Jeder Festsetzung muß eine Androhung vorausgehen.

des Kindes nicht treffen müssen[28]. Einen juristisch neuen Weg wies das AmtsG Aalen[29]. Es ordnete eine Umgangspflegeschaft verbunden mit einer zeitlich begrenzten Übertragung des Aufenthaltsbestimmungsrechts auf das JA als Pfleger an. Der neue § 1684 IV 3 sieht die Anwesenheit eines mitwirkungsbereiten Dritten (»beschützter Umgang«, »betreuter Umgang«) vor. Der neue § 52a FGG bietet ein eigenes gerichtliches Vermittlungsverfahren an, an dessen Ende im Extremfall der Entzug des Sorgerechts stehen kann (Abs. 3 und 5 S. 2).
b) Das Kind verweigert den Umgang: Hier kommt es darauf an, ob es sich um eine »induzierte Gegeneinstellung« handelt, d. h. eine Verweigerungshaltung, die ihre Ursache im Verhalten des sorgeberechtigten Elternteils hat. Falls ja, sind die unter a) beschriebenen Vorgehensweisen ebenfalls geeignet, den Konflikt zu überwinden.
Will das Kind jedoch wirklich keinen Umgang, ohne daß der Sorgeberechtigte insoweit Einfluß nähme, ist der Wille des Kindes zu respektieren. Das Kind kann unter keinem Gesichtspunkt zu Kontakten gezwungen werden. § 33 II 2 FGG sieht dies ausdrücklich vor.

X. Elterliche Sorge bei Störungen im Eltern-Kind-Verhältnis

Fall 61: Tod und Verschollenheit

1. Tod des Adam

Gem. § 1681 I1 steht dem überlebenden Elternteil die e. S. allein zu.

2. Unerreichbarkeit des Adam

A könnte verschollen i. S. d. VerschG sein. Verschollen ist, wessen Aufenthalt während längerer Zeit unbekannt ist, ohne daß Nachrichten darüber vorliegen, ob er in dieser Zeit noch gelebt hat oder verstorben ist, sofern nach den Umständen hierdurch ernstliche Zweifel an seinem Fortleben begründet werden, § 1 I VerschG. Verschollen ist nicht, wessen Tod nach den Umständen nicht zweifelhaft ist, § 1 II VerschG.
Bei Verschollenheit kann das FamG gem. § 1674 das Ruhen der e. S. feststellen. Dann darf Adam sie gem. § 1675 nicht mehr ausüben. Nach § 1678 I übt Eva sie dann allein aus (sie steht ihr allein zu).
Ist keine Ruhensentscheidung ergangen, so gilt auch § 1678 I: Eva darf dann ebenfalls die e. S. allein ausüben, kann sich jedoch nicht entsprechend ausweisen.

3. Endgültige Unauffindbarkeit von Adam

Jemand, der gem. § 1 I VerschG verschollen ist, kann unter genau gegebenen Voraussetzungen (§§ 3–8 VerschG) für tot erklärt werden, § 2 VerschG. Die Todeserklärung begründet die Vermutung, daß der Verschollene in dem im Beschluß

28 Vgl. *Gailer*, FamRZ 1990, 1330.
29 v. 29. 8. 1990, FamRZ 1991, 360.

festgestellten Zeitpunkt gestorben ist, § 9 I1 VerschG. Aus diesem Grunde endet die e. S. des Betroffenen gem. § 1677. Nach § 1681 I steht dem anderen Elternteil dann die e. S. zu.
Man sollte Eva daher den Rat geben, gem. § 16 II Buchst. c) VerschG ein Aufgebotsverfahren zwecks Todeserklärung von Adam zu beantragen.
Die Todeserklärung hätte nicht nur zur Folge, daß Eva juristisch abgesicherte Sorgerechtsinhaberin wäre. Sie würde es ihr auch ermöglichen, neu zu heiraten (zu den Folgen, wenn Adam noch lebte, s. §§ 1319, 1320) und Adam zu beerben.

4. Scheidung vor Tod
In diesem Falle erhielte Eva nicht automatisch das Sorgerecht. Vielmehr müßte es ihr das FamG gem. § 1680 II 1 übertragen, es sei denn, daß dies dem Wohle von Kain widerspräche.

Anmerkung: Die im § 1677 als zweite Alternative genannte Feststellung der Todeszeit liegt in Frage 3 nicht vor. Sie betrifft den Sachverhalt, daß jemand unstreitig tot ist, § 1 II VerschG, jedoch nicht festzustellen ist, wann er gestorben ist (dies ist z. B. wichtig für Erbrecht, Rente etc.). Hier hilft das Verfahren nach §§ 39 ff. VerschG.

Fall 62: Meinungsverschiedenheiten mit Pfleger

Die PFL-Bestellung erfolgte aufgrund von § 1666 I, 1909. Die Konstellation ist jetzt so: Adam und Eva haben die gesamte PS, P die gesamte VS. Bei der Entscheidung über das Internat (Bezahlung aus K's Vermögen) sind Rechte der Eltern und Rechte des P berührt. Bei Meinungsverschiedenheiten entscheidet gem. § 1630 II das FamG.

Fall 63: Tatsächliche Verhinderung

1. Aufgrund der Scheidung hatte Eva die e. S. (§ 1671 I). Da sie schwer erkrankt ist und nach Aussagen der Ärzte bis zur Gesundung vermutlich lange brauchen wird, ist sie auf längere Zeit tatsächlich verhindert, die e. S. auszuüben (§ 1674 I). Obwohl nicht auszuschließen ist, daß sie im Sinne der §§ 104 Nr. 2, 1673 I geschäftsunfähig ist, sollte aus Gründen der Rechtssicherheit ihre e. S. durch richterlichen Beschluß zum Ruhen gebracht werden, § 1674 I. Sie wäre dann nicht mehr berechtigt, sie auszuüben, § 1675. Dieses Ruhensverfahren würde vor dem FamG stattfinden. Weiter wäre dann zu klären, was – da sie aufgrund der Scheidung alleinige Inhaberin des Sorgerechts war – der Verlust des Sorgerechts im übrigen bedeutet. Gem. § 1678 I Hs. 2 hat der Richter in einem solchen Fall unter der Voraussetzung, daß der Grund des Ruhens voraussichtlich nicht wieder wegfallen werde, die e. S. dem anderen Elternteil zu übertragen, wenn dies aus triftigen, das Wohl des Kindes nachhaltig berührenden Gründen angezeigt ist (§ 1696). Ob Aussicht besteht, daß die Erkrankung wieder ausgeheilt werden kann, ist eine medizinische Frage, zu deren Beantwortung ggf. ein Sachverständiger gehört wer-

den muß. Nur wenn sie zu verneinen ist, kann über eine Übertragung der e. S. auf den Vater nachgedacht werden. Im vorliegenden Fall allerdings kommt Adam sowieso nicht als Sorgerechtsinhaber in Betracht. Es wäre daher ein VM zu bestellen, §§ 1773, 1774 S. 1, der im Rahmen seines Aufenthaltsbestimmungsrechts die Jungen bei der Großmutter belassen könnte. Er wäre auch gem. §§ 1793, 1631 a befugt, die Schulentscheidung zu treffen. Zum VM könnte auch, da Verwandte bevorzugt ausgewählt werden sollen, § 1779 II, die Großmutter bestellt werden.
Das Verfahren nach § 1678 II würde, da es sich eigentlich um die Abänderung einer Scheidungsfolgeregelung handelt (§§ 1671, 1696), vor dem FamG laufen. Die Auswahl des VM dürfte daher auch das FamG treffen, § 1697. Die VM-Bestellung dagegen hätte der VormR vorzunehmen (§§ 1773, 1774 S. 1).

2. Obwohl im Prinzip die gleiche juristische Ausgangssituation da ist, liegt der Sachverhalt hier insofern anders, als die Entscheidung umgehend getroffen werden muß und nicht die drei Verfahren nach § 1674, § 1678 und §§ 1774 ff. abgewartet werden können. Auch die Bestellung eines PFL gem. § 1909 für die Einwilligung in die Operation würde zu lange dauern. Für solche Fälle sehen die §§ 1693 und 1846 vor, daß ausnahmsweise der VormR selber elterliche oder künftige vormundliche Entscheidungen treffen kann. Diese sollen nach Möglichkeit nur vorläufige Regelungen beinhalten, wenn unvermeidbar – wie im vorliegenden Fall –, dürfen sie aber auch endgültiger Art sein.

3. Die gutachtliche Stellungnahme nach § 49 I Nr. 10 FGG soll sich äußern zu der Frage, ob die Übertragung des Sorgerechts auf den Vater dem Kindeswohl dient. Um hier einen guten, d.h. fachlich abgesicherten Vorschlag zu machen, ist es allerdings unumgänglich, die verschiedenen rechtlichen Konsequenzen, also den rechtlichen Rahmen zu kennen. Daher müßten Sie die unter 1. und 2. erörterten Lösungen dem Richter zwar nicht unterbreiten, aus Ihrem Vorschlag muß jedoch deutlich werden, daß Sie den rechtlichen Rahmen mit bedacht haben.

Fall 64: Minderjährigkeit

Solange weder A noch E einen Antrag nach § 1671 stellen, ändert sich nichts an der gem. § 1626 a I gemeinsamen Sorge. E kann jedoch trotz ihrer MJ mit Hilfe ihres g. V. Antrag auf Alleinsorge stellen. Wird diesem stattgegeben, so ruht E's e. S. jedoch gem. § 1673 II bis zum Volljährigwerden. K braucht gem. § 1773 einen VM. Eva hat vorläufig nur die tatsächliche PS gem. § 1673 II 2 Hs. 2 neben dem VM, wobei ihre Meinung bei Meinungsverschiedenheiten vorgeht, § 1673 II 3.

Fall 65: Sorgeberechtigte unter Betreuung

Wie sich aus den §§ 1896, 1902, 1903 ergibt, führt die Anordnung einer Betreuung nicht zu Einbußen in der Geschäftsfähigkeit. Daher kann die e. S. auch nicht automatisch ruhen, wenn ein sorgeberechtigter Elternteil unter Betreuung gestellt wird.

Es ist auch nicht möglich, für den Bereich der e. S. einen Einwilligungsvorbehalt gem. § 1903 zu machen; denn dieser kommt nur in Betracht bei einer erheblichen Gefahr für die Person oder das Vermögen des Betreuten. Durch die Ausübung der e. S. gefährdet er sich aber in der Regel nicht, höchstens das Kind.
Die Betreuung kann daher für die e. S. nur insofern eine Bedeutung haben, als sie Anlaß sein könnte, in das Sorgerecht gem. §§ 1666, 1666a einzugreifen. Zur Frage, unter welchen Voraussetzungen dies möglich ist, s. u. die Fälle 66–71, insbesondere Fall 67.

Fall 66: Straftat gegen das Kind

1. Folgen der Verurteilung

Wenn A wegen Beleidigung (= rechtswidriger Angriff auf die Ehre eines anderen durch vorsätzliche Kundgebung der Mißachtung oder Nichtachtung) gem. § 185 StGB zu Freiheitsstrafe verurteilt wird, so hat dies keine unmittelbaren automatischen Auswirkungen auf die e. S. Der FamR könnte dem Adam jedoch evtl. gem. § 1666 I die PS entziehen. Dann ist E gem. § 1680 III i. V. m. I Alleinsorgeberechtigte.

2. Erfolg der Berufung

Beleidigung ist ein Antragsdelikt (§ 185 StGB). Antragsberechtigt sind gem. § 77 III StGB die Eltern als g. V. Die Rspr.[30] sagt dazu: Bei einer Straftat von einem Elternteil gegen ein Kind kann der andere Elternteil allein einen Antrag stellen. Also wird die Berufung keinen Erfolg haben.

3. Umgangsrecht des A

§ 1684 I Hs. 1 gewährt dem Elternteil, dem die Personensorge nicht zusteht, die Befugnis zum persönlichen Umgang mit dem Kind. Warum dem Elternteil die Personensorge nicht zusteht, ist gleichgültig; § 1684 enthält insoweit keine Beschränkungen. Es kann daher z. B. sein, daß das Sorgerecht des Nichtsorgeberechtigten ruht oder daß es ihm entzogen ist. Das Umgangsrecht entfällt nur dann, wenn das Gesetz dies ausdrücklich vorsieht wie in § 1751 I 1 Hs. 2.
Damit das Kind vor evtl. schlechten Einwirkungen des nicht sorgeberechtigten Elternteils geschützt werden kann, kann das FamG das Umgangsrecht dem Umfang nach regeln (Abs. 3) oder es einschränken oder sogar ganz ausschließen (Abs. 4).
Ob das Gericht dem Adam im vorliegenden Fall das Umgangsrecht entziehen sollte, läßt sich aufgrund des dürftigen Sachverhalts nicht abschließend beantworten.
Falls das Gericht es für richtig hält, das Umgangsrecht im gegenwärtigen Zeitpunkt ganz auszuschließen, so verbleibt dem Adam das Recht, von Eva Auskunft über die persönlichen Verhältnisse des Kain zu verlangen, soweit ihre Erteilung dem Wohl des Kindes nicht widerspricht, § 1686 S. 1). Bei Streitigkeiten über das Auskunftsrecht entscheidet das FamG, § 1686 S. 2.

---

30 Vgl. für alle *Dreher/Tröndle,* § 77 Anm. 4b mit Nachweisen.

4. Wiedererlangung des Sorgerechts
Gem. § 1696 können VormG und FamG ihre AO ändern, wenn dies aus triftigen Gründen angezeigt ist (Abs. 1). Maßnahmen nach § 1666 sind aufzuheben, wenn eine Gefahr für das Wohl des Kindes nicht mehr besteht (Abs. 2). Länger dauernde Maßnahmen nach § 1666 hat das Gericht in angemessenen Zeitabständen zu überprüfen (Abs. 3). Im vorliegenden Fall wäre nach Abs. 2 zu verfahren.

Fall 67: Körperliche Züchtigung

1. In Betracht kommt eine Einschränkung des Sorgerechts gem. §§ 1666, 1666a. Der § 1666 ist folgendermaßen strukturiert:

Tatbestand (abstrakt):
1. TBM: Gefährdung des körperlichen, geistigen oder seelischen Wohls des Kindes.

2. TBM: Fehlverhalten der Eltern in Form von:
- mißbräuchlicher Ausübung der e. S.,
- Vernachlässigung des Kindes,
- unverschuldetem Versagen der Eltern oder
- eines auf das Kind negativ einwirkenden Verhalten eines Dritten.

3. TBM: Kausalität zwischen dem 1. und 2. TBM (»durch«).

4. TBM: Unfähigkeit oder Unwilligkeit der Eltern, die Gefahr abzuwenden.

Rechtsfolge (abstrakt):

Allgemein: Das FamG hat die zur Abwendung der Gefahr erforderlichen Maßnahmen zu treffen (§ 1666 I1). Speziell nennt das Gesetz folgendes:
- Maßnahmen gegen Dritte sind zulässig (§ 1666 IV).
- Das Gericht kann Erklärungen der Eltern ersetzen (§ 1666 III).
- Bei Unterhaltsverletzungen kann es auch die VS entziehen (§ 1666 II).
- Eine Kindesherausnahme ist nur möglich, wenn der Gefahr nicht auf andere Weise, auch nicht durch öffentliche Hilfe, begegnet werden kann (Hilfen vor Eingriffen) (§ 1666a I).
- Ein Entzug der gesamten PS ist nur zulässig, wenn andere Maßnahmen erfolglos geblieben sind oder wenn anzunehmen ist, daß sie zur Abwendung der Gefahr nicht ausreichen (§ 1666a II).

Über diese vom Gesetz benannten Folgen hinaus kann der Richter alle möglichen anderen Maßnahmen anordnen, die ihm pädagogisch erfolgversprechend erscheinen. U. a. kommen in Betracht[31]:
- Hinweise, Ermahnungen,
- Anweisungen, Gebote, Verbote (u. a. z. B. sog. go-order),

31 Zu weiteren Einzelheiten s. *Arndt/Oberloskamp/Balloff*, S. 98.

- Entzug von Teilbereichen des Sorgerechts (in der Praxis am häufigsten: Entzug des Aufenthaltsbestimmungsrechts – in der Regel ist diese Maßnahme unzureichend und daher rechtlich zweifelhaft),
- Vermittlung von Leistungen der Jugendhilfe[32],
- Vermittlung materieller sozialer Leistungen.

Subsumtion des Sachverhalts (konkret) unter den Tatbestand:
1. TBM: Das körperliche und seelische Wohl von Kain ist durch das Verhalten von Adam gefährdet (es ist eine solche gegenwärtige Gefahr vorhanden, daß sich bei weiterer Entwicklung der Dinge eine erhebliche Schädigung des Wohls des Kindes mit ziemlicher Sicherheit voraussehen läßt).

2. TBM: Das Verhalten von Adam läßt sich als Sorgerechtsmißbrauch qualifizieren, wobei unter Mißbrauch das Ausnutzen der Sorgeberechtigung zum Schaden des Kindes zu verstehen ist. Schlagen in der beschriebenen Art ist eine »entwürdigende Erziehungsmaßnahme« (§ 1631 II) und somit unzulässig und im dargelegten Umfang auch mißbräuchlich.

3. TBM: Ob Kausalität i. S. d. § 1666 gegeben ist, muß der Richter im Rahmen einer persönlichen Anhörung von Adam klären (§ 50 a I 3 FGG). Sie sei hier unterstellt.

4. TBM: Ob der Vater nicht gewillt oder in der Lage ist, andere Erziehungsmaßnahmen anzuwenden, geht aus dem Sachverhalt nicht hervor. Es soll hier unterstellt werden.

Rechtsfolge (konkret):
1. Hier ist die pädagogisch sinnvollste Maßnahme zu wählen. Sie zu finden und dem Richter vorzuschlagen, ist Aufgabe des JA (§ 49 a I Nr. 8 FGG). Sie vorliegend auszuwählen, ist aufgrund des unzureichenden Sachverhalts nicht möglich.

2. Was mit Evas Sorgerecht geschieht, wenn das von Adam eingeschränkt wird, bestimmt § 1680 III. Falls der Richter der Meinung ist, daß Adam einen für das Kindeswohl von Kain schädlichen Einfluß auf Eva ausübt, kann er auch Evas Rechte einschränken (§ 1666). Insoweit müßte dann ein PFL bestellt werden (§ 1909). Er sollte dies dann tunlichst zusammen mit der Entscheidung gem. § 1666 I regeln, weil sonst Eva zunächst weiter handlungsberechtigt ist (§ 1680 I).

Fall 68: Verhältnis Sorgerechtsentzug – Erziehungshilfen

Das Verhalten der Mutter erfüllt, auch wenn es sittlich nicht zu billigen ist, nicht den Tatbestand des § 1666. Weder liegt ein auf das Kind einwirkendes Fehlverhalten vor, noch ist ihr Verhalten ursächlich für die Fehlentwicklung von Kain. In Betracht kommt daher kein Sorgerechtsentzug, sondern nur Hilfen nach SGB VIII, die in die Elternrechte nur mittelbar eingreifen[33].

---

32 OLG Frankfurt v. 4. 8. 1993, DAVorm 1993, 943.
33 Vgl. hierzu *Oberloskamp/Adams*, Fragen 33–35.

Fall 69: Religiöse Überzeugung der Eltern

Ein »Mißbrauch« i. S. d. § 1666 I setzt voraus, daß die Eltern schuldhaft handeln, d. h., sich des Unrechts ihres Tuns bewußt sind und es wollen oder wenigstens in Kauf nehmen. Dies kann vorliegend bei Adam und Eva nicht angenommen werden. Um in solchem wie dem beschriebenen Fall Kinder dennoch nicht schutzlos ihren Eltern auszuliefern, hat der Gesetzgeber den Auffangtatbestand des »unverschuldeten Versagens der Eltern« geschaffen. Mit seiner Hilfe kann der FamR auch hier die erforderliche Maßnahme ergreifen. Diese bestünde im gegebenen Fall darin, die Einwilligungserklärung in die Bluttransfusion anstelle der Eltern selber abzugeben (§ 1666 II) oder im Hinblick auf den ärztlichen Behandlungsvertrag die e. S. einzuschränken und insoweit einen PFL zu bestellen (§§ 1666 I, 1909).
Sie müßten also umgehend den FamR gem. § 50 III SGB VIII unterrichten.

Fall 70: Geistige Behinderung der Eltern (BVerfG v. 17. 2. 1982, FamRZ 1982, 567 sowie LG Berlin v. 2. 8. 1988, FamRZ 1988, 1308)

Für einen Entzug des Sorgerechts, der mit einer Trennung des Kindes von seinen Eltern verbunden ist, wäre es erforderlich, daß das Kind durch ein objektives Fehlverhalten seiner Eltern akut und schwer gefährdet ist oder eine künftige Gefährdung sicher zu erwarten ist und daß diese Gefährdung nur durch einen Sorgerechtsentzug abgewendet werden kann (Grundsatz der Verhältnismäßigkeit).
a) Ein Kind ist so lange nicht akut gefährdet, als Defizite im Verhalten der Eltern (z. B. eingeschränkte Fähigkeit der Mutter, ihren Haushalt selbständig zu versorgen, andere familiäre Obliegenheiten ohne fremde Hilfe wahrzunehmen, vorausschauend zu planen, auf die Wünsche und Bedürfnisse eines Kindes angemessen einzugehen) durch andere Personen (z. B. Großeltern) oder Institutionen (z. B. Kindertagesstätten) ausgeglichen werden. Obwohl in einem solchen Fall eine Gefahr vorhanden ist, läßt sie sich »auf andere Weise« (§ 1666 a I) steuern.
b) Für die Feststellung einer künftigen Gefährdung reicht es nicht, daß behinderte Eltern der »Begabungsausstattung« eines Kindes nicht gerecht werden können. Die Garantie des Kindeswohls durch den Staat (Wächteramt) beinhaltet nicht, daß dieser gegen den Willen der Eltern für eine den Fähigkeiten des Kindes bestmögliche Förderung zu sorgen hat. Auch fehlende Kooperationsbereitschaft der Eltern ist kein Eingriffsgrund, solange die Behörden nicht ausreichend versucht haben, den Eltern das Gefühl zu vermitteln, daß sie mit unterstützenden öffentlichen Mitteln in der Lage seien, ihr Kind selbst zu betreuen und zu erziehen.
Aufgrund dieser Leitlinien, die das BVerfG (aaO) aufgestellt hat, sollte der SA im vorliegenden Fall jedenfalls zur Zeit keinen Sorgerechtsentzug anstreben. Es handelt sich hier um eine Konstellation, bei der vielleicht pädagogisch Wünschenswertes aus Rechtsgründen (Art. 6 II GG) nicht durchsetzbar ist.

Fall 71: Erziehungsvorstellungen ausländischer Eltern (nach LG Berlin v. 26. 4. 1983, FamRZ 1983, 943)

1. In einem Sachverhalt wie dem vorliegenden, bei dem Ausländer beteiligt sind, handelt es sich um einen sog. Fall mit Auslandsberührung. Ehe in einer derartigen Konstellation Gericht oder JA etwas unternehmen dürfen, haben sie vAw zu prüfen, ob sie berechtigt sind, überhaupt tätig zu werden. Man nennt dies die **Frage nach der internationalen Zuständigkeit.** Die internationale Zuständigkeit kann sich aus nationalem Verfahrensrecht (ZPO, FGG) oder internationalen Abkommen (z. B. Haager Minderjährigenschutzabkommen – MSA –) ergeben. Internationale Abkommen schließen als das spezielle Recht das deutsche aus.
Im vorliegenden Fall kommt ein Eingriff in das elterliche Sorgerecht in Betracht. Ein solcher Eingriff ist eine Schutzmaßnahme i. S. d. Art. 1 MSA. Schutzmaßnahmen sind nämlich behördliche oder gerichtliche Regelungen eines Einzelfalles, die im Interesse eines MJ getroffen werden. Sorgerechtsregelungen aller Art gehören dazu.
Daher könnte sich die internationale Zuständigkeit des deutschen JA und des deutschen FamG aus Art. 1 MSA ergeben. Demnach sind wir international zuständig, wenn
- es sich um einen MJ handelt (Art. 12 MSA),
- dieser seinen gewöhnlichen Aufenthalt in Deutschland hat und
- die Vorbehalte der Art. 3, 4, 5 III MSA hier nicht vorliegen.

a) Da K 17 Jahre alt ist, ist sie mj. nach deutschem und türkischem Recht. Somit ist sie mj. im Sinne des Art. 12 MSA.
b) Den gewöhnlichen Aufenthalt hat K in Deutschland, wenn sie hier ihren tatsächlichen Lebensmittelpunkt hat. Das trifft zu, da sie seit drei Jahren hier lebt, die Schule besucht, Freunde hat etc.
c) Von den Vorbehalten, die nicht vorliegen dürfen, kommt hier nur Art. 3 MSA in Betracht. Dieser bestimmt, daß ein Gewaltverhältnis (besser: Schutzverhältnis), das kraft Gesetzes nach der Rechtsordnung, dem der MJ angehört, besteht, anzuerkennen ist. Die e. S. ist z. B. ein solches gesetzliches Schutzverhältnis (gSchV). Liest man nun den Art. 3 in den Art. 1 hinein, so ist streitig, was das Vorliegen eines gSchV im Hinblick auf die Zuständigkeit für Folgen hat. Auf den Theorienstreit, der sich an dieser Frage entzündet hat, soll hier nicht weiter eingegangen werden[34]. Es soll die Theorie vertreten werden, die am ehesten das Kindeswohl gewährleistet. Dies ist die sog. Anerkennungstheorie. Sie beinhaltet, daß das Vorliegen eines gSchV nicht die internationale Zuständigkeit ausschließt. Bei Vorhandensein eines gschV sollte es lediglich nicht erlaubt sein, willkürlich in dieses einzugreifen. Ist eine Maßnahme jedoch nicht willkürlich, sondern nötig, so ist der Aufenthaltsstaat dafür zuständig, tätig zu werden.
Im vorliegenden Fall dürften sich daher das deutsche JA und das deutsche Gericht mit der Angelegenheit befassen.
Ist die deutsche internationale Zuständigkeit gegeben, stellt sich als nächstes die Frage, mit welchen Rechtsvorschriften der Fall gelöst werden soll, mit türkischen

---

34 Vgl. zu den Einzelheiten *Lauer/Oberloskamp*, S. 153 ff.; *Oberloskamp*, MSA, Art. 1 Rnrn.150 ff.

oder mit deutschen. Man nennt diese **Frage** die **nach dem anzuwendenden Recht**. Sie ist geregelt im deutschen Internationalen Privatrecht (IPR). Dieses ist dem Einführungsgesetz zum BGB (EGBGB) und internationalen Abkommen (z.B. dem MSA, dem Haager Vormundschaftsabkommen, dem Haager Unterhaltsstatutabkommen etc.) zu entnehmen. Internationale Abkommen schließen als das spezielle das deutsche Recht aus. Da es sich im vorliegenden Fall um eine Schutzmaßnahme handelt, kann wiederum das MSA eingreifen. Es bestimmt in Art. 2, daß international zuständige Behörden und Gerichte ihr eigenes materielles Recht anzuwenden haben. Folglich richten sich vorliegend eventuelle Eingriffe in die e. S. nach deutschem Recht, speziell nach § 1666 I oder § 1631 a BGB oder § 7 RelKErzG. Im gegebenen Sachverhalt käme ein Mißbrauch der e. S. oder ein unverschuldetes Versagen in Betracht.
Würde es sich um deutsche Eltern und eine deutsche Tochter handeln, so könnte man – allerdings läßt der Sachverhalt hier auch noch einiges offen – möglicherweise sagen, daß die Eltern mit ihrem Erzieherverhalten nicht den Vorstellungen des § 1626 II und des § 1631 a entsprechen und daß sie gegen § 5 RelKErzG verstoßen.
Die Frage ist nun, ob wir unseren türkischen Mitbürgern unsere deutschen Vorstellungen einfach überstülpen und in elterliche Rechte eingreifen können, nur weil diese ihre Kinder nach türkisch-moslemischen Vorstellungen (gut) erziehen. Art. 6 GG, der den Schutz der Familie von staatlichen Eingriffen verbrieft, gilt auch für Ausländer. Auch ausländische Familien sollten in ihrer Autonomie geachtet werden. Auch ihnen gegenüber kann das (deutsche) staatliche Wächteramt erst eingreifen, wenn die Grenze des Tolerablen überschritten ist. Wo diese liegt, könnte bei Fällen mit Ausländerberührung etwa Art. 6 EGBGB markieren, der für das IPR die Berücksichtigung des fremden Rechts dann verbietet, wenn die Anwendung gegen die guten Sitten oder den Zweck eines deutschen Gesetzes verstößt. Kindern und Jugendlichen im Rahmen der Erziehung Grenzen zu setzen und sie zur Wahrung religiöser Normen anzuhalten, verstößt aber insbesondere dann nicht gegen die guten Sitten, wenn die Minderjährigen später auch noch imstande sein sollen, sich in ihrem eigenen Kulturkreis »normal« zu verhalten. Eine Erziehung dahin gehend muß sogar möglich sein, wenn wir ausländischen Mitbürgern zubilligen wollen, ihre kulturelle Identität zu wahren, und wenn wir ferner erwarten, daß sie eines Tages in ihre Heimat zurückkehren.
Im vorliegenden Fall wird man dem V daher nicht vorwerfen können, er habe sein Elternrecht fehlgebraucht. Ein Eingriff ist somit nicht zulässig.
Das JA sollte deshalb nichts beim FamG veranlassen, sondern versuchen, K und ihrer Familie Hilfen anzubieten, damit diese mit ihrer gespaltenen Situation fertig werden (vgl. § 1666 a I).

2. Ein solches Vorgehen des Vaters wäre – im Gegensatz zu dem zuvor beschriebenen Verhalten – ein Sorgerechtsmißbrauch. Die körperliche Unversehrtheit ist zivilrechtlich (§ 823 I BGB) und strafrechtlich (§§ 223 ff. StGB) geschützt. Abgesehen davon, daß körperliche Strafen daher in aller Regel »entwürdigende Erziehungsmaßnahmen« i. S. d. § 1631 II darstellen, reagiert die Rspr. umso eindeutiger auf solche Erziehungsmethoden, je älter ein Kind und zumal wenn es ein

Mädchen ist. Bei einer 17jährigen sind Schläge jedenfalls bei dem beschriebenen Sachverhalt nicht hinzunehmen. Da ein solcher Sorgerechtsmißbrauch auch geeignet ist, einen jungen Menschen körperlich und seelisch zu schädigen, liegen eine »Gefährdung des Kindeswohls« und »Kausalität« vor. Demnach könnte der FamR eine geeignete Maßnahme ergreifen. Will er allerdings die K von der Familie trennen, d. h., den Eltern das Aufenthaltsbestimmungsrecht entziehen, so ist § 1666 a I zu beachten, wonach dies nur zulässig ist, wenn der Gefahr nicht auf andere Weise, auch nicht durch öffentliche Hilfen, begegnet werden kann. Mit den erwähnten öffentlichen Hilfen sind insbesondere die erzieherischen Hilfen nach SGB VIII (§§ 27 ff.) gemeint. Der vorrangige Verweis auf öffentliche Hilfen bedeutet jedoch nicht, daß alle ambulanten Hilfen des SGB VIII (§§ 28–32) erst »durchprobiert« worden sein müssen. In der Regel wird allerdings nachgewiesen werden müssen, daß die Jugendhilfe versucht hat, das Problem ohne richterlichen Eingriff zu lösen[35]. In Ausnahmefällen, die jedoch genauestens zu begründen sind, kann der richterliche Eingriff auch ohne vorherige Hilfe (sei es nach vergeblichem Angebot, sei es, daß die Jugendhilfe vorher überhaupt nicht beteiligt war) durchgeführt werden, in Extremfällen sogar im Wege der einstw. AO.
Ein Vorgehen des JA gem. § 50 III KJHG kommt daher selbst in diesem Fall nur dann in Betracht, wenn das JA aufgrund seiner Fachkenntnisse davon überzeugt ist, ohne sofortige richterliche Entscheidung der K nicht helfen zu können.

Fall 72: Maßnahmen gegen Dritte

1. Obwohl die §§ 1666, 1666 a Eingriffsnormen gegenüber den Eltern darstellen, kann mit ihrer Hilfe sowohl gegen diese als auch gegen Dritte, die nicht Elternrechte besitzen, vorgegangen werden.
Goliath ist Rebeccas Stiefvater. Das bedeutet, daß er mit R nur verschwägert (§ 1590) und nicht Inhaber der e. S. ist. Er ist somit Dritter i. S. d. § 1666. Da sein Verhalten R gefährdet, kann der Richter die erforderlichen Maßnahmen sowohl gegen ihn (Abs. 4), als auch gegen Eva treffen (§ 1666 IV), wenn diese nicht in der Lage ist, die Gefahr abzuwenden. Dies trifft bei ihr offenbar zu.
Ob und welche Maßnahmen gegen Eva erforderlich sind, kann hier nicht abschließend beantwortet werden. Dem G könnte der Richter z. B. untersagen, sich mit R zu befassen, und ihn zur Befolgung seiner Anordnung durch Zwangsgeld anhalten (§ 33 FGG). Dies wird jedoch wahrscheinlich bei den gegebenen Umständen nicht ausreichen. Man wird R vermutlich aus der Familie entfernen und abwarten müssen, wie sich die Ehe entwickelt. Natürlich könnte der Richter gegenüber G nicht anordnen, daß er sich scheiden lassen soll. Aber er könnte evtl. eine sog. go-order erlassen, d. h. ihm aufgeben auszuziehen.
Jedenfalls liegt ein Fall vor, in dem das FamG zum Einschreiten berufen ist. Deshalb hat das JA dem Gericht eine entsprechende Anzeige zu machen, § 50 III SGB VIII.

35 So zutreffend BayObLG v. 19. 4. 1991, FamRZ 1991, 1218.

2. Neben diesen zivilrechtlichen Folgen sind strafrechtliche denkbar. Zwar verstößt das Verhalten des Goliath nicht gegen § 173 StGB (Beischlaf zwischen Verwandten), da er nur Stiefvater und nicht leiblicher Vater der R ist. Die Handlungen des G stellen jedoch einen sexuellen Mißbrauch von Schutzbefohlenen (ein Kind ist nach der Rspr. auch seinem Stiefvater anvertraut), § 174 StGB, einen sexuellen Mißbrauch von Kindern (= MJ unter 14 Jahren), § 176 I, III Nr. 1 StGB, und eine Vergewaltigung, § 177 StGB, dar. Da diese Delikte durchweg mit Freiheitsstrafe geahndet werden, kann der FamR seine Entscheidung nach § 1666 den Verhältnissen anpassen.
Das JA hat keine Pflicht, die Straftat des Goliath anzuzeigen (Mitteilung an Polizei/Staatsanwaltschaft), da der Sachverhalt nicht unter § 138 StGB fällt.

Fall 73: Aufhebung von gerichtlichen Eingriffen

Ob der Vater die e. S. zurückerhält und K dann gem. § 1632 I von den Pflegeeltern herausverlangt oder ob K bei den Pflegeeltern bleibt, hängt davon ab, wie § 1696 II zu interpretieren ist. Bedeutet er, daß im Einklang mit Art. 6 II GG bei Wegfall der ursprünglich vorhandenen Gefährdung die e. S. ohne Einschränkungen zurückzugeben ist, so ist ein Kind ohne Verzug dem Sorgeberechtigten auszuhändigen, wenn dieser es verlangt. – Wie der Sachverhalt sagt, haben sich die Verhältnisse des A konsolidiert; er hat eine Frau geheiratet, an deren erzieherischen Fähigkeiten keine Zweifel bestehen; und er will sich jetzt auch selber um K kümmern. Seine Situation ist daher so, daß ihm, wäre es bei der Scheidung so gewesen, niemals das Sorgerecht entzogen worden wäre. Wenn es also lediglich auf den Wegfall der damaligen Gefährdung ankommt, müssen die Ps K sogleich zurückgeben.

Bedeutet § 1696 II jedoch, daß in Übereinstimmung mit Art. 1 I, 2 I GG im aktuellen Zeitpunkt überhaupt keine Gefährdung vorliegen darf, dann ist in einem Fall wie dem gegebenen zu berücksichtigen, daß man Kinder oftmals nicht abrupt aus den ihnen vertrauten Bezügen herausnehmen und den formalen Sorgerechtsinhabern aushändigen kann. § 1632 IV enthält diesen Rechtsgedanken.

Die Frage der Vereinbarkeit des § 1696 II mit Artt. 1 I, 2 I GG wurde dem BVerfG[36] vorgelegt. Dieses nahm die Vorlage jedoch nicht an, weil – so die Begründung – es möglich sei, die Norm verfassungskonform auszulegen und den Rechtsgedanken des § 1632 IV in den § 1696 II hineinzulegen.

Es ist daher davon auszugehen, daß A den K – je nachdem, wie lange K bei den Ps war – nicht unmittelbar herausnehmen, sondern ihm eine Übergangs- und Gewöhnungszeit zubilligen muß[37].

---

36 v. 21. 4. 1993, FamRZ 1993, 782.
37 *Niemeyer*, FuR 1993, 225.

Kapitel 5

Staatliche Schutzverhältnisse für Minderjährige

XI. Vormundschaft/Pflegschaft

Fall 74: Elterliche Sorge/Vormundschaft

1. Vor der BetreuungsAO für A: Gem. §§ 1626a I a.e.c., 1626, 1629 I 1 üben beide die e. S.aus.

2. Die Betreuung schränkt die e. S. nicht ein, auch wenn der Betreuer g. V. ist, § 1902. Der Betreuer ist aber im Bereich e. S. auch nicht neben dem Betreuten handlungsfähig, weil die e. S. ein höchstpersönliches Recht ist und sich die Betreuung hierauf nicht beziehen kann. Von daher ist es völlig gleichgültig, für welche Aufgaben der Betreuer bestellt worden ist, die e. S. des A ist unberührt geblieben. Er übt sie weiterhin gemeinsam mit E aus. Wenn sie eingeschränkt werden soll, muß ein anderes rechtliches Instrument, nämlich § 1666 gewählt werden.

3. Wenn dem A die e. S. gem. § 1666 entzogen worden ist, darf er sie gem. § 1675 nicht mehr ausüben.

4. Nach Evas Tod: Jetzt steht M unter niemandes e. S., er braucht gem. § 1773 einen VM. Gem. § 1774 S. 1 ist ein solcher vAw zu bestellen.

5. Benennung des Aaron: Gem. §§ 1776, 1777 kann der Inhaber der e. S. eine Person testamentarisch als VM benennen. Eine solche Person ist dann als VM berufen und kann gem. § 1778 bei der Bestellung nur übergangen werden, wenn sie wegen bestehender Hindernisse dieses Amt nicht übernehmen kann.

Der VormR wird also prüfen, ob Hindernisse bestehen. Ist das nicht der Fall, muß er Aaron gem. §§ 1789–1791 bestellen und ihm eine entsprechende Urkunde aushändigen.

Fall 75: Berufung als Vormund

Bei der Auswahl eines VM sind gem. § 1779 II 2 Verwandte und Verschwägerte des Kindes zu berücksichtigen. Innerhalb dieses Kreises gibt es jedoch keinen Vorrang aufgrund des Verwandtschafts- oder Schwägerschaftsgrades. Entscheidend ist vielmehr gem. Abs. 2 S. 1 die Eignung.
Bevor allerdings in die Prüfung der Frage, wer geeignet ist, eingetreten wird, ist zu klären, ob jemand benannt ist und ob dieser Benannte berufen werden kann.

Aaron ist von Eva benannt, somit hätte er gem. § 1779 I Vorrang. Allerdings ist gem. § 1781 Nr. 3, der noch bis 31. 12. 1998 gilt, untauglich zum VM, wer in Konkurs geraten ist. Somit kann Aaron während der Dauer des Konkurses nicht VM sein. Evtl. könnte hier § 1778 II helfen, wonach Aaron nach Beendigung des Konkurses einen vorübergehend eingesetzten VM, z. B. das JA, wieder ablösen könnte. Ab 1. 1. 1999 gibt es keinen Konkurs mehr, also entfällt auch die Einschränkung des § 1781 Nr. 3 Es gelten dann die allgemeinen Eignungsmaßstäbe des § 1779 II.

Fall 76: Ablehnungsgründe

Gem. § 1785 ist jeder Deutsche in der Regel verpflichtet, eine Vormundschaft zu übernehmen. Allerdings zählt § 1786 I einige Gründe auf, die eine Berechtigung zur Ablehnung geben. Vorliegend kommt folgendes in Betracht:
Nr. 3: Hiernach müßte dem A die Personen- und Vermögenssorge für »mehr als drei« Kinder (= mindestens 4) zustehen. Das liegt hier nicht vor.
Nr. 8: A müßte »mehr als eine Vormundschaft, Betreuung oder Pflegschaft« (= mindestens 2) führen. Hier führt A eine Betreuung gem. § 1896 und eine Pflegschaft gem. § 1909. Diese reichen aus, um ein Ablehnungsrecht zu begründen.

Fall 77: Zwei Vormünder

1. Großvater als Vormund
Eine Scheidung als solche ist kein Grund, das Sorgerecht für ein Kind zu regeln. Das FamG hat jedoch, auch wenn keiner der Eltern einen Antrag auf Übertragung des Sorgerechts gem. § 1671 stellt, mit den Eltern über die gemeinsamen Kinder zusprechen, § 613 ZPO. Hierbei kann der Richter gemerkt haben, daß das Wohl von Anja bei ihren Eltern gefährdet ist. Er hat dann ein Verfahren nach § 1666 einzuleiten und den Eltern das Sorgerecht zu entziehen. Es gehört auch noch zu Aufgaben des FamG, Vormundschaft anzuordnen und einen Vormund auszuwählen, § 1697. Die Bestellung und Überwachung des Vormunds dagegen ist Aufgabe des VormG, §§ 1773, 1774 S. 1. Offenbar hat also der FamR den Großvater ausgewählt, und das VormG hat ihn nach §§ 1789, 1791 bestellt und bestallt.

2. Aussichten eines Rechtsmittels gegen Vormundsbestellung
Gem. § 1775 BGB soll das Vormundschaftsgericht, sofern nicht besondere Gründe vorliegen, für den Mündel nur *einen* Vormund bestellen. Als besondere Gründe sind bisher in der Regel nur besonders schwierige Vermögensverwaltung, Vermögen an verschiedenen Orten etc. anerkannt worden. In einem Fall hat das LG Heidelberg[1], bei dem die Eltern bei einem Flugzeugunglück verstorben waren, für die beiden Töchter neben dem Bruder des Vaters auch dessen Ehefrau zum Mitvormund bestellt. In der Regel wird § 1775 von der bisher h. M. und Rechtsprechung pragmatisch dahingehend ausgelegt, daß Mitvormundschaft grundsätzlich unerwünscht ist, um dem Vormundschaftsgericht die Auseinanderset-

1 v. 31. 10. 1980, FamRZ 1981, 96.

zung mit mehreren Vormündern zu ersparen. Diese Auslegung ist bedenklich vor dem Hintergrund, daß die Vormundschaft des Jahres 1900 – und um die handelt es sich bei unserem Recht – der väterlichen Gewalt nachgebildet war, daß heute jedoch elterliche Sorge der Eltern gemeinsam ausgeübt wird (§ 1626 Abs. 1 BGB) und Vormundschaft immer noch der elterlichen Sorge nachgebildet ist (§§ 1793, 1800 BGB), somit ähnlichen Zwecken dient wie diese. Jedenfalls nimmt diese Auslegung keine Rücksicht auf den Umstand, daß – wie im vorliegenden Fall – die Großeltern gemeinsam faktisch die Erziehungsverantwortung tragen und dadurch zu erkennen geben, daß sie bereit sind, gemeinsam mitmenschliche Bindungen über ihre normale Rolle als Großeltern hinaus zu ihrem Enkel einzugehen. Hinzu kommt, daß der Großvater mit 75 Jahren schon ziemlich alt ist und die Sicherheit für das Mädchen größer wäre, wenn sie – wie bei Eltern – zwei Sorgerechtsinhaber hätte.
[Die Argumente, daß beide die Vormundschaft wollen und daß die Großmutter, wenn sie nicht Vormünderin ist, nicht eimal in Alltagsdingen für ihre Enkeltochter handeln kann, »ziehen« wohl nicht. Der positive Wille spielt im ganzen Vormundschaftsrecht keine Rolle. Bei Rechtsgeschäften des Alltags könnte die Großmutter wohl gem. § 1688 handeln.]
Es wäre also bereits nach geltendem Recht konsequent, durch die Anordnung einer Mitvormundschaft auch gemeinsame rechtliche Bindungen zu schaffen. Vor diesem Hintergrund wäre den Großeltern zu raten, gegen die Entscheidung des Gerichtes ein Rechtsmittel einzulegen.
Der nach künftigem Recht ab 1. 1. 99 geltende § 1775 S. 1 macht es dem Gericht einfacher, zu dieser Lösung zu kommen. Er sieht nämlich vor, daß das Gericht ein Ehepaar gemeinschaftlich zu Vormündern bestimmen kann. Dies drückt die Befugnis aus, so zu verfahren, wenn Gründe dafür vorliegen. Das Alter des Großvaters und der Wunsch der Großeltern, sich gegenseitig unterstützen zu dürfen, sowie die Überlegung, daß es auch im Blick auf das Mädchen psychologisch geschickter wäre, beide Großeltern mit Rechten und Pflichten auszustatten, spricht dafür, von der neuen Möglichkeit Gebrauch zu machen. § 1697a, der zwar im Titel über die e. S. steht, muß auch hier gelten. Deshalb muß das Gericht die Entscheidung treffen, die dem Wohl des Kindes am besten entspricht. Deshalb ist auch nach künftigem Recht den Großeltern zu empfehlen, ein Rechtsmittel einzulegen.

Wie die gemeinsame Vormundschaft der Großeltern dann ausgestaltet sein kann, ergibt sich aus § 1797. Hier sind in den drei Absätzen drei verschiedene Möglichkeiten vorgesehen. Vorliegend kommt wohl nur Abs. 1 in Betracht, weil dieser die gemeinsame Sorge von Eltern imitiert.

3. Art des Rechtsmittels

Gegen die Bestellung eines Vormunds, die aufgrund richterlichen Beschlusses erfolgt, ist gem. § 19 FGG das Rechtsmittel der Beschwerde beim LG zulässig. Gem. § 20 FGG ist beschwerdeberechtigt derjenige, dessen Recht durch die richterliche Verfügung beeinträchtigt ist. Demnach sind beide Großeltern beschwerdeberechtigt: der Großvater, weil er die Last der Vormundschaft teilen möchte; die

Großmutter, weil sie als gem. § 1779 II 3 BGB Bevorrechtigte übergangen worden ist.
Neben den Großeltern ist auch Anja gem. § 59 I 1 FGG beschwerdeberechtigt.
Da für die Beschwerde im Gesetz keine Frist vorgesehen ist, handelt es sich um eine einfache Beschwerde.
[Es handelt sich um keine sofortige Beschwerde gem. § 60 I Nr. 1 FGG, weil die Großeltern – wie zu Frage 1 ausgeführt – nicht berufen sind und daher auch nicht übergangen sind.]
Weitere(s) Rechtsmittel/Instanz ist: Weitere Beschwerde beim OLG (§ 28 FGG).

4. Wiedererlangung der elterlichen Sorge

a) Anjas Mutter oder die Großeltern, eventuell auch Anja selbst oder das Jugendamt werden zum FamG gehen, die gesamten Umstände mitteilen und ein Verfahren nach § 1696 II BGB in Gang setzen. Dieses Verfahren zielt darauf ab, die Sorgerechtsregelung, die aus Anlaß der Scheidung getroffen wurde (§ 621 a Abs. 1 Nr. 1 ZPO i. V. m. § 1666), abzuändern, indem der Entzug des Sorgerechts aufgehoben und der Mutter die e. S. zurückübertragen wird. Das Verfahren nach § 1696 BGB setzt sozusagen das alte Sorgerechtsverfahren nach § 1671 BGB fort, nachdem sich die Verhältnisse geändert haben. Diese »Wiederaufnahme des Verfahrens« ist kein Verfahren auf Antrag, sondern geschieht von Amts wegen, »wenn eine Gefahr für das Wohl des Kindes nicht mehr besteht«. Die Mitteilung der Betroffenen an das FamG ist daher kein Antrag im technischen Sinn, sondern eine Anregung. Sie kann von jedem ausgehen.
Wenn das FamG die Anordnung aus dem Scheidungsverfahren aufhebt, entfällt die auf ihr beruhende Vormundschaft des Großvaters automatisch (§ 1882 BGB). Er braucht seines Amtes also nicht eigens enthoben zu werden.
b) Sorgerechtssachen vor dem FamG gehören zur freiwilligen Gerichtsbarkeit. Deshalb hat das FamG die zur Feststellung der Tatsachen erforderlichen Ermittlungen zu veranstalten (§ 12 FGG). Konkret heißt dies hier, daß es das Vorbringen der Beteiligten aktenkundig macht und selber weiter recherchiert.
c) Das FamG wird das JA anhören. Dies ergibt sich zwar nicht unmittelbar aus den Anhörungsvorschriften des FGG (vgl. § 49 a FGG), diese stellen aber keine abschließende Regelung dar; es liegt vielmehr im pflichtgemäßen Ermessen des Gerichts, das JA anzuhören. Da das JA bei der Entscheidung über die Regelung der elterlichen Sorge gem. § 1666 angehört wurde (§ 49 a I Nr. 2 FGG) und mitgewirkt hat (§ 50 I SGB VIII), ist es vom Sinn der JA-Mitwirkung her, dem Richter Entscheidungshilfe zu geben, geboten, auch in diesem Fall das JA einzuschalten.
d) Das JA unterstützt das FamG gem. § 50 Abs. 1 Satz 1 bei der anstehenden Entscheidung. Zwar besteht eine Mitwirkungs**pflicht** nur nach Satz 2, soweit eine Anhörungspflicht des Richters besteht. Das JA fragt bei der Ausübung des Ermessens, das FamG zu unterstützen oder nicht, ob dies im Kindesinteresse geboten ist. Da die hier anstehende Entscheidung der Aufhebung der Vormundschaft und Rückübertragung der e. S. auf Anjas Mutter von mindestens so weitreichender

Bedeutung für Anja ist wie die Ausgangsentscheidung gem. § 1666i ist es geboten, daß das JA mitwirkt.
e) Das FamG wird die Mutter und Anja anhören (§§ 50a, 50b FGG). Ebenso wird es den Großvater anhören (§ 50c FGG).
[§ 8 SGB VIII wendet sich nicht an das Gericht, sondern an das JA.]
f) Die materiell-rechtliche Rechtsgrundlage für die Entscheidung über die Aufhebung der Vormundschaft und die Übertragung der elterlichen Sorge auf die Mutter ist § 1696 Abs. 2 BGB. Im vorliegenden Fall wird sowohl das JA im Zusammenhang mit seiner Mitwirkung als auch der Richter bei der Prüfung der materiellrechtlichen Voraussetzungen seiner Entscheidung zu dem Ergebnis kommen, daß er die Vormundschaft aufzuheben und die e. S. an Anjas Mutter zu übertragen hat.

Fall 78: Vereinsvormundschaft

1. Der VormR wird zuerst prüfen, ob der Verein berechtigt ist, die Übernahme abzulehnen.

Gem. § 1791a können Vereine zum VM bestellt werden. Voraussetzung dafür ist:
- Der Verein muß rechtsfähig, d.h. ein e. V. sein, vgl. §§ 55ff.;
- er muß vom LJA zur Führung von Vormundschaften für geeignet erklärt worden sein, § 1791a I 1;
- eine zum EinzelVM geeignete Person darf nicht vorhanden sein, oder er muß gem. § 1776 als VM berufen sein;
- er muß in die Bestellung einwilligen.

Selbst wenn also im vorliegenden Fall die ersten drei Voraussetzungen erfüllt sind, kann der Vorsitzende dennoch seine Zustimmung verweigern.

2. Wenn keine als EinzelVM geeignete Person vorhanden ist und auch der e. V. seine Bestellung ablehnt, wird der VormR gem. § 1791b das JA zum AmtsVM bestellen. In der Praxis ist dies der Regelfall.

Fall 79: Verfahren der Bestellung

Erklärt J sich bereit, die Vormundschaft zu übernehmen, ist zu unterscheiden:
1. War das JA noch nicht VM geworden, so bestellt das FamG den J zur Führung der Vormundschaft. Durch Handschlag an Eides Statt wird er zu treuer und gewissenhafter Führung der Vormundschaft verpflichtet, § 1789. Als Bescheinigung, daß er zum VM bestellt ist, erhält er eine sog. Bestallung, § 1791. Die Verpflichtung ist der die Vormundschaft begründende Akte (d.h. sie ist konstitutiv), die Bestallung dient lediglich als Ausweis (d.h. sie ist deklaratorisch).

2. War das JA schon Vormund geworden, so ist das FamG nach dem Prinzip der Subsidiarität verpflichtet, das JA zu entlassen und die Einzelperson zu bestellen, wenn dies dem Wohl des Kindes dient, § 1887 I. Das JA selber kann die Entlassung beantragen, oder das Gericht kann sie vAw betreiben, § 1887 II.

Fall 80: Kind mit lediger Mutter

1. E.S. für Moses

a) Vj. Mutter: Gem. § 1626 a II hat diese die e. S.
b) Mj. Mutter: Diese kann wegen §§ 1673 II 1, 1675 keine e. S. ausüben. M benötigt einen VM, § 1773. Dies ist gem. § 1791 c I 1 des JA. Die Mutter hat nur die tatsächliche PS, neben dem VM § 1673 II 2. Bei Meinungsverschiedenheiten geht gem. § 1673 II 3 Hs. 1 ihre Meinung vor. Gefährdet es das Kind, wenn sie sich mit ihrer Meinung durchsetzt, ist ihr die tatsächliche PS nach § 1666 zu entziehen.
c) Wegen Drogensucht unter Betreuung stehende Mutter: Die Betreuung führt nicht zur Beschränkung der Geschäftsfähigkeit. Der VormR, der die Betreuung anordnet, sollte gleichzeitig prüfen, ob ein Eingriff in die e. S. nötig ist. Hat er wegen der e. S. nichts veranlaßt, so ist M weiterhin Sorgerechtsinhaberin.
d) Wegen Psychose unter Betreuung stehende Mutter: Auch wenn für alle Angelegenheiten ein Einwilligungsvorbehalt besteht, ist die Ausübung der e. S. nicht davon betroffen, da der Vorbehalt nur im Interesse des Betroffenen angeordnet werden kann, und die e. S. fremdnützig ist, d. h. im Interesse eines Dritten, nämlich des Kindes besteht. M ist also auch hier Sorgerechtsinhaberin, es sei denn, sie ist im Sinne des § 104 Nr. 2 geschäftsunfähig und ihre e. S. ruhte deshalb gem. § 1673 I. In diesem Fall oder bei einem Eingriff gem. §§ 1666, 1666 a müßte dem M gem. §§ 1773, 1774 ein VM bestellt werden.

2. Änderung der e.S.

a) Da eine Betreuung nicht zwangsläufig Konsequenzen für die e. S. hat, ändert sich nur dann etwas, wenn der VormR gleichzeitig mit der Betreuungsanordnung in die e. S. eingreift. Im Umfang des Eingriffs kann das JA PFL oder VM werden.
b) Volljährigwerden der mj. Mutter: Bei Volljährigwerden lag die Situation 1b) vor. Jetzt benötigt das Kind keinen VM mehr. Der bisher gem. § 1791 c I 1 vorhandene VM verliert alle seine Kompetenzen an die Mutter. Gem. § 1772 braucht die Vormundschaft nicht einmal aufgehoben zu werden, sie entfällt kraft Gesetzes.
c) Auch in dieser Konstellation ändert sich nichts automatisch. Ist der Mutter vorher das Sorgerecht entzogen worden, muß nun überprüft werden, ob der Entzug ebenfalls aufgehoben wird, § 1696.
War inzwischen das JA gem. § 1791 b bestellt, so ist dieses zunächst gem. § 1887 aus der Vormundschaft zu entlassen. Im übrigen läuft das Verfahren wie unter 1. beschrieben ab.

Fall 81: Rechte und Pflichten des Vormunds

J durfte als VM den M in einer Pflegefamilie unterbringen, da er gem. §§ 1793, 1800 die VS und die PS samt Vertretung und somit auch das Aufenthaltsbestimmungsrecht gem. § 1631 I hat. Allerdings ist ein VM in mehr Fällen als die Eltern in der Ausübung der Rechte und Pflichten eingeschränkt, vgl. z.B. für die VS §§ 1802 ff. In der PS ist ein VM im wesentlichen den Einschränkungen unterworfen, denen auch die Eltern unterliegen (Ausnahme: § 1801). So bedarf gem. § 1631 b i. V. m. § 1793 eine Unterbringung des Mündels, die mit Freiheitsentziehung verbunden ist, der Genehmigung des FamGs. Solange es nach dem JWG aus dem Jahre 1992 eine sog. öffentliche Erziehung in Form von Freiwilliger Erziehungshilfe (FEH) und Fürsorgeerziehung (FE) gab, war es in Lit. und Rspr. streitig, ob eine derartige Unterbringung freiheitsentziehend war[2]. Für die Heimerziehung nach dem KJHG vom 11. 5. 1990 kann man dies generell sicher nicht sagen. Es ist aber durchaus möglich, daß einzelne Heime oder Abteilungen in bestimmten Heimen besonders erziehungsschwierige Kinder oder Jugendliche vorübergehend zu ihrem eigenen Schutz geschlossen unterbringen müssen. Sofern eine solche Unterbringung den erzieherischen Bedürfnissen des MJ entspricht, müßten Eltern und somit ebenfalls der VM gem. § 1631 b die Genehmigung des FamG einholen. Besteht Zweifel, ob die im konkreten Fall geplante Unterbringung eine geschlossene ist, sollte vorsichtshalber lieber eine Genehmigung eingeholt werden.

Fall 82: Genehmigungen des Familiengerichts

Gem. § 1822 Nr. 5 bedarf der VM zu einem Mietvertrag, der für längere Zeit als ein Jahr geschlossen wird, der Genehmigung der FamGs. Diese wäre also auch im vorliegenden Fall erforderlich gewesen. Rechtsgeschäfte, die ohne die erforderliche Genehmigung des FamG geschlossen werden, sind gem. § 1829 I – vgl. wie bei § 108 – schwebend unwirksam. Lehnt das FamG die Genehmigung ab, werden sie endgültig nichtig; genehmigt es, werden sie voll wirksam. Von dieser Genehmigung oder Ablehnung, zu deren Einholung die Vermieterin den J auffordern kann (§ 1829 II), hängt es ab, ob M die Mietzahlungen verweigern kann.

Fall 83: Pflichtwidrigkeiten des Vormunds

Die Vormundschaft ist ein Amt, daher kann ein VM auch seines Amtes enthoben werden, wenn sein Verhalten in seiner Amtsführung dies erfordert.
Da das, was ein VM zu erledigen hat, ebenso wie das, was Eltern im Rahmen ihrer e. S. zu tun haben, dem Wohl eines Kindes oder Jugendlichen zu dienen hat, untersteht der Vormund staatlicher Kontrolle. Neben den Kontrollen, die auch Eltern hinnehmen müssen (s. o. Frage 38), gibt es weitere Kontrollen, die weit über die Aufsicht von Eltern hinausgehen. – Auch die staatlichen Reaktionen auf Verstöße gegen eine ordentliche Amtsführung gehen über das hinaus, was Eltern zugemutet wird.
a) Damit die Kontrolle des VormG angemessen ausgeübt werden kann, hat der VM jährlich über die persönlichen Verhältnisse des Mündels zu berichten, § 1840 I, und jährlich Rechnung zu legen (Abs. 2).
b) Gegen Pflichtwidrigkeiten hat das VormG durch geeignete Gebote und Verbote einzuschreiten, § 1837 II 1.

---

2 Vgl. hierzu die Quellenangaben in der 2. Aufl., S. 145, Fall 115.

c) Wenn der Vormund nicht ein Verein oder das JA ist, kann es den Vormund zur Befolgung seiner Anordnungen durch Festsetzung von Zwangsgeld anhalten, § 1837 III.
d) Bei Gefährdung des Kindeswohls durch seine Pflichtwidrigkeiten kann es gem. §§ 1666, 1666a, 1696 in das Sorgerecht des VMs eingreifen, § 1837 IV.
e) Wenn die Fortführung des Amtes das Interesse des Mündels gefährden würde, hat das VormG den VM zu entlassen, § 1886.

Die Maßnahmen b) und c) kommen unabhängig von einer Pflichtwidrigkeit in Betracht. Die Maßnahme d) wird wohl nur gewählt werden, wenn der betroffene VM ein Angehöriger des Kindes ist oder von den Eltern des Kindes testamentarisch benannt worden ist. Ansonsten wird bei schweren Pflichtwidrigkeiten eher die Maßnahme e) die richtige sein.

Im vorliegenden Fall lebt M bei J. Dies ist keineswegs zwingend. Auch wenn ein VM die tatsächliche Personensorge hat, muß er sein Mündel nicht bei sich aufnehmen, sondern kann es in Ausübung seines Aufenthaltsbestimmungsrechts in einer Pflegefamilie oder einem Heim unterbringen. Hier könnte das VormG dem J auferlegen (»Gebot«), M woanders unterzubringen. Wenn J dies nicht macht, könnten ihm die entsprechenden Teilrechte seines Sorgerechts entzogen werden. Im schlimmsten Fall könnte es den J entlassen und einen anderen VM, meistens das JA, bestellen.

Fall 84: Noch nicht geborenes Kind als Erbe

Gem. § 1923 I kann grundsätzlich nur erben, wer zur Zeit des Erbfalls lebt. Abs. 2 macht hiervon eine Ausnahme. Wer zur Zeit des Erbfalls wenigstens erzeugt war, gilt – sofern er lebend zur Welt kommt – als vor dem Erbfall geboren. K wird also, sofern er lebend geboren wird, Erbe sein.
Diese seine künftigen Rechte müssen schon jetzt vor dem Zugriff anderer vermeintlicher Erben (z. B. nach der gesetzlichen Erbfolge) geschützt werden. § 1912 bestimmt, daß eine Leibesfrucht zur Wahrung ihrer künftigen Rechte einen PFL erhalten kann. Allerdings kommt gem. Abs. 2 eine derartige PFL-Bestellung nicht in Betracht, wenn das Kind – wenn es schon geboren wäre – insoweit unter e. S. stünde. Im vorliegenden Fall sollten die Eltern gem. § 1638 I über das Ererbte keine VS haben. Also können sie auch vor der Geburt die Rechte des Nasciturus nicht geltend machen. Insoweit könnte eine PFL-Bestellung gem. § 1912 möglich sein.
Allerdings ist weiter erforderlich, daß ein Fürsorgebedürfnis besteht. Dieses wird allgemein verneint, wenn für die Wahrung der Rechte der Leibesfrucht schon in anderer Weise gesorgt ist. Dies ist hier der Fall; denn § 1960 II sieht im Erbrecht für denjenigen, welcher Erbe wird, die Einsetzung eines Nachlaßpflegers vor, der vom Nachlaßgericht bestellt wird. Also kommt eine PFL-Bestellung nach § 1912 nicht in Betracht. (Möglich wäre sie z. B. im Rahmen des § 844 II!).

Fall 85: Vaterschaftsanerkennung/Sorgeerklärung vor Geburt (nach KG v. 16. 9. 1983, FamRZ 1984, 98)

1. Anerkennung vor Geburt

Gem. § 1594 IV ist ein pränatales Vaterschaftsanerkenntnis möglich. Es müssen hierfür alle Voraussetzungen erfüllt sein, die auch für ein postnatales Anerkenntnis zu erfüllen sind.

Normalerweise muß die Mutter zustimmen, § 1595 I. Die Anerkennung bedarf auch der Zustimmung des Kindes, wenn der Mutter insoweit die e. S. nicht zusteht, § 1595 II. Diese Zustimmung kann auch pränatal erteilt werden, § 1595 IV. Ein Kind, das nicht geschäftsunfähig und über 14 Jahre alt ist, kann nur selbst zustimmen; es bedarf hierzu der Zustimmung des g. V., § 1596 II 2. Für ein Kind unter 14 kann nur sein g. V. zustimmen, § 1596 II 1.

Im vorliegenden Fall könnte H daher pränatal anerkennen, wenn E und deren g. V. sowie das Kind vertreten durch seinen g. V. zustimmen. Der g. V. von E werden wahrscheinlich ihre Eltern sein. Frage ist, wer der g. V. des Kindes ist, da dieses ja noch gar nicht geboren ist.

Da es um eine künftige Rechtsposition des Kindes geht, könnte man an einen Pfleger für eine Leibesfrucht denken, § 1912. Dieser ist zu bestellen, wenn keine Eltern da sind, denen die e. S. zustünde, wenn das Kind schon geboren wäre, § 1912 II. Wenn das Kind schon geboren wäre, hätte nur E die e. S. gem. § 1626a II, da sie nicht mit H verheiratet ist und sie auch keine Sorgeerklärungen abgegeben haben, § 1626a I. Da E aber mj. ist, würde ihre e. S. gem. §§ 1673 II, 1675 ruhen und das JA wäre gem. § 1791 c I Amtsvormund. E könnte also die Interessen des Kindes nicht wahrnehmen.

Weiter wäre erforderlich, daß ein Bedürfnis für einen Pfleger gem. § 1912 besteht. Das ist nur dann der Fall, wenn für Vaterschaftsanerkenntnisse keine andere Lösung vom Gesetz vorgesehen ist. Hier käme § 1713 II in Betracht. Diese Vorschrift läßt die Beantragung eines Beistandes durch eine werdende mj. Mutter zu (wobei sie den Antrag ohne Zustimmung ihres g. V. zu stellen hätte). Eine mögliche Aufgabe eines Beistandes ist die Feststellung der Vaterschaft, § 1712 I Nr. 1.

Es gibt also ein spezielles Rechtsinstitut für diese Aufgabe, so daß für das allgemeine Rechtsinstitut der Pflegschaft für eine Leibesfrucht kein Fürsorgebedürfnis besteht.

Der pränatale Beistand ist g. V. des Kindes, § 1716. Er müßte für das Kind der Anerkennung zustimmen.

2. Sorgeerklärungen vor der Geburt

Sorgeerklärungen gem. § 1626a I Nr. 1 können gem. § 1626b II auch schon pränatal abgegeben werden. Die Sorgeerklärung eines beschränkt geschäftsfähigen Elternteils bedarf der Zustimmung seines g. V., § 1626c II 1. Auch die Zustimmung kann schon pränatal erklärt werden, § 1626c II 2 Hs. 2.

Im vorliegenden Fall müßten also H und E eine Sorgeerklärung abgeben, und der g. V. von E, also deren Eltern, müßten zustimmen. Die Folge wäre, daß mit der Geburt des Kindes zwar weiterhin E's e. S. gem. §§ 1673 II, 1675 ruht, daß aber keine Amtsvormundschaft eintritt gem. § 1791c, weil das Kind keines Vormunds bedarf, da H Sorgerechtsinhaber ist.

Fall 86: Rechtsgeschäft Vatern-Sohn

1. Parteien des Verpflichtungsgeschäftes (= Schenkung) und des Erfüllungsgeschäftes (= Eigentumsübertragung) sind Vater und Sohn. Da K mj. ist, muß er bei Rechtsgeschäften grundsätzlich von seinem g. V. vertreten werden. Dies sind hier A und E. A würde danach gleichzeitig auf beiden Seiten – für sich und für K – agieren müssen. Dies ist durch §§ 1629 II 1, 1795 II, 181 jedoch ausgeschlossen. In der Regel ist deshalb bei solchen Konstellationen ein Ergänzungspfleger gem. § 1909 I 1 zu bestellen.

Hier könnte jedoch etwas anderes gelten, weil es sich um eine Schenkung und um die Übereignung des Geschenkten handelt.

Schenkung: Da K mj. ist, benötigt er grundsätzlich für seine Rechtsgeschäfte die Zustimmung seines g. V., §§ 106 ff. Dies gilt jedoch dann nicht, wenn es sich bei dem Rechtsgeschäft um eines handelt, das rechtlich lediglich vorteilhaft ist, das also keinerlei rechtliche Nachteile, d. h. Verpflichungen, mit sich bringt (§ 107). Für eine Schenkung ohne Auflage trifft das zu. Sie verpflichtet den Beschenkten zu gar nichts. – Deshalb braucht K für den Schenkungsvertrag keinen g. V. Daher stellt sich insoweit die Frage nach dem Ergänzungspfleger nicht.

Auflassung (= Übereignung des Grundstücks): Auch die Übereignung beinhaltet ein Rechtsgeschäft, für dessen wirksamen Abschluß ein MJ grundsätzlich die Zustimmung seines g. V. benötigt. Aber auch die Übereignung in Gestalt des Eigentumserwerbs ist rechtlich lediglich vorteilhaft, so daß gem. § 107 die Eltern des K nicht zustimmen müssen.

2. Wenn A dem K das Grundstück nicht schenkte, sondern **verkaufte**, würde es sich hierbei nicht um ein lediglich rechtlich vorteilhaftes Rechtsgeschäft i. S. des § 107 handeln. Dann bedürfte K hierfür der Einwilligung seines g. V. Fraglich ist dann, da A in dieser Eigenschaft gleichzeitig als Verkäufer und Vertreter des Käufers handeln würde, ob dies unter dem Gesichtspunkt des § 181 möglich ist. Da es sich weder um ein gestattetes (vom Vertretenen; dies ist bei gestzlicher Vertretung nie möglich) noch um ein Rechtsgeschäft in Erfüllung einer Verbindlichkeit handelt, kann A den K beim Kauf nicht vertreten. Es muß gem. § 1909 I 1 ein Ergänzungspfleger bestellt werden.
Für die **Grundstücksübereignung** dagegen gilt wiederum das zu 1. Ausgeführte.

XII. Beistandschaft

Fall 87: Helfer für alleinerziehenden Elternteil

Wenn die E sich auf ihre Freundin F und deren gute Erfahrungen beruft, wird man ihr erzählen, daß dies alles vor dem 1. 7. 1998 so gewesen sei. Damals habe jede nicht verheiratete Mutter, die ein Kind bekommen habe, für dieses Kind einen sog. gesetzlichen Amtpfleger erhalten. Der habe sich anstelle der Mutter, die ansonsten voll für das Kind zuständig gewesen sei, um die Klärung der Vaterschaft, um den Unterhalt und um das Erbrecht des Kindes gekümmert. Diese Amtspflegschaft sei abgeschafft worden, weil viele Mütter sich beklagt hätten, daß das Gesetz alle Mütter – ohne Ansehen der Person – als unmündig behandelt habe und davon ausgegangen sei, daß sie ihre und die Angelegenheiten des Kindes nicht alleine regeln könnten. Manche hätten sich auch beklagt, weil sie mit dem Vater des Kindes zusammenlebten und deshalb gar nichts zu regeln sei. Es sei eine Unverschämtheit des Staates, sich in die Familienangelegenheiten der Leute einzumischen.

Wenn dann das Gespräch auf den Brief des JA kommt, wird man ihr folgendes mitteilen:
Der Staat habe weiterhin das sog. Staatliche Wächteramt. Das heißt, die staatlichen Organe, insbesondere die Jugendämter, müßten darüber wachen, daß Kinder den nötigen Schutz erhielten. Das JA führe daher mit den Müttern, die es wünschten, ein Gespräch. Hierbei gehe es darum aufzuzeigen, daß daß JA im Interesse des Kindes entweder die Mutter nur beraten und unterstützen (§ 18 SGB VIII) oder ihr auch einen speziellen Helfer für die Klärung der Vaterschaft und die Geltendmachung des Unterhalts zur Verfügung stellen könne. Dieser heiße Beistand (§ 1712 ff.). Wenn sie einen Beistand wolle, solle sie einen entsprechenden Antrag ausfüllen. Wenn sie mit dem, was das JA dann mache, nicht einverstanden sei, könne sie jederzeit einen gegenteiligen Antrag stellen, und damit sei die Sache erledigt.
Der Beistand koste nichts.

Fall 88: Folgen der Beistandschaft

1. Der **»Antrag«**, von dem das Gesetz spricht, ist kein Antrag im Sinnne des sonstigen Verwaltungsrechts. Es wird kein Verwaltungsverfahren durch ihn eingeleitet. Niemand entscheidet über den Antrag. Es ergeht kein Verwaltungsakt. Wenn der Antrag dem JA zugeht, treten die Rechtsfolgen automatisch ein, sofern die sonstigen Voraussetzungen (gesetzlich Alleinerziehender, Kind mit gewöhnlichem Aufenthalt in Deutschland) erfüllt sind. Auch das FamG braucht über nichts zu befinden. Es handelt sich daher bei dem »Antrag« um eine Art Anstoß, der eine Rechtsfolge auslöst, die kraft Gesetzes eintritt. Die Beistandschaft ist daher insoweit der »alten« kraft Gesetzes eintretenden gesetzlichen Amtspflegschaft durchaus ähnlich. Der Unterschied besteht jedoch darin, daß der Helfer

nicht gegen den Willen des Hilfebedürftigen da ist, sondern nur, wenn dieser ausdrücklich einen entsprechenden Wunsch geäußert hat.

Die Beantragung eines Beistandes durch Eva bedeutet daher, daß im Moment des Zugangs im JA dieses Beistand geworden ist. Das JA kann allenfalls eine feststellenden Verwaltungsakt erlassen, daß die Beistandschaft eingetreten ist. Dieser könnte der Legitimation im Rechtsverkehr dienen.

2. Beistandschaft, wenn sie dann eingetreten ist, ist **gesetzliche Vertretung** für das Kind, § 1716 S. 2 i. V. m. § 1915 i. V. m. § 1793 S. 1. Allerdings stellt § 1716 S. 1 klar, daß die e. S. des Alleinerziehenden dadurch nicht eingeschränkt ist. Das bedeutet, daß dieser und der Beistand nebeneinander handeln können. Hier zeigt sich deutlich der Unterschied zur »alten« gesetzlichen Amtspflegschaft, die zu einem teilweisen Eingriff in das elterliche Sorgerecht führte. Die Rechtsstellung von Alleinerziehendem und Beistand ähnelt der von Betreutem und Betreuer (§ 1902) oder der von Vertretenem und Vertreter im allgemeinen rechtsgeschäftlichen Bereich (§§ 164ff.). Weder die rechtsgeschäftliche Bevollmächtigung noch die gerichtlich angeordnete Betreuerbestellung noch die auf Antrag eintretende Beistandschaft hat Auswirkungen auf die Handlungsfähigkeit des Vertretenen.

Auch die Rückgängigmachung der »Be-Rechtung«, sozusagen die »Ent-Rechtung«, ist in den drei Bereichen vergleichbar. Immer ist ein gegenläufiger Rechtsakt (»actus contrarius«) notwendig. Für den Betreuer braucht man daher einen Gerichtsbeschluß, der die Betreuung aufhebt, für den rechtsgeschäftlich Bevollmächtigten einen Widerruf der Vollmacht und für den Beistand einen Antrag auf Beendigung der Beistandschaft, § 1715 I 1.

Von dem Grundsatz, daß ein Beistand und der Alleinerziehende nebeneinander handlungsfähig sind, enthält § 53 a ZPO eine Ausnahme: »Wird in einem Rechtsstreit ein Kind durch einen Beistand vertreten, so ist die Vertretung durch den sorgeberechtigten Elternteil ausgeschlossen.« Das bedeutet, daß in einem Prozeß zur Vaterschaftsfeststellung oder zur Geltendmachung von Unterhalt der Alleinerziehende nicht als g. V. für das Kind auftreten kann, wenn der Beistand schon tätig geworden ist. Wenn dem Alleinerziehenden die Prozeßführung nicht gefällt, kann er nur die Beendigung der Beistandschaft beantragen, § 1715 I 1.

Auf Eva bezogen bedeutet das, daß mit dem Zugang ihres Antrags das JA in der Rechtsposition des Beistandes ist und sie und der Beistand nun nebeneinander handlungsfähig sind. Erhebt allerdings der Beistand Vaterschaftsfeststellungsklage gegen Heimlich, weil dieser nicht bereit ist, die Vaterschaft anzuerkennen, dann kann die E die Prozeßführung nur akzeptieren oder Aufhebung der Beistandschaft beantragen.

Fall 89: Unwillige Mutter

Wenn E auf diese Weise einen aussichtsreichen Prozeß »kaputtmacht« und so verhindert, daß das Kind K einen Vater bekommt, so erhebt sich die Frage, ob sie damit gegen ihre Elternpflichten verstößt und man in ihr Elternrecht eingreifen kann.

Eine Rechtsgrundlage hierfür könnte § 1629 II 3 Hs. 1 i. V. m. § 1796 sein. Nach dieser Vorschrift kann das FamG einem Elternteil die Vertretung für einzelne Angelegenheiten oder für einen bestimmten Kreis von Angelegenheiten entziehen, wenn das Interesse des Kindes zu dem Interesse des Elternteils in erheblichem Gegensatz steht. Eine Mutter, die gem. § 1626 a II das Sorgerecht für ihr Kind hat, hat die Pflicht, sich im Interesse des Kindes um die Klärung seiner Abstammung zu kümmern. Wenn sie das nicht tut, geschieht das meistens nicht im Interesse des Kindes, sondern in ihrem eigenen Interesse. Es besteht also ein Interessengegensatz. Man kann vereinfacht sagen, daß in wohl allen Fällen, in denen die Mutter die Feststellung der Vaterschaft vermeidet, ein Interessengegensatz zwischen Mutter und Kind besteht. Demnach müßte in all diesen Fällen der Mutter insoweit das Sorgerecht entzogen und ein Pfleger an ihrer Stelle bestellt werden, § 1909, der dann über dieVaterschaftsfeststellung entscheidet. Dies würde aber die Absicht des Gesetzgebers unterlaufen, die Betreibung der Vaterschaftsfeststellung grundsätzlich in die Hände der Mutter zu legen (anders als früher der gesetzliche Amtspfleger). § 1629 II 3 Hs. 2 sieht daher vor, daß das FamG dem Elternteil die Vertretungsmacht nicht zur Vaterschaftsfeststellung entziehen kann[3]. Ein Eingriff auf der Grundlage des § 1629 II 3 Hs. 1 kommt daher nicht in Betracht.

2. Eine weitere Rechtsgrundlage, gegen das Verhalten der Mutter vorzugehen, könnte § 1666 I sein. Hierauf weist der Gesetzgeber in seiner Begründung[4] zur Rechtfertigung der Nichtanwendbarkeit des § 1629 II 3 ausdrücklich hin: »Die Interessen des Kindes an der Kenntnis seiner genetischen Abstammung werden hierbei gewahrt, da in Fällen der Kindeswohlgefährdung ein Sorgerechtsentzug nach § 1666 möglich bleibt. Bei dieser Art des Sorgerechtsentzugs, der nicht lediglich auf einen formalen Interessengegensatz abstellt, ist es aber möglich, auch diejenigen Gesichtspunkte zu berücksichtigen, die im Einzelfall dafür sprechen könnten, eine Vaterschaftsfeststellung zu unterlassen (z. B. das Kind wurde durch Inzest oder Vergewaltigung gezeugt, die Vaterschaftsfeststellung würde zu einer derartigen psychischen Belastung für die Mutter führen, daß das Mutter-Kind-Verhältnis schwer und nachhaltig gefährdet würde.«

Diese Lösung des Gesetzgebers ist nicht absolut überzeugend. Nur einige Aspekte seien angedeutet:

- Die Motive der Mutter liegen nicht offen auf der Straße. Daher müßte in allen Fällen, wo die Mutter keine einleuchtende Begründung für ihr Verhalten gibt, zunächst einmal ein Verfahren nach § 1666 eingeleitet werden, um im Rahmen der Amtsermittlung zu ihrem Motiven vorstoßen zu können.
- Wenn die Mutter keinen Kontakt mit JA oder FamG hat, wird niemand die Chance erhalten, für das Kind etwas zu unternehmen.

3 Vgl. die Begründung des Gesetzgebers in BT-Drucks. 12/7011, S. 37, re. Sp.
4 S. BT-Drucks. 12/7011, a. a. O.

- Wann wäre denn ein Kind gefährdet, wenn seine Vaterschaft nicht geklärt ist? Wenn jede nicht geklärte Vaterschaft eine Gefährdung wäre, hätte der Gesetzgeber das neue Recht nicht so machen dürfen. Dann wäre es nämlich Aufgabe des Staatlichen Wächteramtes, die Gefährdung des Kindes abzuwenden.
- Was ist mit der Mitwirkungspflicht der Mutter in den Sozialleistungsgesetzen? Können der Mutter die Leistungen für ihr Kind (Unterhaltsvorschuß, Sozialhilfe) verweigert werden, weil sie die Vaterschaft nicht klärt oder klären läßt, obwohl ihr Verhalten zivilrechtlich hingenommen werden muß?

Schließlich sei auch noch darauf verwiesen, daß die oben zitierte Begründung des Gesetzgebers nicht zutreffend ist. Auch § 1796 stellt auf keinen rein formalen Interessengegensatz ab – das tut § 181 – sondern erfordert geradezu einen Einstieg in die inhaltliche Prüfung (»erheblicher« Interessengegensatz). Wie wäre es sonst zu der ausgiebigen Rechtsprechung zu der Frage der Befugnis zur Ehelichkeitsanfechtung gem. § 1599 BGB a. F.[5] gekommen?

Ergebnis: Nach der »nackten« Gesetzeslage wird S im Moment wohl nichts gegen das Vorgehen der E machen können.

Fall 90: Die »Arbeiterwohlfahrt« als Beistand

Die §§ 1712–1717, die sich mit der Beistandschaft befassen, gehen davon aus, daß Beistand nur das JA sein kann. Dies war dem Gesetzgeber so selbstverständlich, daß er nicht einmal von Amts-Beistandschaft spricht. – Demnach hätte E keine Chance, die AWO als Helfer zu bekommen.

Allerdings sieht Art. 144 EGBGB vor, daß Landesgesetze bestimmen können, daß das JA die Beistandschaft mit Zustimmung des Elternteils auf einen rechtsfähigen Verein übertragen kann, dem dazu eine Erlaubnis nach § 54 SGB VIII erteilt worden ist. – Demnach kommt es darauf an, ob E in einem Bundesland lebt, das landesrechtlich eine Beistandschaft von Trägern freier Jugendhilfe vorsieht. Falls dies zutrifft, muß das JA die Alleinerziehenden darauf hinweisen, daß es diese Möglichkeit gibt (Wunsch- und Wahlrecht, § 5 SGB VIII). Aber auch dann bleibt es dabei, daß die Beistandschaft beim JA beantragt werden muß und daß zunächst das JA Beistand wird. Anschließend kann »die Beistandschaft« übertragen werden. Diese Formulierung, die deutlich anders ist als die in § 76 SGB VIII, der von »an der Durchführung beteiligen« oder »diese Aufgaben zur Ausführung übertragen« spricht, macht klar, daß das JA hier nicht in der Letztverantwortung bleibt. Der Freie Träger ist selber Inhaber der Aufgabe. Wie der TÜV nimmt er die Aufgabe als »beliehener Unternehmer« wahr und untersteht in nichts der Kontrolle des JA.

Sofern Eva also in einem Bundesland lebt, in dem es landesrechtlich eine Beistandschaft Freier Träger gibt, wird die AWO ihr mitteilen, daß sie Beistandschaft beim JA beantragen möge. Anschließend könne sie das JA auffordern, die Auf-

5 Vgl. *Palandt/Diederichsen*, § 1796 Rdnr. 3.

gabe der AWO zu übertragen. Dann ist die AWO befugt, den Prozeß für K anstelle von E zu führen.

Lebt E nicht in einem entsprechenden Bundesland, so wird ihr die AWO mitteilen, daß es ihr leider nicht erlaubt sei, eine solche Tätigkeit zu übernehmen.

Kapitel 6

Unterhalt

XIII. Unterhalt im allgemeinen

Fall 91: Voraussetzungen für einen Unterhaltsanspruch

1. Hat Moses gegen Samson einen Anspruch auf Unterhalt?
Für einen Unterhaltsanspruch ist erforderlich:
a) Verwandtschaft in gerader Linie, § 1601: Diese liegt gem. § 1589 S. 1 zwischen Vater und Sohn vor.
b) Bedürftigkeit des Anspruchstellers, § 1602: Bedürftig ist nicht, wer sich aus dem Ertrag seiner Arbeit, aus den Einkünften aus seinem Vermögen oder aus der Substanz seines Vermögens unterhalten kann. Gem. Abs. 2 gilt aber für mj. unverheiratete Kinder die Einschränkung, daß sie den Stamm ihres Vermögens nicht anzutasten brauchen. – M muß daher seinen Lehrlingsverdienst und die Zinsen von seiner Erbschaft (= mtl. ca. 35 DM) zu seinem Unterhalt einsetzen. Darüber hinaus kann er andere in Anspruch nehmen.
c) Leistungsfähigkeit des Anspruchgegners, § 1603: S wird als wohlhabend beschrieben, also ist er leistungsfähig.
d) Der Anspruchsgegner muß der richtige in Anspruch Genommene sein, §§ 1606 ff. Da unter den Verwandten der aufsteigenden Linie die näheren vor den entfernteren haften, ist S als erster verpflichtet.

2. Hat Aaron gegen Samson einen Anspruch auf Unterhalt?
Hierfür wäre erforderlich:
a) Verwandtschaft in gerader Linie, § 1601: Diese ist gegeben.
b) Bedürftigkeit, § 1602: A muß zunächst seine Rente und die 250 DM aus der Zimmervermietung einsetzen.
Die Frage ist, ob erwartet werden kann, daß er sein Häuschen verkauft, um sich von dem Erlös ein paar Jahre zu unterhalten. Bei der **Aufzehrung von Vermögenssubstanz** ist immer danach zu fragen, ob dies **wirtschaftlich** ist. Der Erlös aus einem winzigen Haus wie es diese rheinischen Häuschen häufig sind, wird nicht sehr groß und nach einigen Jahren aufgebraucht sein. Inzwischen wird A sich eine Wohnung mieten müssen, die u. U. erhebliche Kosten verursacht. Außerdem fällt die Miete weg. So betrachtet wird A dem S bei dem Verkauf auf die Dauer erheblich mehr Unkosten verursachen, und A wird zudem seine Selbständigkeit einbüßen. Die Aufzehrung der Vermögenssubstanz ist daher nicht wirtschaftlich.

Zu überlegen wäre noch, ob A darauf verwiesen werden kann, eine leichtere Arbeit aufzunehmen. Grundsätzlich wird derjenige, der es unterläßt, sich aus Arbeit zu unterhalten, nicht als bedürftig angesehen. Allerdings muß die **Arbeitsaufnahme zumutbar** sein. Wenn jemand eine Frührente bekommt, so ist davon auszugehen, daß eingehend geprüft worden ist, ob eine Umschulung oder anderweitige Arbeitsaufnahme in Betracht kommt. Da dies vorliegend offensichtlich verneint worden ist, kann A auch nicht auf die Aufnahme anderer Arbeit verwiesen werden.
c) und d) Sind wie oben zu bejahen.
A kann daher von S die Differenz zum fehlenden Unterhalt verlangen.

Fall 92: Rangfolge der Unterhaltspflichtigen

Die Rangfolge der Unterhaltspflichtigen richtet sich nach den §§ 1606ff. Demnach ergibt sich:
Gem. § 1608 hat die Haftung der Ehegatten Vorrang. Ist die Ehefrau nicht leistungsfähig i. S. d. § 1603k kommen gem. § 1606 I die Abkömmlinge an die Reihe, danach die Verwandten in aufsteigender Linie. Sowohl der Unterhalt für einen selber als auch für andere ist aus Arbeitseinkünften, Vermögenseinkünften und Vermögen zu bestreiten.

1. Zwar geht gem. § 1608 der Ehegatte im Unterhalt allen anderen Verwandten vor. BAföG-Zahlungen sind aber kein Einkommen, das zum Unterhalt anderer verwendet werden kann. Es dient vielmehr dem Selbsterhalt der Berechtigten. Also kann M von E nichts verlangen, § 1608 S. 2.

2. Als nächster haftet der Sohn S. Allerdings kann S den Stamm seines Vermögens schonen, solange es sich um seinen eigenen Unterhalt handelt, § 1602 II. Dasselbe muß gelten, wenn es um eigene Unterhaltsverpflichtungen geht. M kann S daher nicht in Anspruch nehmen, § 1607 I.

3. Gem. § 1606 haften nach Ehegatten und Abkömmlingen die Verwandten in aufsteigender Linie, also auch grundsätzlich der Vater des M. Da dieser aber nur gerade so viel hat, um sich selber und seine Frau zu versorgen, und da letztere gem. § 1609 II den mj. unverheirateten Kindern gleichsteht und somit vor den verheirateten vj. Kindern Vorrang hat, kann M nichts von ihm verlangen, § 1607 I.

4. Nach Ehegatten, Abkömmlingen und Eltern können auch die Großeltern gem. § 1606 II haften. Da die Großeltern mütterlicherseits aber vorliegend nicht leistungsfähig sind, werden auch sie gem. § 1607 I frei.

5. Theoretisch haften gleichnahe Verwandte anteilig nach ihren Erwerbs- und Vermögensverhältnissen, § 1606 III 1. Da die Großeltern mütterlicherseits jedoch nichts beitragen können, haften die väterlicherseits, die leistungsfähig sind, allein, §§ 1606, 1603. Wenn den Großeltern der Betrieb gemeinsam gehört, haften sie in gleicher Höhe. Gehört er dagegen nur dem Großvater, so haftet der Großvater allein, wenn die Großmutter keine Einkünfte hat. Hat sie dagegen auch anrechenbare Einkünfte, so haften die Großeltern anteilig.

Fall 93: Umfang des Unterhaltsanspruchs

Der Umfang des Unterhalts bestimmt sich nach § 1610. Demnach ist ein der Lebensstellung des Bedürftigen angemessener Unterhalt zu zahlen. Er umfaßt den gesamten Lebensbedarf. Somit gilt im vorliegenden Fall folgendes (ja bedeutet: kann verlangt werden; nein bedeutet: kann nicht verlangt werden)

1. Ja.
2. Ja, da es Kosten der Berufsausbildung sind.
3. Nein, da es keine Unterhaltspflicht für Verschwägerte gibt und der Unterhalt sich jeweils nur auf den Berechtigten und nicht auch auf dessen Angehörige bezieht.
4. Ja.
5. Nein, da Schuldentilgung nicht dazugehört.
6. Nein, da Altersrücklagen weder für den Anspruchsteller noch für dessen Ehegatten dazugerechnet werden.
7. Der Betrag für die Studienreise kann gezahlt werden müssen, wenn diese zu einer angemessenen Berufsausbildung gehört.

Gem. § 1612 ist der laufende Unterhalt in Form einer Geldrente monatlich im voraus zu entrichten. Für Sonderbedarf (Studienreise) ist, wenn vorhersehbar und der Höhe nach bestimmbar, auch im voraus zu zahlen, sonst kann er ausnahmsweise nachträglich gefordert werden, § 1613 II.

Fall 94: Schul- und Berufsausbildung

Gem. § 1610 ist Maßstab für die Unterhaltsgewährung die Lebensstellung des Bedürftigen. Ein mj. Kind lebt in der Regel bei den Personen, die e. S. ausüben. Das hat zur Folge, daß – obwohl e. S. und Unterhalt an sich nicht miteinander verknüpft sind – der Erziehende über die Höhe des Unterhalts entscheidet, weil er die Lebensstellung des Kindes bestimmt. Das kann jedoch zu Unzuträglichkeiten führen, weil damit jeglicher soziale Aufstieg verhindert würde und das Unterschichtkind immer die Lebensstellung seiner Eltern hätte. Deswegen ist h. M.[1], daß es bei der Ausbildung für die Lebensstellung eines Kindes nicht auf die soziale Herkunft, sondern vielmehr auf seine Begabungen und Fähigkeiten, seinen Leistungswillen und seine beachtenswerten Neigungen ankommt.

Daher sind im vorliegenden Fall die Eltern grundsätzlich verpflichtet, für die Ausbildungskosten von Moses aufzukommen. Allerdings haben wir hier die Besonderheit, daß die Eltern selber schon sehr bescheiden leben. Obwohl dies – wie § 1603 II 1 beweist – in der Regel kein Grund ist, mj. unverheirateten Kindern gegenüber Unterhaltsleistungen zu verweigern (es wird immer so schön gesagt, daß die Eltern die letzte Schnitte Brot mit ihren Kindern teilen müssen), gilt hier wegen Abs. 2 S. 2 etwas anderes: zwar sind keine »anderen unterhaltspflichtigen Verwandten« da, weil die Großeltern gem. § 1603 I frei geworden sind; M muß aber rein zivilrechtlich betrachtet zunächst den Stamm seines Vermögens aufbrauchen. Wenn er danach immer noch bedürftig ist, stellt sich nun wieder die

1 Vgl. dazu *Gernhuber/Coester-Waltjen,* § 45 VII 2 und § 46 I 3.

Frage, ob die Eltern sich – für etwas, das über den gewöhnlichen Unterhalt hinausgeht, nämlich für eine bessere Berufsausbildung des Kindes – selber gefährden müssen. Die h. M. lehnt dies ab[2] mit der Begründung, die Unterhaltspflicht der Eltern könne trotz hoher Begabung des Kindes nicht über § 1603 I hinausgehen. Die Lösung ist gerechtfertigt, wenn man berücksichtigt, daß dem Bedürfnis des Kindes mit öffentlich-rechtlichen Leistungen (BAföG) entsprochen werden kann, so daß die Eltern nicht gefährdet zu werden brauchen. Die Leistungen nach dem BAföG stellen sogar sicher, daß Kinder ihr Vermögen kleineren Umfangs nicht verbrauchen müssen, um überhaupt eine angemessene Ausbildung zu erhalten (vgl. die Vermögensfreibeträge §§ 29, 30 BAföG).
Im vorliegenden Fall würde daher (ohne die Ansprüche im einzelnen zu berechnen) M seine Berufsausbildung mit Mitteln des BAföG fortsetzen können.

Fall 95: Zweitausbildung

1. Die Eltern müssen die geleisteten Beträge gem. § 37 BAföG an das Land zurückzahlen, wenn sie dem M insoweit zivilrechtlich unterhaltspflichtig waren, §§ 1601 ff.
Die Frage, von der hier alles abhängt, ist, ob es auch zum Umfang des Unterhalts gehört, einem Kind eine Zweitausbildung zu finanzieren. § 1610 II spricht von den »Kosten einer angemessenen Vorbildung zu einem Beruf«. Nach h. M. in Rspr. und Lit., die vom BGH[3] bestätigt wurde, kommt es auch für die **Angemessenheit** der Zweitausbildung auf folgendes an:
- Begabung und Fähigkeit des Kindes
- Leistungswille des Kindes
- beachtenswerte Neigungen des Kindes
- Grenzen der wirtschaftlichen Leistungsfähigkeit der Eltern.

Nicht entscheidend ist, welchen Beruf und welche gesellschaftliche Stellung die Eltern haben; ebensowenig, ob das Kind durch eine Zweitausbildung eine erheblich bessere gesellschaftliche Stellung erlangt; auch nicht, ob das Kind mit der Erstausbildung eine formelle Berechtigung zu einer Zweitausbildung erhalten hat.
Haben die Eltern, entsprechend den genannten Grundsätzen, zum Zeitpunkt der Wahl der ersten Ausbildung[4] ihre Unterhaltspflicht erfüllt, so müssen sie i. d. R. eine weitere Ausbildung nicht finanzieren.

Ausnahmsweise können sie jedoch dazu verpflichtet sein, wenn sich ein Berufswechsel als notwendig erweist, weil
- das Kind den erlernten Beruf aus gesundheitlichen Gründen nicht ausüben kann,
- der erlernte Beruf keine ausreichende Lebensgrundlage bietet,

2 Vgl. dazu *Gernhuber/Coester-Waltjen,* aaO; *Münder,* LB, S. 58; *Danzig,* S. 31.
3 V. 29. 6. 1977, NJW 1977, 1774 m. Anm. *Diederichsen* = FamRZ 1977, 629 m. Anm. *Bosch.*
4 BGH v. 24. 9. 1980, FamRZ 1980, 1115; Anm. *Paulus,* FamRZ 1981, 134.

– die erste Ausbildung auf einer deutlichen Fehleinschätzung der Begabung des Kindes beruhte.

Bei der Feststellung einer derart individuellen Angemessenheit bleibt es nicht aus, daß eine Förderungspflicht nach BAföG bestehen kann, zivilrechtlich aber keine Unterhaltspflicht vorhanden ist.

Im vorliegenden Fall, der der BGH-Entscheidung vom 29. 6. 1977 zugrunde lag, waren zum Zeitpunkt der Wahl der Erstausbildung die Bildungsreserven des Kindes ausgeschöpft, so daß keine Verpflichtung der Eltern bestand, das Jura-Studium zu finanzieren.

2. Mit der bisher dargestellten Rspr. hätte im zweiten Sachverhalt eine Unterhaltspflicht der Eltern verneint werden müssen. Gleichwohl kam der BGH in seiner Entscheidung vom 7. 6. 1989[5] zu dem Ergebnis, daß der Klage des Landes gegen die Eltern des M stattzugeben sei. Er begründete dies damit, daß sich das Ausbildungsverhalten in der Gesellschaft geändert habe und ein beachtlicher Prozentsatz der Abiturienten (ca. 15%) heute vor Aufnahme des Studiums eine praktische Ausbildung durchlaufe. Die Eltern seien daher immer dann zur Finanzierung der Zweitausbildung Studium verpflichtet, wenn dieses mit der vorangegangenen Erstausbildung Lehre in einem engen sachlichen und zeitlichen Zusammenhang stehe und die Finanzierung den Eltern wirtschaftlich zuzumuten sei.

Fall 96: Geld oder Naturalien

1. Adam ledig

Gem. § 1612 II 1 können Eltern, die einem unverheirateten (nicht unbedingt mj.) Kind Unterhalt zu leisten haben, bestimmen, in welcher Art und für welche Zeit im voraus der Unterhalt gewährt werden soll. Dabei haben sie auf die Belange des Kindes die gebotene Rücksicht zu nehmen. Das bedeutet, daß Adam nicht einfach ausziehen und Geld statt Naturalien verlangen kann. Nimmt er die angebotenen Naturalien nicht an, verliert er seinen Unterhaltsanspruch[6].

Will A seinen Wunsch, Geld zu erhalten, dennoch durchsetzen, so kann er höchstens gem. § 1612 II 2 beantragen, daß der FamR die elterliche Bestimmung ändert. Allerdings wird ein solcher Antrag nur bei Vorliegen »besonderer Gründe« Erfolg haben. Diese Klausel des Gesetzes wird von den Gerichten eng ausgelegt: es muß ein Verhalten der Eltern vorliegen, das dem wohlverstandenen Interesse des Kindes extrem zuwiderläuft. Darüber hinaus wird teilweise verlangt, daß das Verhalten der Eltern nicht durch schuldhaftes Verhalten des Kindes provoziert worden sein darf[7].

Ob im vorliegenden Fall »besondere Gründe« vorliegen, erscheint zweifelhaft; indes abschließend beantworten läßt es sich nicht.

---

5 FamRZ 1989, 853.

6 So inzwischen zahlreiche Gerichte; vgl. dazu *Palandt/Diederichsen,* § 1612 Rdnr. 13.

7 Vgl. zu den Einzelheiten *Palandt/Diederichsen,* § 1612 Rdnr. 16–19.

2. Adam verheiratet
Das elterliche Bestimmungsrecht gilt nur für unverheiratete Kinder. Heiratet H also, so müssen die Eltern ihren Unterhalt gem. § 1612 I 1, III in Geld leisten. Sie können höchstens versuchen, sich auf § 1612 I 2 zu berufen, wonach dem Verpflichteten die Unterhaltsgewährung in anderer Art gestattet werden muß, wenn »besondere Gründe« es rechtfertigen. Der Wunsch, auf den Berechtigten Einfluß zu nehmen, oder Zweckmäßigkeitsgründe reichen jedenfalls nicht.

3. Adam minderjährig, seine Eltern geschieden
Bei MJ des Kindes kann nur der Sorgeberechtigte die Art der Unterhaltsgewährung bestimmen. Der Nichtsorgeberechtigte kann dies gem. § 1612 II 3 nur für die Zeit, in der er das Kind in seinen Haushalt aufgenommen hat. Die Ausübung des Aufenthaltsbestimmungsrechts durch den Sorgeberechtigten beinhaltet gleichzeitig die Unterhaltsbestimmung.

4. Adam minderjährig, seine Eltern getrennt
Wenn die Eltern noch beide das Sorgerecht haben, müssen sie sich über die Bestimmung des Unterhalts zu einigen versuchen (§ 1627). Gelingt dies nicht, so kann das FamG den Berechtigten bestimmen (§ 1628). In der Zwischenzeit kann das Kind von jedem Elternteil Barunterhalt verlangen[8].

5. Adam volljährig und bei Mutter lebend
§ 1612 II 1 gilt zwar unstreitig auch für vj. Kinder, läßt aber völlig offen, wer in diesem Fall ein Bestimmungsrecht hat. Nach Meinung des BGH[9] steht das Recht in der Regel allein dem Elternteil zu, den das Kind auf Barunterhalt in Anspruch nimmt. Dessen einseitige Bestimmung kann jedoch unwirksam sein, wenn sie Belange des anderen Unterhaltspflichtigen berührt oder wenn die Gründe für die Unterhaltsbestimmung so schwer wiegen, daß bei einer Abwägung der beiderseitigen Interessen dem anderen Elternteil zugemutet werden kann, die beabsichtigte Art der Unterhaltsgewährung hinzunehmen.

XIV. Unterhalt für Kinder von einem Elternteil, mit dem sie nicht in einem Haushalt leben

Fall 97: Betreuungsunterhalt

1. Das Sozialamt weigert sich zu Recht, wenn E gegen A einen Unterhaltsanspruch hat. Einen Unterhaltsanspruch könnte sie haben, wenn sie zu dem Personenkreis gehört, der kraft Gesetzes unterhaltsberechtigt ist und wenn sie die Voraussetzungen der jeweiligen Unterhaltsnorm erfüllt.

8 OLG Hamm v. 19. 5. 1982, FamRZ 1982, 837.
9 V. 27. 4. 1988, FamRZ 1988, 831.

2. Kraft Gesetzes haben grundsätzlich zusammenlebende, getrenntlebende und geschiedene Ehegatten einen Unterhaltsanspruch gegen den anderen Ehegatten. Ferner haben Eltern eines Kindes, die nicht miteinander verheiratet sind, in bestimmten Konstellationen einen Unterhaltsanspruch gegeneinander.

a) Eva ist ledig. Hier könnte sich ein Unterhaltsanspruch aus § 1615l II 2 ergeben. Dafür wäre Voraussetzung, daß
- E wegen der Pflege oder Erziehung eines Kindes einer Erwerbstätigkeit nicht nachgeht und dies auch nicht von ihr erwartet werden kann,
- der zeitliche Rahmen für den Anspruch (§ 1615l II 3) nicht überschritten ist und
- und der E kein anderer im Range (§§ 1615l III 3 i. V. m. 1609) vorgeht.

Wie dem Sachverhalt zu entnehmen ist, liegt die erste Voraussetzung vor. – Der zeitliche Rahmen, der nicht überschritten sein darf, sind grundsätzlich drei Jahre. Wäre eine Versagung weiteren Unterhalts grob unbillig, kann er auch länger verlangt werden. E liegt noch im Normalrahmen, da K erst zwei Jahre alt ist. – Die dritte Voraussetzung beinhaltet, daß keine anderen Personen da sein dürfen, denen der A vorrangig unterhaltspflichtig ist mit der Konsequenz, daß für den Unterhalt von E nichts mehr übrig bleibt. Die Personen, die der E vorgehen, sind minderjährige unverheiratete Kinder des A, gleichgültig, aus welchen Beziehungen sie stammen, sowie seine Ehefrau. E selber steht auf derselben Stufe wie die anderen Kinder und sonstige Verwandte in gerader Linie.

Die Frage, ob E einen Unterhaltsanspruch gegen A hat, kann hier nicht abschließend beantwortet werden, weil der Sachverhalt nicht mitteilt, ob A noch andere unterhaltsberechtigte und -dürftige Angehörige hat.

b) Eva ist geschieden. In einem solchen Fall könnte sich ein Unterhaltsanspruch aus den §§ 1569, 1570 ergeben. Voraussetzung wäre danach, daß
- E nicht selbst für ihren Unterhalt sorgen kann (§ 1569),
- wegen der Pflege oder Erziehung eines gemeinschaftlichen Kindes eine Erwerbstätigkeit von ihr nicht erwartet werden kann (§ 1570) und
- ihr niemand im Range vorgeht (§ 1582).

Daß die ersten beiden Voraussetzungen gegeben sind, ist eindeutig. – Der Erwähnung bedarf, daß eine ausdrückliche Zeitgrenze für Betreuungsunterhalt nach Scheidung nicht vorgesehen ist. Da § 1570 den Anspruch jedoch nur »solange und soweit … eine Erwerbstätigkeit nicht erwartet werden kann« zubilligt, ist auch dieser Anspruch nicht zeitlich grenzenlos. – Die Rangfolge der Unterhaltsgläubiger ist für geschiedene Ehepartner günstiger als für nicht miteinander verheiratet gewesene Eltern. Die geschiedene Ehefrau geht in der Regel der gegenwärtigen Ehefrau vor. Sie steht auf der gleichen Stufe wie die minderjährigen unverheirateten Kinder.

Demnach ist in diesem Fall eher damit zu rechnen, daß Eva einen Unterhaltsanspruch gegen Adam hat.

Fall 98: Unterhalt von nicht miteinander verheirateten Eltern

1. Unterhalt des 15jährigen K von S

Ob und wenn ja wieviel Unterhalt der S dem K zu zahlen hat, ergibt sich aus den §§ 1601 ff. Demnach müssen Anspruchsteller und Anspruchsgegener in gerader Linie miteinander verwandt sein, der Anspruchsteller muß bedürftig, der Anspruchsgegner muß leistungsfähig und der in Anspruch Genommene muß der richtige Schuldner sein. Die erste, zweite und vierte Voraussetzung sind vorliegend gegeben. Ob die dritte vorliegt, läßt sich mithilfe der Düsseldorfer Tabelle ermitteln. Es kann hier nicht nachgeprüft werden, weil die entsprechenden Angaben fehlen. Deshalb soll davon ausgegangen werden, daß H nach der Düsseldorfer Tabelle einen bestimmten Betrag schuldet.

Für K ist jetzt die Frage, wie er an das Geld herankommt. Ist H gutwillig, so wird er zum Notar (kostenpflichtig) oder JA (kostenlos) gehen und eine vollstreckbare Urkunde errichten lassen, in der er sich zur Zahlung des sich aus der Düsseldorfer Tabelle ergebenden Betrages verpflichtet. Das wäre für K die einfachste Lösung. Ist H nicht gutwillig oder ist er es zwar, findet er aber die Berechnung aus irgendwelchen Gründen nicht richtig und ist er daher nicht bereit, sich urkundlich in der gewünschten Höhe zu verpflichten, so kann K sich der Vereinfachten Verfahrens über den Unterhalt Minderjähriger (§§ 645 ff. ZPO) bedienen.

In diesm Verfahren kann K höchstens das Eineinhalbfache des Regelbetrages (3. Altersstufe = 502 DM + 251 DM = 753 DM) verlangen. Begnügt er sich – jedenfalls fürs Erste – damit, dann wird er relativ rasch einen Titel über diesen Betrag bekommen. Er wird ihm durch einen Beschluß gem. § 649 ZPO zugesprochen. Es empfiehlt sich, so zu tenorieren, daß der Regelbetrag und der Vomhundertsatz, der zuzüglich zu zahlen ist, darin stehen.
Ist dieser Beschluß rechtskräftig, dann kann K gem. § 654 ZPO im Wege der Klage Abänderung der Entscheidung und einen entsprechend höheren Betrag verlangen. Ebenso kann H, wenn er den in der ersten Entscheidung zugesprochenen Betrag für zu hoch hält, Abänderungsklage gem. § 654 ZPO erheben. Das aufgrund der Abänderungsklage ergehende Urteil sollte in jedem Fall den Regelbetrag und einen Prozentsatz benennen. Dann kann es, weil sich der Regelbetrag aus der jeweiligs gültigen Regelbetrags-Verordnung ergibt, Bestand haben, bis K keinen Unterhalt mehr benötigt.

2. Rückzahlungsanspruch des H gegen S

H hat viele Jahre Unterhalt für ein Kind gezahlt, das nicht das seine ist. Für diesen Fall sieht das Gesetz mit § 1607 III 2 eine erleichterte Rückforderungsmöglichkeit vor: Der Anspruch des Kindes gegen den richtigen Vater (bei Berücksichtigung von § 1603) geht auf den »falschen« Vater über; d.h. vorliegend: H hat gegen S einen Anspruch in Höhe des Unterhalts, den der S K geschuldet hätte. Da eine Rückzahlung des S nun dazu führen könnte, daß er dann seinen aktuellen Unterhaltsverpflichtungen K gegenüber nicht mehr nachkommen kann, bestimmt § 1607 IV, daß der Übergang nicht zum Nachteil des Kindes geltend gemacht werden kann.

Fall 99: Verfahren zur Geltendmachung von Unterhalt von Kindern

1. Das JA kann im Wege einer **allgemeinen Leistungsklage**, § 253 II Nr. 2 ZPO, für das Kind gegen H klagen, und zwar auf Zahlung von Individualunterhalt (§§ 1601 ff.). Es kann ferner auf die Zahlung des Regelbetrags (§ 1612a) klagen, und zwar im Wege des Vereinfachten Verfahrens gem. § 645 ZPO. In beiden Fällen kommt eine einstweilige Regelung gem. §§ 935 ff. ZPO nicht in Betracht, weil das JA schon bei Durchführung des Vaterschaftsprozesses entsprechende Vorkehrungen hätte treffen können, vgl. §§ 653, 644 ZPO.

2. Wenn H die Vaterschaft anerkannt hat, so hat das JA die gleichen Möglichkeiten wie unter 1., den Vater auf Zahlung in Anspruch zu nehmen.
Hier kann es darüber hinaus gem. §§ 935 ff. ZPO, § 1615 o I BGB eine **einstweilige Verfügung** gegen H erwirken, mit der die Zahlung des Regelbetrags[10] für die ersten drei Lebensmonate von K sichergestellt wird.

3. Für Klagen kommen dieselben Möglichkeiten wie unter 1. beschrieben in Betracht. Der Regelbetrag kann auch im Wege der **einstw. AO** im Rahmen des Vaterschaftsfeststellungsverfahrens gem. §§ 644, 653 ZPO gefordert werden. Für die ersten 3 Monate nach der Geburt kann daneben im Wege der einstw. Verfügung gem. § 1615 o I BGB Unterhalt verlangt werden (s. o. unter 2.).

Fall 100: Abänderung von Unterhaltsansprüchen von Kindern lediger Mütter

1. Erhöhung der Regelbetragssätze

a)–c) Materiell-rechtlich steht einem mj. Unterhaltsgläubiger gegenüber einem Elternteil, mit dem er nicht in einem Haushalt lebt, ein individueller Unterhaltsbetrag zu, der sich aus den §§ 1601 ff. ergibt. Wenn er diesen Unterhaltsanspruch als »nackten« Regelbetrag oder »individualisiert« durch Zu- oder Abschläge, verlangt, dann hat er verfahrensrechtlich eine Reihe von Vorteilen.

Am einfachsten ist die Situation, wenn der Schuldner freiwillig bereit ist, sich urkundlich zur Zahlung zu verpflichten. Dann kann ein beliebig hoher Zuschlag beurkundet werden. Ist der Schuldner nicht bereit , sich freiwillig zu verpflichten, so muß der Gläubiger prozessual vorgehen. Beschränkt er sich zunächst auf die Geltendmachung des höchstens eineinhalbfachen des (jeweiligen) Regelbetrages, so steht ihm ein Vereinfachtes Verfahren zur Durchsetzung dieses Anspruchs zur Verfügung (§§ 645 ff. ZPO). Hieran anschließen kann er ein weiteres Verfahren (Abänderungsklage), mit dem er einen höheren Betrag verlangen kann (§ 654 ZPO). Verbindet er allerdings Vaterschaftsfeststellung und Unterhalt miteinander in einer Klage, was nach § 653 ZPO möglich ist, so kann er nur den Regelbetrag oder einen noch geringeren Unterhalt, auf keinen Fall jedoch mehr verlangen. Aber auch an das in diesem Prozeß ergehende Urteil kann er eine Abänderungsklage anschließen (§ 654 ZPO).

10 Vgl. *Palandt/Diederichsen,* § 1615 o BGB a. F. Rdnr. 5.

Gleich, in welchem Verfahren das Kind den Unterhaltstitel erwirkt hat, solange die geschuldete Summe als spezieller Regelbetrag (d.h. bezogen auf eine bestimmte Altersstufe) oder als jeweiliger Regelbetrag (bezogen auf die jeweilige Altersstufe, in der sich das Kind gerade befindet) ausgewiesen ist, paßt sich der Unterhalt automatisch den Lebenshaltungskosten an. Er verändert sich jedes Mal, wenn das BMJ die Regelbetrags-Verordnung ändert, ohne daß prozessual irgendetwas vom Gläubiger unternommen werden müßte.

d) und e) Wenn H aufgrund von Urkunde oder Urteil verpflichtet ist, Individualunterhalt zu zahlen, so ist es für ihn ohne Bedeutung, wenn sich die RegBetrVO ändert. Die vereinfachten Verfahren gem. § 645 oder § 653 ZPO kommen für K nicht in Frage, da sie nur für den Regelbetrag gelten. Wenn K meint, die Erhöhung der Regelbetragssätze beweise, daß die Lebenshaltungskosten gestiegen seien, und er müsse folglich mehr Unterhalt erhalten, so kann er dies nur im Wege einer Änderungsklage gem. § 323 I, IV, V ZPO geltend machen[11], wenn er beweist, daß sein Bedarf wesentlich gestiegen ist.
Eine »wesentliche Änderung der Verhältnisse«[12] nimmt die Rspr. bei mindestens 10% an. Der Bedarf des K müßte daher nachweislich um wenigstens 10% gestiegen sein.

2. H wird Millionär
a)–c) Obwohl K in allen drei Fällen den Regelbetrag erhält, kann hier eine höhere Unterhaltsforderung nicht in einem Vereinfachten Verfahren geltend gemacht werden; es handelt sich vorliegend nämlich nicht um eine Veränderung, die sich tabellarisch erfassen und in Zahlen umsetzen läßt, sondern um die Änderung von Fakten, die sich auf den prozentualen Zuschlag zum Regelbetrag auswirken. Eine solche Änderung muß im Wege des § 323 ZPO geltend gemacht werden.

Allerdings kann ein Kind nicht unbegrenzt am Reichtum seines Vaters partizipieren. Nach oben ist sein Anspruch zum einen begrenzt durch die gedachte Lebensstellung, wie wenn beide Eltern zusammenlebten[13], zum anderen durch pädagogische Gesichtspunkte[14].
d) und e) Da es für den Individualunterhaltsanspruch sowieso kein vereinfachtes Verfahren gibt, kommt auch hier nur eine Abänderungsklage gem. § 323 ZPO in Betracht, bei der K beweisen müßte, daß sein Bedarf gestiegen ist.

Fall 101: Unterhalt bei Getrenntleben verheirateter Eltern

1. Materieller Anspruch
Materiell-rechtlich hat **Eva** Anspruch auf Unterhalt gem. § 1361 d die **Kinder** gem. §§ 1601 ff. Zur Durchsetzung dieser Ansprüche stehen ihr verschiedene pro-

---

11 LG Dortmund v. 18. 7. 1991, FamRZ 1992, 99.
12 S. zu den Einzelheiten bei *Thomas/Putzo,* § 323 Anm. 4.
13 *Palandt/Diederichsen*, § 1610 Rdnr. 21 und § 1615c Rdnr. 2.
14 BGH v. 23. 2. 1983, FamRZ 1983, 473; BGH v. 4. 6. 1986, FamRZ 1987, 58/60.

zessuale Mittel zur Verfügung. In jedem Fall benötigt sie einen vollstreckbaren Titel, um ggfs. die Ansprüche zwangsweise durchsetzen zu können.

2. Mahnverfahren

Der schnellste und einfachste Weg, einen Titel auf Zahlung von Unterhalt **für sich und die Kinder** zu bekommen, wäre die Durchführung des Mahnverfahrens gem. §§ 688 ZPO. Entspricht der Antrag den gesetzlichen Erfordernissen, so wird der Mahnbescheid erlassen, § 692 ZPO, und dem Adam zugestellt, § 693 ZPO. – **Widerspricht** Adam dem Bescheid **nicht** innerhalb von zwei Wochen (§ 692 I Nr. 3 ZPO), kann Eva nach Ablauf dieser Frist Antrag auf Erlaß eines Vollstreckungsbescheides stellen, § 690 ZPO. Aufgrund dieses Bescheides könnte Eva, sofern Adam dagegen nicht Einspruch einlegt, § 700 ZPO, die Zwangsvollstreckung gegen Adam betreiben. **Widerspricht** Adam dem Mahnbescheid innerhalb von 2 Wochen, § 694 ZPO, so wird das Mahnverfahren in ein normales Verfahren übergeleitet, wie wenn sogleich Klage auf Zahlung von Unterhalt erhoben worden wäre, §§ 695–698 ZPO. Dasselbe gilt, wenn Adam gegen den nach § 699 ZPO ergangenen Vollstreckungsbescheid gem. § 700 ZPO Einspruch einlegt.

3. Vereinfachtes Verfahren über den Unterhalt Minderjähriger

Für die Kinder hat Eva die Möglichkeit, im Vereinfachten Verfahren gem. §§ 645 ff. ZPO bis zum eineinhalbfachen des Regelbetrages nach der Regelbetrag-Verord nung zu fordern. Da in diesem Verfahren eine maschinelle Bearbeitung zulässig ist (§§ 658, 659 ZPO) und nur berenzte Einwendungen vom Unterhaltsschuldner geltend gemacht werden können (§ 648 ZPO), ist es relativ leicht , rasch zu einem Festsetzungsbeschluß (§ 649 ZPO) zu kommen, der einen vollstreckbareren Titel darstellt.

4. Leistungsklage

Hat Eva weder für sich noch als g. V. der Kinder (§ 1629 II 2, III) ein Mahnverfahren oder für die Kinder kein Vereinfachtes Verfahren durchgeführt, so kann sie gem. § 621 I Nrn. 4 und 5 ZPO)eine allgemeine Leistungsklage vor dem FamG erheben. Mit vorläufig vollstreckbarem Urteil, spätestens aber wenn dies rechtskräftig ist (nach 4 Wochen), die Zwangsvollstreckung gegen Adam betreiben, nachdem ihr die Vollstreckungsklausel erteilt worden ist, §§ 724, 725 ZPO. Zu diesem Zwecke kann sie den Gerichtsvollzieher mit der Pfändung beweglichen Vermögens beauftragen, §§ 803 ff. ZPO, oder – bei laufenden Unterhaltsverpflichtungen sinnvoller – gem. §§ 828 ff. ZPO beim AmtsG am Wohnsitz von Adam einen Antrag mit Pfändung und Überweisung von Teilen von Adams Arbeitseinkommen stellen.

5. Einstweilige Verfügung

Sind Eva und die Kinder sehr dringend auf Unterhalt angewiesen und will Eva keine Scheidungsklage erheben, so hat sie die Möglichkeit, beim FamG den Erlaß einer **einstw. Verfügung** gem. § 940 ZPO zu beantragen[15]. Hiermit kann sie nach h. M. jedoch nur den sog. Notunterhalt erhalten, d. h. für einen kürzeren Zeitraum (ca. sechs Monate) Abschlagszahlungen auf den endgültigen Unterhalt. Diese Regelung ist verfassungsgemäß[16]. Das ergehende Verfügungsurteil bzw. der -beschluß (§ 936 i. V. m. § 922 ZPO) ist ein vollstreckbarer Titel (§ 936 i. V. m. § 928 ZPO).

6. Einstweilige Anordnung
Benötigen Eva und die Kinder dringend Unterhalt und will Eva sich nun doch scheiden lassen, so gilt, was nachfolgend in Fall 102 dargestellt ist.

Fall 102: Unterhalt im Vorfeld der Scheidung

1. Getrenntleben außerhalb der Ehewohnung
a) **Eva:** Ein Anspruch auf Unterhalt könnte sich für Eva bei Getrenntleben aus § 1361 n nach Scheidung aus den §§ 1569, 1570 ergeben. Unterstellt, Eva würde die hierfür erforderlichen Tatbestandsvoraussetzungen erfüllen (der Sachverhalt gibt insoweit nicht genügend her), so könnte sie die Ansprüche im normalen Verfahren mit einer **Leistungsklage** – gem. § 1361 außerhalb des Scheidungsverfahrens; gem. §§ 1569, 1570 im Rahmen des Scheidungsverfahrens – geltend machen.
Da beides im allgemeinen recht lange dauert, wird Eva an der Durchsetzung ihrer Ansprüche im Rahmen eines einstweiligen Verfahrens gelegen sein. § 620 Nr. 6 ZPO gibt ihr die Möglichkeit, eine **einstw. AO** zu erwirken. Hierfür muß sie einen entsprechenden Antrag stellen und die Voraussetzungen für die AO glaubhaft machen, § 620 a II 3 ZPO.
b) **Die Kinder:** Ein Anspruch der Kinder auf Unterhalt könnte sich aus den §§ 1601 ff. ergeben. Auch dieser Anspruch kann im normalen Verfahren und im einstweiligen Verfahren nach § 620 Nr. 4 ZPO durchgesetzt werden (§ 644 ZPO). Für das Kind braucht, damit es seine Ansprüche geltend machen kann, kein PFL gem. § 1909 bestellt zu werden, weil gem. § 1629 II 2 der Elternteil, in dessen Obhut es sich befindet, insoweit g. V. ist (Prozeßstandschaft).

2. Getrenntleben innerhalb der Ehewohnung
a) **Eva:** Es ergibt sich kein Unterschied.
b) **Kinder:** Hier ist zu prüfen, ob die Voraussetzungen des § 1629 II 2 noch gegeben sind. Diese Vorschrift räumt eine Prozeßstandschaft nur für den Fall ein, daß sich das Kind in der Obhut des klagenden Elternteils befindet. Vorliegend versorgen A und E die Kinder gemeinsam, auch wenn sie füreinander keine Versorgungsleistungen mehr erbringen. Die Rspr.[17] hat in diesem Fall angenommen, daß die Mutter einen Barunterhaltsanspruch der Kinder nicht geltend machen, daß sie

15 OLG Köln v. 13. 11. 1979, FamRZ 1980, 390; OLG Karlsruhe v. 13. 1. 1980, FamRZ 1980, 1117; OLG Düsseldorf v. 4. 11. 1981, FamRZ 1982, 1229; OLG Köln v. 14. 1. 1983, FamRZ 1983, 411.
16 BVerfG v. 10. 7. 1980, FamRZ 1980, 872.
17 AmtsG Groß-Gerau v. 13. 6. 1991, FamRZ 1991, 1466.

jedoch das anteilige Haushaltsgeld für die Kinder verlangen könne. Der Grund hierfür liege darin, daß eine Auszahlung des Kindesunterhalts an die Mutter darauf hinauslaufe, dem Vater die Ausübung seiner Obhut unmöglich zu machen.

Fall 103: Unterhalt bei Scheidung

a) **Die Kinder:** Seit Gleichstellung aller Kinder zum 1. 7. 1998 gilt für alle Kinder die RegBetrVO, die die Basis für die Berechnung von Unterhaltsbeträgen darstellt, die der Leistungsfähigkeit des Unterhaltsschuldners angepaßt sind. Die Praxis bedient sich hierbei überwiegend der Düsseldorfer Tabelle[18].

Der **Teil A.** dieser Tabelle betrifft den Kindesunterhalt. Bei einem Nettoeinkommen von 4.200 DM gehört A der 6. Einkommensgruppe (3900–4300 DM) an. Das eine Kind gehört zur 1., das andere zur 2. Altersstufe. Das Kind der 1. Altersstufe würde bis zum 30. 6. 1999 471 DM, das der 2. Altersstufe 570 DM bekommen. Das sind zusammen 1.041 DM. Auf diese wäre das halbe Kindergeld, sofern es E ausgezahlt wird,anzurechnen. Das halbe Kindergeld beträgt 2 x 110 DM = 220 DM. 1041 DM - 220 DM = 821 DM. Adams Angebot von 360 DM pro Kind ist also unzureichend.

b) **Eva: Teil B** der Tabelle betrifft den Ehegattenunterhalt. Im vorliegenden Fall ist Abschnitt III. einschlägig, der davon ausgeht, daß gemeinsame unterhaltsberechtigte Kinder vorhanden sind. In diesem Fall ist der Kindesunterhalt zuvor abzuziehen. Im übrigen verweist Abschnitt III – je nach Sachlage – auf den Abschnitt I oder II. Vorliegend ist Abschnitt I einschlägig und hier 1. a), da A erwerbstätig ist und E kein Einkommen hat. Bei dem Einkommen von A ist zu unterscheiden, ob es Erwerbs- oder sonstiges Einkommen (Zinsen, Dividenden, Mieten...) ist. Im ersteren Fall erhält E 3/7 hiervon. Da die Kinder 471 DM + 570 DM = 1.041 DM bekommen, bleibt für den Ehegattenunterhalt 3.159 DM. Hiervon sind 3/7 1.353,86 DM. Diese hat Eva zu bekommen, sofern der Bedarfskontrollbetrag der Einkommensgruppe 6 gesichert ist. Nach Tabelle beträgt er 2.000 DM. Wird er vom bereinigten Nettoeinkommen von A abgezogen, verbleiben 2.200 DM zur Verteilung. Diese reichen, um die 2.174,86 DM an Eva und die Kinder auszuzahlen. Die von A angebotenen 850 DM reichen daher ebenfalls nicht.

18 FamRZ 1998, 534.

Kapitel 7

Die Rechtsstellung von Stiefkindern, Pflegekindern und Adoptivpflegekindern

XV. Stiefkinder

Fall 104: Stiefvater/Stiefmutter

Eine Stiefmutter ist die Ehefrau des leiblichen Vaters. Somit ist ein Kind mit seiner Stiefmutter verschwägert, § 1590 (verschwägert ist man mit dem Ehegatten seiner Verwandten).

Es gibt drei Möglichkeiten, Stiefmutter zu werden:
1. Heirat eines ledigen Mannes, der ein Kind hat.
2. Heirat eines verwitweten Mannes, der ein Kind hat.
3. Heirat eines geschiedenen Mannes, der ein Kind hat.

Spiegelbildlich tritt dieselbe Wirkung ein: Heiratet ein Mann ohne Kind eine ledige, verwitwete, geschiedene Frau mit Kind, so wird der Mann Stiefvater des Kindes.

Fall 105: Rechte eines Stiefelternteils

1. Ob Kain auf familienrechtlichem Weg Adams Namen bekommen kann, hängt nicht mehr – wie nach altem Recht bis 30. 6. 1998 – davon ab, ob Kain aus einer Ehe oder von einer ledigen Mutter stammt. In beiden Fällen braucht nicht die öffentlich-rechtliche Namensänderung nach dem NamÄndG bemüht zu werden, sondern ist gem § 1618 die Einbenennung durch den Stiefvater möglich. Voraussetzung ist,
- daß leiblicher Elternteil und Stiefelternteil einen Ehenamen tragen, der nicht identisch ist mit dem Namen des Kindes;
- daß, wenn das Kind den Namen des anderen Elternteils trägt, dieser einwilligt oder das FamG die Einwilligung ersetzt, wenn dies zum Wohl des Kindes erforderlich ist;
- daß das Kind über 5 Jahre einwilligt;
- daß leiblicher Elternteil und Stiefelternteil gegenüber den Standesbeamten die Erklärung abgeben, dem Kind ihren Namen geben zu wollen;
- daß diese Erklärung öffentlich beglaubigt ist.

Über eine solche Namensänderung hinaus könnte Adam den Kain adoptieren, § 1741 II 2, was aber nicht nur Folge in bezug auf den Namen hätte, § 1754 I Alt. 2.

2. Ein Stiefelternteil kann nie e. S. i. S. der §§ 1626ff. besitzen, da diese nur für die leiblichen und diesen gleichgestellte Eltern(teile) (§ 1754) vorgesehen ist. Allerdings ist es möglich, daß Eva dem Adam die Ausübung der e. S. vertraglich (widerruflich) überträgt (ähnlich wie z.B. dem Kindergarten). Dies kann auch stillschweigend (konkludent) geschehen. Normalerweise wird man dies im Hinblick auf die tatsächlichen PS bei jedem Stiefeltern-Kind-Verhältnis annehmen können, wenn nicht ausdrücklich Gegenteiliges vom Inhaber der e. S. geäußert worden ist.

Fall 106: Elterliche Sorge eines Stiefelternteils bei Scheidung

Abel ist gemeinsames Kind von Adam und Eva. Deshalb kann bei einer Trennung oder Scheidung die Frage der e. S. gem. § 1671 geregelt werden. Demnach ist es möglich, daß Adam die e. S. für Abel erhält, wenn er einen diesbezüglichen Antrag stellt und diesem stattzugeben ist (vgl. dazu Fragen 41–42).

Kain ist Kind der ledigen Eva. Adam war daher nur Stiefvater und somit nicht Inhaber der e. S. gem. §§ 1626ff. Falls Eva ihm die e. S. zur Ausübung miteingeräumt hatte, gilt dies – abgesehen von der Möglichkeit jederzeitigen Widerrufs der Übertragung – nur so lange, als Eva selber Inhaberin der e. S. ist. Ferner ist die Übertragung stillschweigend eingegrenzt auf den Zeitraum des Zusammenlebens der Ehegatten.
Wenn Adam und Eva sich also aufgrund der Scheidung trennen, kann Adam die vertraglich abgeleitete e. S. spätestens zu diesem Zeitpunkt nicht mehr ausüben. Eva ist wieder allein für Kain zuständig. Allerdings kann ihr ggf. das FamG gem. § 1666 die e. S. entziehen. Dann müßte, wenn kein anderer leiblicher Elternteil da ist, auf den gem. § 1680 III die e. S. übertragen werden könnte, gem. §§ 1773, 1774 S. 1 vAw ein VM bestellt werden. Bei der Auswahl hat der VormR § 1779 III 1 und II 3 zu beachten, wonach Verwandte und Verschwägerte des Mündels anzuhören und zuerst bei der Auswahl zu berücksichtigen sind.
Da der Stiefvater mit Kain verschwägert ist, hat er eine gute Chance, zum VM von Kain bestellt zu werden.

Fall 107: Rechte von Stiefeltern bei Tod des leiblichen Elternteils

A könnte in bezug auf K einen Herausgabeanspruch gegenüber H gem. § 1632 I haben.
1. Demnach müßte A *allein personensorgeberechtigt* sein. Vor dem Tod von Eva hatten A und E gemeinsam das Sorgerecht für K. Worauf dies beruhte, teilt der Sachverhalt nicht mit. Es ist möglich, daß A und E zuvor verheiratet waren, oder daß sie Sorgeerklärungen abgegeben hatten. Für die Qualität der gemeinsamen Sorgeberechtigung spielt das keine Rolle. Durch den Tod von E hat A gem. § 1680

I kraft Gesetzes das Alleinsorgerecht erhalten. Deshalb erfüllt A für den Anspruch nach § 1632 I die erste Voraussetzung.

2. Jemand müßte dem A das *Kind vorenthalten*. Wenn H sich weigert, den K herauszugeben, dann ist dies ein Vorenthalten im Sinne der Norm.

3. Das Vorenthalten des Kindes müßte *widerrechtlich* sein. Das bedeutet, daß das Vorenthalten des Kindes nicht in Übereinstimmung mit der Rechtsordnung stehen darf. Normalerweise ist dieVereitelung des Rechts eines anderen nicht in Übereinstimmung mit der Rechtsordnung, ebenso wie die Verletzung von Rechten im Sinne des § 823 I normalerweise rechtswidrig ist. Hier wie dort fehlt es jedoch an der Widerrechtlichkeit, wenn ein Rechtfertigungsgrund vorliegt. Dieser ist ein Gegenrecht, das ausnahmsweise stärker als das (»Ur«-) Recht ist. Als solches Gegenrecht kommt hier der § 1682 S. 1 in Betracht.

4. Für das Vorliegen dieses *Gegenrechts* ist folgendes erforderlich:
- Es muß sich um einen *Stiefelternteil* (»mit einem Elternteil und dessen Ehegatten«) handeln. Dies trifft vorliegend zu, da E als leiblicher Elternteil den H geheiratet hat.
- Das Kind muß *»längere Zeit«* mit dem leiblichen und dem Stiefelternteil gelebt haben. Dieser unbestimmte Gesetzesbegriff muß ebenso wie in § 1632 IV ausgefüllt werden, indem das Lebensalter des Kindes in Relation zu seinem Zusammenleben mit dem Stiefelternteil gesetzt wird (s. u. Fall 112). Im vorliegenden Fall fehlen Angaben hierzu, so daß das Vorliegen des Tatbestandsmerkmals nicht überprüft werden kann. Es soll davon ausgegangen werden, daß K schon längere Zeit mit H gelebt hat.
- Das Kindeswohl müßte durch die Wegnahme *gefährdet* sein. Die Gefährdung des Kindeswohls ist wiederum ein unbestimmter Gesetzesbegriff, der auszufüllen ist, was mit dem vorliegenden Sachverhalt ebenfalls nur unzulänglich möglich ist. Die mitgeteilten Tatsachen sprechen jedoch dafür, daß zumindest die abrupte Herausnahme dem K nicht zuträglich wäre.

Ergebnis: A wird vermutlich keinen Heraugabeanspruch haben.

H könnte daher einen Antrag beim FamG stellen, oder dieses könnte vAw tätig werden, wenn es die erforderlichen Informationen erhielte.

Die AO, die das Gericht treffen kann, hat den Verbleib des Kindes beim Stiefelternteil zum Gegenstand. Den zeitlichen Rahmen umschreibt das Gesetz mit »wenn und solange«. Das heißt, es kann bestimmen, daß das Kind zunächst einmal dort bleibt und daß der leibliche Elterteil in dieser Zeit den Kontakt mit dem Kind aufnimmt und unter Beweis stellt, daß er es mit seinem Herausgabeverlangen ernst meint. Im Ergebnis kann dies aber auch bedeuten, daß das Kind auf Dauer beim Stiefelternteil bleibt. Dann wäre es, auch wenn der Stiefelternteil während des Aufenthalts des Kindes die Rechte aus § 1688 I hat (§ 1688 IV), allerdings günstig, diesem weitergehende Rechte als Vormund oder zumindest Pfleger einzuräumen.

Fall 108: Stiefkindadoption

1. Gem. § 1754 I Alt. 2 wird M – ohne daß A zu adoptieren braucht – gemeinsames eheliches Kind von A und G. Allerdings gilt hinsichtlich des Abbruchs der Beziehungen zur Ursprungsfamilie nicht § 1755 I, sondern § 1755 II. Demnach werden nur die Bindungen zu Eva und deren Familie abgebrochen. Für den Namen gilt § 1757.

2. Moses würde ebenfalls das gemeinsame Kind von A und G, § 1754 I Alt. 1. Jedoch brächen die Verwandtschaftsbeziehungen zu Evas Familie nicht ab, § 1756 II, weil E Sorgerechtsinhaberin war und gestorben ist. M hätte dann drei Verwandtenstämme mit z. B. drei Großelternpaaren. War Moses dagegen geschieden, so verliert K alle Rechtsbeziehungen zu seinen mütterlichen Großeltern.

Fall 109: Unterhaltspflicht des Stiefvaters

A ist der Stiefvater des K und von daher kraft Gesetzes nicht zu Unterhaltszahlungen verpflichtet (§ 1601 im Umkehrschluß). Allerdings kann eine derartige Verpflichtung auch kraft Vertrages begründet werden. Im Stiefelternverhältnis wird angenommen, daß der Stiefelternteil, sofern er dies nicht ausdrücklich ausschließt, aufgrund der Heirat für die Dauer des gemeinsamen Haushalts die Verpflichtung übernehmen will, das Kind zu unterhalten[1]. Kain wird daher nur wegen des vor Trennung gezahlten Unterhalts Recht bekommen.

Fall 110: Unterhalt nach Tod des leiblichen Elternteils

Es handelt sich hier um den einzigen Fall, in dem Stiefkinder kraft Gesetzes einen Unterhaltsanspruch haben. § 1371 IV sieht folgendes vor: Im Normalfall wird bei Tod eines Ehegatten der Zugewinnausgleich dadurch realisiert, daß sich der gesetzliche Erbteil des überlebenden Ehegatten (gem. § 1931 I neben Kindern ¼) um ein Viertel erhöht (vgl. oben Fall 1, Teil 3). Aus diesem Viertel hat der Überlebende einem Stiefkind, das Kind des Verstorbenen ist, Unterhalt zu gewähren, soweit dieses mit seinen eigenen geerbten Mitteln eine angemessene Berufsausbildung nicht erhalten könnte.

XVI. (Adoptiv-)Pflegekinder

Fall 111: Rechte von Pflegeeltern

Welche Rechte die Ps haben, hängt von den zuvor getroffenen Vorkehrungen ab. Drei Möglichkeiten sind denkbar:
1. E und die Ps haben keine ausdrücklichen Regelungen getroffen.
2. E und die Ps haben einen Vertrag ausgehandelt.

---

1 Vgl. *Gernhuber/Coester-Waltjen*, § 4 II 5.

3. Das FamG ist eingeschaltet worden, und dieses hat die Kompetenzen der Eltern festgelegt.

Zu 1.: Die Inpflegegabe eines Kindes ist – auch wenn dies den Betroffenen häufig nicht klar ist – ein (zumindest konkludent geschlossener) Vertrag, der seiner Natur nach eigentlich im Familienrecht angesiedelt sein müßte. Hier ist dieser Vorgang jedoch nicht geregelt. Lediglich das SGB VIII enthält Vorschriften, die sich mit Aufgaben des JA in diesem Zusammenhang beschäftigen. So bestimmt § 44 SGB VIII, daß die Pflegeeltern für die Inpflegenahme eine Pflegeerlaubnis benötigen. Die Bedeutung der Pflegeerlaubnis für die Wirksamkeit des Pflegevertrages wird nicht einheitlich beurteilt. Nach Ansicht der Verfasserin führt das Fehlen zur Unwirksamkeit des Vertrages (§ 134)[2]. Im vorliegenden Fall soll von erteilter Pflegeerlaubnis (und somit wirksamem Vertrag) ausgegangen werden. Welchen Inhalt dieser Vertrag hat, folgt – wenn die Parteien nichts anderes vereinbart und das FamG nichts anderes angeordnet haben – aus § 1688. Plakativ formuliert räumt dieser den Pflegeeltern die Kompetenzen ein, die sie benötigen, um ihre Aufgaben (= Pflege und Erziehung) erfüllen zu können. § 1688 beschreibt diese Kompetenzen zum einen global und fügt zum anderen einige präzise genannte Angelegenheiten hinzu. Für die Globalbeschreibung benutzt das Gesetz einen Begriff, der auch in den § 1687 vorkommt, nämlich »Angelegenheiten des täglichen Lebens«. Das Gegenteil von diesen sind die »Angelegenheiten, deren Regelung für das Kind von erheblicher Bedeutung ist«. Dieser Begriff kommt nicht nur in § 1687, sondern auch in § 1628 vor. Die Angelegenheiten des täglichen Lebens sind gem. der Definition in § 1687 solche, die häufig vorkommen und die keine schwer abzuändernden Auswirkungen auf die Entwicklung des Kindes haben. Bei dieser Abgrenzung sind Entscheidungen über die Religionszugehörigkeit, über Schulwahl, Berufswahl, Fremdunterbringung sowie schwerwiegende medizinische Maßnahmen solche, die sicher nicht zu den »Alltagsangelegenheiten« gehören und somit nicht von Pflegeeltern getroffen werden können, es sei denn, die Eltern hätten schon Grundentscheidungen getroffen und es ginge nur noch um die »Feineinstellung«. Im übrigen sind Pflegeeltern gem. § 1688 I 2 befugt, den Arbeitsverdienst des Kindes zu verwalten sowie Unterhalts-, Versicherungs-, Versorgungs- und sonstige Sozialleistungen für das Kind geltend zu machen und zu verwalten.

Legt man diese Kompetenzverteilung zwischen leiblichen und Pflegeeltern zugrunde, so dürfen die Ps sicher mit den Kindern zum Kinderarzt gehen und sie in Skiurlaub mitnehmen. Bei dem Kindergarten ist das nicht so klar. Dabei dürfte es weniger um die Frage des Ob gehen – die wird mit Ja zu beantworten sein, weil mittlerweile die allermeisten Kinder in einen Kindergarten gehen. Aber die Entscheidung über die Art des Kindergartens dürfte, ähnlich wie bei der Schulwahl, immer noch zu den Grundentscheidungen gehören, die den leiblichen Eltern verbleiben, es sei denn, sie hätten ausdrücklich zum Ausdruck gebracht, daß ihnen die Art des Kindergartens egal sei.

---

2 Vgl. zu den Einzelheiten *Oberloskamp/Adams*, Fall 35.

Zu 2.: Haben E und die Ps einen ausdrücklichen Vertrag geschlossen, so gelten dessen Regelungen. Sind Punkte übersehen worden, so greifen die Ausführungen zu 1. ein.

Zu 3.: Um unklare Situationen wie unter 1. beschrieben zu vermeiden, besteht die Möglichkeit, bei längerer Inpflegegabe den Pflegeeltern bestimmte Aufgaben gerichtlich übertragen zu lassen (§ 1630 III 1). Gibt das FamG einem solchen Antrag statt, bedeutet dies, daß die leiblichen Eltern insoweit gar keine Elternverantwortung mehr haben. Die Pflegeeltern erhalten im Gegenzug die Rechtsstellung eines Pflegers, § 1630 III 2. Die Regelung durch das Gericht kann entweder von den leiblichen Eltern selber beim FamG beantragt werden, oder die Pflegeeltern können sie beantragen, und die leiblichen Eltern stimmen zu. Beim Fall der freiwilligen Inpflegegabe wird die erste Konstellation häufiger vorkommen. Die zweite ist allenfalls dann vorstellbar, wenn die Betroffenen bei Inpflegegabe an die Regelung der Kompetenzen nicht gedacht haben, aber nachher zu der Erkenntnis kommen, daß sie sinnvoll wäre.

Fall 112: Herausgabeanspruch gegen Pflegeeltern

1. Evas Möglichkeiten

Gem. § 1626 a II hat Eva die e. S. für Kain. Im Rahmen dieses Schutzrechts hat sie das Aufenthaltsbestimmungsrecht gem. § 1631 I und im Zusammenhang damit gem. § 1632 I das Recht, die Herausgabe des Kindes von jedem zu verlangen, der es den Eltern widerrechtlich vorenthält. Pflegeeltern haben ein von den Sorgerechtsinhabern abgeleitetes Recht. Wenn diese ihr Einverständnis zur Unterbringung bei den Pflegeeltern widerrufen, steht diesen in der Regel kein Recht zur Zurückhaltung des Kindes zu.
Lebt das Kind jedoch – wie im vorliegenden Fall – seit längerer Zeit in Familienpflege (Dauerpflegeverhältnis), so enthält § 1632 IV eine Spezialbestimmung zum Schutz des Kindes: Die Pflegeeltern können das FamG anrufen (oder dieses kann auch von Amts wegen bei entsprechender Information z.B. durch das JA, den Kindergarten, die Schule oder Nachbarn tätig werden), und dieses kann anordnen, daß das Kind bei den Pflegeeltern bleibt.

Erforderlich für eine solche Anordnung, die den Herausgabeanspruch von Eva gem. § 1632 I einschränkt, ist folgendes:

- Das Kind befindet sich in »Familien-Pflege«. Eine Heimunterbringung ist keine Familienpflege, selbst dann, wenn diese familienähnlich organisiert ist[3]. Die Familienpflege hängt nicht davon ab, ob eine Pflegeerlaubnis erteilt worden ist. Sowohl wenn zu Unrecht keine Erlaubnis eingeholt wurde (§ 44 I 1 SGB VIII) als auch wenn keine nötig ist (§ 44 I 2 SGB VIII), handelt es sich um Familienpflege.
- Das Kind befindet sich »seit längerer Zeit« in Familienpflege. Wann das zutrifft, sagt das Gesetz nicht. Der Begriff wird daher mit Hilfe anderer Fachdisziplinen auszufüllen sein. Die Entwicklungspsychologie sagt, daß der Zeitbe-

3 LG Frankfurt v. 4. 11. 1982, FamRZ 1984, 729.

griff von Kindern um so mehr von dem Erwachsener abweicht, je jünger das Kind ist. Bei einem zweijährigen Kind wird daher ½ Jahr in der Regel »längere Zeit« sein, bei einem 15jährigen dagegen kaum. Auch die Dauer vorheriger Unterbringung spielt eine Rolle. Wenn ein einjähriges Kind siebenmal die Unterbringung (Familie, Heim, Krankenhaus ...) gewechselt hat, dann ist ein halbes Jahr in einer Familie eine »längere Zeit«. Die Faustregel, die die Praxis benutzt, ist: Die Hälfte des Lebensalters ist sicher »längere Zeit«.

Bei Pflegeverhältnissen, die wegen kürzerer Dauer noch nicht unter § 1632 IV fallen, müssen die Pflegeeltern, wenn sie sich gegen das Herausgabeverlangen zur Wehr setzen wollen, ein gesondertes Verfahren nach § 1666 durchführen, in dem dann ggf. die Elternrechte eingeschränkt werden (Entzug des Aufenthaltsbestimmungsrechts) und jemand anders (meistens das JA) als PFL die Ausübung dieser Rechte übertragen erhält.

- Die Wegnahme müßte das Kindeswohl gefährden. Dieses Tatbestandsmerkmal ist seit der Kindschaftsrechtsreform ganz schlicht formuliert (»wenn und solange das Kindeswohl durch die Wegnahme gefährdet würde«). Vorher hieß es umständlich »wenn und solange für eine solche Anordnung die Voraussetzungen des § 1666 Abs. 1 Satz 1 insbesondere im Hinblick auf Anlaß und Dauer der Familienpflege gegeben sind.« In der Begründung zu dem neu formulierten Paragraphen wird ausgeführt[4], daß es sich um eine Neuformulierung in Anlehnung an die bisherige Rechtsprechung zu dieser Vorschrift handele, daß die Ursachen der Gefährdung (Mißbrauch...) von der Praxis sowieso ignoriert worden seien und daß der Hinweis auf Anlaß und Dauer überflüssig sei, weil dies im Rahmen der Kindeswohlprüfung umfassend zu würdigen sei. Demnach ist es tatsächlich so, daß auch künftig der Grund der Inpflegegabe, die Dauer unabhängig von einem Verschulden[5] und sonstige Gründe (bereits totale Überlastung der Mutter durch mehrere Kinder und alkoholkranken Mann) eine Rolle spielen können. Ferner läßt es auch das neue »wenn und solange« zu, daß Verweigerungen der Herausgabe zeitlich befristet werden und man in dieser Zeit prüfen kann, ob das Herausgabeverlangen ernsthaft ist. Des weiteren ist der Begründung zu der neuformulierten Norm zu entnehemen, daß der dort benutzte Gefahrenbegriff dem des § 1666 entsprechen soll und daß im übrigen eine »Gleichlauf« von § 1632 IV und § 1682 (Verbleibensanordnung zugunsten eines Stiefelternteils) angestrebt sei[6].

2. Verfahren

Verfahrensrechtlich gilt, daß das FamG für ein Verfahren nach § 1632 IV zuständig ist. In ihm sind sowohl das Kind (§ 50 b FGG) als auch die Pflegeeltern (§ 50 c FGG) anzuhören. Für die Anhörung des Kindes ist sein Alter immer dann irrelevant, wenn Neigungen, Bindungen oder Wille des Kindes für die Entscheidung

4 BT-Drucks. 13/4899, S. 96 , re. Sp.
5 So BVerfG v. 17. 10. 1984, NJW 1985, 423 m. Anm. *Salgo* S. 413.
6 BT-Drucks. 13/4899, S. 96 re. Sp.

von Bedeutung sind (§ 50b I FGG). Wenn das Kind älter als 14 Jahre ist, spielen auch diese Dinge keine Rolle mehr: Es ist immer zu hören (§ 50b II FGG).

3. Kain zu Evas Schwester

Mit der Frage der Herausgabe, um das Kind in einer anderen Pflegefamilie unterzubringen, hatte sich das BVerfG zu befassen. Es entschied, daß einem solchen Herausgabeanspruch nur dann stattzugeben sei, wenn eine Gefährdung des Kindes mit hinreichender Sicherheit ausgeschlossen werden könne[7].

4. Kain zu anderen Adoptiveltern

Auch mit der Problematik des Herausgabeverlangens, um das Kind in eine Adoptivfamilie zu geben, wurde das BVerfG konfrontiert. Es entschied, daß das Herausgabeverlangen rechtens sei, selbst wenn psychische Beeinträchtigungen des Kindes nicht ausgeschlossen werden könnten. Allerdings müsse dann sichergestellt sein, daß die Adoptiveltern das Kind ohne dauerhafte Schädigungen in die Familie integrieren könnten[8].

---

7 14. 4. 1987, NJW 1988, 125.
8 V. 12. 10. 1988, FamRZ 1989, 31.

Kapitel 8

Staatliche Schutzverhältnisse für Volljährige

XVII. Rechtliche Betreuung

Fall 113: Hilfe für schutzbedürftige Erwachsene

1. Voraussetzungen

Gem. § 1896 I1 kann das FamG dem M einen Betreuer bestellen, wenn dieser wegen einer psychischen Krankheit seine Angelegenheiten nicht besorgen kann und wenn die Betreuung erforderlich ist.

Altersverwirrtheit ist eine psychische Krankheit i. S. d. Norm. Fraglich ist jedoch, ob eine Betreuung erforderlich ist. Zunächst einmal ist festzuhalten, daß eine Unselbständigkeit des M nur in den Bereichen der Sorge für finanzielle Angelegenheiten und der Heilbehandlung besteht. Wenn M sich die Pflege und Fürsorge durch R gefallen läßt, ist eine Betreuung insoweit nicht erforderlich. Im Bereich der Finanzen dagegen ist ein Helfer notwendig, weil auch R nicht mit den Dingen zurechtkommt. Die Bestellung durch den Richter kann auf Antrag des Betroffenen oder von Amts wegen ergehen, § 1896 I 1. Wenn sich M also mit der Betreuerbestellung nicht einverstanden erklärt – sei es, daß er sie für überflüssig hält, sei es, daß er gar nicht versteht, worum es geht –, sie jedoch im oben beschriebenen Sinn nötig ist, kann der Richter trotzdem eine Betreuung anordnen. Der Richter könnte dem M daher einen Betreuer bestellen.

2. Inhalt der Regelung

Die Entscheidung des Richters müßte inhaltlich mindestens drei Dinge regeln (§ 69 FGG): 1. wer Betreuer ist; 2. für welchen Aufgabenkreis der Betreuer zuständig ist und 3. wie lange die Betreuung dauern soll.

a) Hinsichtlich der Auswahl des Betreuers wäre folgendes zu bedenken: Wenn M keinen Wunsch äußert, wer Betreuer sein soll, und keine sonstigen Angehörigen vorhanden sind, kann nur eine fremde Person bestellt werden, da die Ehefrau R für diese Dinge offenbar ungeeignet ist (§ 1897 V, VI). Findet sich keine Einzelperson, weder eine unabhängige noch ein Mitarbeiter eines Betreuungsvereins oder der zuständigen Betreuungsbehörde, kann im Notfall auch ein entsprechender Verein oder die zuständige Behörde dafür bestellt werden (§ 1900 I, IV).

b) Der Aufgabenkreis wäre etwa mit »Sorge für finanzielle Angelegenheiten« zu umschreiben.

c) Die Dauer der Betreuung darf auf höchstens fünf Jahre festgesetzt werden. Soll sie danach fortgesetzt werden, muß ein neues Anordnungsverfahren durchgeführt werden.

3. Folgen der Regelung

Grundsätzlich bleibt M trotz einer Betreuerbestellung voll geschäftsfähig, und zwar unabhängig davon, ob er der Betreuung zugestimmt hat oder nicht. Allerdings ist der Betreuer gesetzlicher Vertreter (§ 1902). Nur wenn der Richter über die Beschreibung des Aufgabenkreises hinaus einen sog. Einwilligungsvorbehalt für bestimmte Angelegenheiten anordnet, wird M in diesem Bereich einem beschränkt geschäftsfähigen Minderjährigen gleichgestellt (§ 1903 I), d.h. er benötigt dann insoweit die Einwilligung des Betreuers. Die Anordnung eines Einwilligungsvorbehalts setzt allerdings eine erhebliche Gefahr für die Person oder das Vermögen des Betreuten voraus (§ 1903 I). Ob dies vorliegend der Fall ist, kann nicht abschließend beurteilt werden.

4. Verfahren

Für das Verfahren ist M – gleichgültig wie sein Geisteszustand ist – verfahrensfähig, § 66 FGG. Wenn erforderlich, muß ihm ein Verfahrenspfleger bestellt werden, § 67 FGG. In der Regel hat der Richter den Betroffenen persönlich anzuhören und sich nach Möglichkeit in der üblichen Umgebung des Betroffenen einen Eindruck von ihm zu verschaffen, § 68 FGG. Der zuständigen Betreuungsbehörde ist Gelegenheit zu geben, sich zu äußern, § 69 FGG. Ferner ist ein Sachverständigengutachten oder bei freiwilliger Betreuung zumindest ein ärztliches Zeugnis einzuholen, § 68 b FGG. Vor Anordnung der Betreuung sind dem Betroffenen alle Ergebnisse mitzuteilen und mit ihm zu erörtern (Schlußgespräch), § 68 V FGG. Formal muß die Entscheidung den Betroffenen, den Betreuer, seinen Aufgabenkreis, einen etwaigen Einwilligungsvorbehalt, die Dauer der Betreuung und eine Rechtsmittelbelehrung enthalten, § 69 FGG. Der Betreuer wird vom Richter mündlich verpflichtet und unterrichtet, § 69 b FGG.

5. Beseitigung der Folgen

Die Regelung kann aus verschiedenen Gründen beseitigt werden:
a) **Rechtsbehelfe:** Gem. § 20 FGG kann M die Anordnung der Betreuung, gegen die Festlegung des Wirkungskreises sowie gegen eine evtl. Anordnung eines Einwilligungsvorbehaltes Beschwerde einlegen, über die das LG entscheidet. Wird der Beschwerde nicht stattgegeben, hat er gem. § 27 FGG das Rechtsmittel der weiteren Beschwerde, die vom OLG beschieden wird. In allen Instanzen ist er gem. § 66 FGG verfahrensfähig, auch wenn er nicht geschäftsfähig sein sollte. Falls erforderlich, muß das Gericht ihm einen Verfahrenspfleger bestellen, § 67 FGG. Gegen die genannten Entscheidungen sind neben dem Betroffenen weitere in § 69 g FGG aufgezählte Personen beschwerdebefugt. Die Beschwerde gegen den Einwilligungsvorbehalt ist eine sofortige, d.h. sie muß innerhalb von 2 Wochen eingelegt werden, § 69 g IV.
b) **Aufhebung:** Gem. § 1908 d I ist die Betreuung aufzuheben, wenn ihre Voraussetzungen nicht mehr vorliegen. Der Grund kann vor Ablauf der Frist, die in der Betreuungsanordnung festgelegt worden ist, wegfallen. Dann muß die Betreuung schon vor Fristablauf aufgehoben werden. Ansonsten ist zum Ablauf der Frist eine Überprüfung der Notwendigkeit der Betreuung vorzunehmen. Soll die Betreuung

fortgesetzt werden, so gelten hierfür grundsätzlich die verfahrensrechtlichen Vorschriften für die erstmalige Bestellung, § 69i VI 1 FGG.

Fall 114: Grenzen der Betreuung

1. Bestellung von Frau N zur Betreuerin

1.1. Die Betreuung von Frau S könnte gem. § 1896 BGB zulässig sein. Dann müßten zum einen die **Tatbestandsmerkmale** dieser Norm erfüllt sein.
Dies sind:
a) Volljähriger oder mindestens 17jähriger Minderjähriger (Abs. 1 S. 1, § 1908a BGB);
b) psychische Krankheit bzw. körperliche, geistige oder seelische Behinderung (Abs. 1 S. 1);
c) teilweise oder völlige Unfähigkeit, seine Angelegenheiten zu besorgen (Abs. 1 S. 1);
d) »aufgrund«, d. h. Beruhen der Unfähigkeit auf der Krankheit oder Behinderung (= Kausalität) (Abs. 1 S. 1);
e) Erforderlichkeit der Betreuung (Abs. 2).

Ferner müßten nicht nur die Tatbestandsmerkmale erfüllt sein, sondern das, was angestrebt wird, müßte sich mit der **Rechtsfolge** Betreuerbestellung auch erreichen lassen. Wenn es sich nicht erreichen läßt, handelt es sich bei § 1896 BGB um die falsche Norm. In diesem Fall wäre zu untersuchen, welches die richtige Norm ist, mit der sich das verfolgte Ziel erreichen läßt. Findet sich eine, ist diese anzuwenden. Findet sich keine, könnte über eine analoge Anwendung der nicht passenden Norm nachgedacht werden. In diesem Fall ist Ausgangspunkt der Überlegung nicht der Tatbestand des § 1896 BGB, sondern seine Rechtsfolge.
Die Rechtsfolge steht nicht allein in § 1896 BGB (»so bestellt das VormG… für ihn einen Betreuer«), sondern bedarf der Ergänzung durch den § 1902 BGB, der präzisiert, welche Funktion ein Betreuer hat. Nach dieser Norm ist der Betreuer g. V., obwohl der Vertretene grundsätzlich geschäftsfähig bleibt. Das letztere wiederum läßt sich im Umkehrbeschluß dem § 1903 BGB entnehmen, der beschreibt, daß bei Anordnung eines Einwilligungsvorbehaltes – aber eben nur dann – eine **punktuelle** beschränkte Geschäftsfähigkeit eintritt.
Im vorliegenden Fall war es Ziel der Bestellung von Frau N zur Betreuerin, eine angemessene Ausübung der elterlichen Sorge für K zu gewährleisten. Elterliche Sorge ausüben kann nur der Sorgerechtsinhaber. Das sind im Normalfall die Eltern, §§ 1626, 1629 BGB, im Ausnahmefall ein Vormund, § 1773 BGB, oder in Teilbereichen ein Pfleger, § 1909 BGB. Ein Betreuer hat die Stellung eines g. V. des Betreuten.
Übt der zu Betreuende selber gesetzliche Vertretung aus, so erstreckt sich die Betreuung hierauf nicht. Die elterliche Sorge ist ein höchstpersönliches Recht, das – wie andere höchstpersönliche Rechte, z. B. das Testieren – nicht von der Betreuung umfaßt wird. Es ist genauso, wie wenn eine minderjährige Mutter unter der elterlichen Sorge ihrer Eltern steht. Diese erstreckt sich nicht auf das Enkelkind; für dieses ist ein anderer g. V. (Vater des Kindes, Vormund) zuständig. Aufgrund

gerichtlicher Anordnung entfällt die gesetzliche Vertretungsbefugnis des Betreuten nur, wenn ihm die elterliche Sorge ausdrücklich entzogen wird (§§ 1666, 1680 III BGB). §§ 1896, 1902 BGB bezieht sich also nur auf die Person des Betreuten; sind Dritte (Kind) tangiert, so hat die Spezialvorschrift des § 1666 BGB Vorrang.
Eine Betreuerbestellung mit dem Aufgabenkreis »elterliche Sorge« ist daher rechtlich unmöglich. Eine solche durch den Richter getroffene Anordnung ist allerdings existent und muß durch einen gegenteiligen richterlichen Akt wieder aus der Welt geschafft werden.
[Wer in der Lösung nicht von der Spezialität des § 1666 BGB ausgegangen ist und den § 1896 BGB durchgeprüft hat, hätte erste Zweifel beim Tatbestandsmerkmal »**seine** Angelegenheiten« anmelden müssen, da die elterliche Sorge ein Recht in fremdem Interesse ist.
Er hätte die Rechtsfolge Betreuerbestellung endgültig am Abs. 2 scheitern lassen müssen. Da der Betreuer das, was er leisten soll (= elterliche Sorge ausüben), nicht leisten kann (statt dessen § 1666), ist die Betreuerbestellung nicht »erforderlich«.
Die Hilfen zur Erziehung nach §§ 27 ff. SGB VIII sind keine »anderen Hilfen« i. S. des Abs. 2 S. 2, da sie eine andere Zielrichtung (Kind) als die Betreuung (Mutter) haben.]
Im übrigen hätten im vorliegenden Fall vor dem Eingriff in Rechte erzieherische Hilfen angeboten werden müssen. Bei freiwilliger Inanspruchnahme durch Frau S wäre daher auch ein Vorgehen nach §§ 50 III SGB VIII, 1666 BGB überhaupt nicht nötig.

2. »Protest« gegen die Betreuerbestellung
Gem. § 69 g I, II FGG i. V. m. §§ 19, 20 FGG hätte sich Frau S selber als von der Betreuung Betroffene oder Frau N als ihre g. V. sowie »die zuständige Behörde«, d. h. die Betreuungsbehörde Köln, dagegen wehren können, und zwar mit der einfachen Beschwerde. Diese wäre beim AG oder beim LG Köln einzulegen gewesen, § 21 FGG. Gegen die Entscheidung des LG Köln wäre die weitere Beschwerde beim OLG Köln zulässig, §§ 27, 28 FGG.
Die Beseitigung der Anordnung gem. § 1908 d BGB ist nicht zulässig. Sie setzt voraus, daß **nachträglich** Änderungen eingetreten sind, die eine Betreuung nicht mehr rechtfertigen. Das ist hier aber nicht der Fall.
Möglich wäre allerdings die amtswegige Änderung, das beinhaltet auch Aufhebung der Anordnung, wenn sie von Anfang an ungerechtfertigt war, § 18 FGG. Die Information hierüber kann jeder dem Gericht zutragen.

3. Bescheinigung gem. § 1751 I 4 Hs. 1 BGB
Die Bescheinigung nach § 1751 I 4 Hs. 1 BGB erteilt gem. § 3 Nr. 1 RPflG der **Rechtspfleger,** da § 14 RPflG insoweit keinen Richtervorbehalt vorsieht.
Gegen eine Verfügung des Rechtspflegers kann sich derjenige wenden, der davon in seinen Rechten betroffen ist. Dies ist bei einer solchen Bescheinigung das Kind, das unter Vormundschaft des JA gestellt wird, die Mutter als bisherige Sorge-

rechtsinhaberin sowie das JA, das die Funktion des Vormundes wahrzunehmen hat.
Das richtige »Protestmittel« ist die **Erinnerung,** die – wenn der Rechtspfleger ihr nicht abhilft – dem Richter vorgelegt wird. Hilft dieser auch nicht ab, gilt die Erinnerung als Beschwerde beim Landgericht, § 11 RPflG. Hilft dieses auch nicht ab, ist weitere Beschwerde zum OLG möglich.
Sachlich könnte sich der Protest **nicht** gegen den Eintritt der **Amtsvormundschaft** wenden, da dieser in § 1751 I 1 BGB vorgesehen ist, sofern nicht bereits vorher eine Vormundschaft bestand. Dies ist vorliegend nicht der Fall.
Wogegen erfolgreich protestiert werden könnte, wäre das Tätigwerden des falschen Gerichts oder die Benennung des falschen JA in der Bescheinigung. Vorliegend hat nicht das richtige Gericht verfügt, da das AmtsG Bonn gem. § 43 b II FGG zuständig gewesen wäre.
Ob das JA Köln gem. § 1751 I Hs. 1 BGB Adoptionsvormund geworden ist, ergibt sich aus den Regeln, die sich mit der Zuständigkeit des JA befassen. Diese wird in den §§ 86–86 d SGB VIII für die Leistung des JA und in den §§ 87–87 e SBG VIII für die anderen Aufgaben des JA geregelt. Die Führung von Vormundschaften ist eine »andere Aufgabe«, mit ihr befaßt sich § 87 c SBG VIII. Demnach ist bei **bestellter** Amtspflegschaft/Amtsvormundschaft das JA am gewöhnlichen Aufenthalt des Kindes (Abs. 3) und bei **gesetzlicher** Amtspflegschaft/Amtsvormundschaft, die auf der Geburt von einer ledigen mj. Mutter beruht, das JA am g. A. der Mutter zuständig (Abs. 1). Die Adoptionsvormundschaft ist in Abs. 4 geregelt. Sie ist nicht – wie man es hätte erwarten können – an den gew. Aufenthalt des Kindes, sondern an den der Annehmenden geknüpft.

4. Adoptionsvormundschaft von Einzelpersonen oder Vereinen

Die Adoptionsvormundschaft gem. § 1751 I 2 Hs. 1 ist eine Amtsvormundschaft wie andere auch. Es gilt daher für sie der Grundsatz der **Subsidiarität,** vgl. § 1887 BGB, der sich ersichtlich nicht nur auf die angeordnete Vormundschaft bezieht. Dasselbe folgt aus § 1751 I BGB selber, der den Eintritt der Amtsvormundschaft ausschließt, wenn schon vorher eine Vormundschaft – gleich, welche – besteht. Eine Ablösung des JA ist daher sowohl durch den e. V. (§ 1791 a BGB, § 54 SGB VIII) als auch Frau N möglich, wenn diese geeignet sind und dies dem Wohl des Mündels dient. In jedem Fall hätte die Einzelperson Vorrang vor dem Verein.
Eignung und Kindeswohl bestimmen sich nicht nur unter fachlichen Gesichtspunkten, sondern auch etwa danach, ob die Person – natürliche oder juristische – in dem Fall schon tätig geworden ist, für die Angelegenheiten des Kindes erreichbar ist, Erfahrungen auf dem Gebiet der Adoption hat oder von einem Verein oder der Behörde hinreichend unterstützt werden kann.
Unter diesen Aspekten sollte **Frau N** eher nicht bestellt werden, da sie einerseits wohl unerfahren in Adoptionssachen, andererseits zu weit entfernt von dem Kind ist.
Der **e. V.** dürfte zwar Erfahrungen haben, da er Adoptionsvermittlung betreibt, die räumliche Trennung vom Kind ist aber ebenfalls vorhanden. Im übrigen müßte er der Bestellung zustimmen. In beiden Fällen wäre zu bedenken, daß die Vormund-

schaft nur so lange dauert, bis die Adoption wirksam zustande kommt, d. h. für eine Übergangszeit, die bei einem gesunden Kleinkind u. U. sehr kurz (vgl. § 1744 BGB: »angemessen«) ist.
Es dürfte daher dem Kindeswohl am ehesten dienen, wenn das JA Adoptionsvormund bleibt.
Theoretisch könnten Frau N und der e. V. jedoch gem. § 1887 I BGB einen Antrag auf Ablösung des JA stellen, über den das FamG dann entscheiden müßte. Gegen eine negative Entscheidung können die Betroffenen Beschwerde beim LG und weitere Beschwerde beim OLG einlegen.

XVIII. Pflegschaft

Fall 115: Wahrung der Interessen eines Abwesenden

1. Zu denken wäre an die Bestellung eines **Abwesenheitspflegers** gem. § 1911; denn A ist ein »VJ, dessen Aufenthalt unbekannt ist«. Jedoch sieht das Gesetz die Bestellung eines Abwesenheitspflegers für die Besorgung von Vermögensangelegenheiten vor. Deshalb fallen zweifelsfrei z. B. die Durchführung eines Ehescheidungsprozesses, die Erhebung einer Vaterschaftsanfechtungsklage[1] oder die Anerkennung einer Vaterschaft nicht darunter[2].
Selbst dann, wenn es sich um eine Vermögensangelegenheit handelt, bleibt vor der Bestellung eines Abwesenheitspflegers noch zu prüfen, ob ein Fürsorgebedürfnis besteht oder ob das gleiche Ziel auch anders als durch PFL-Bestellung gem. § 1911 erreicht werden kann (z. B. durch Handelns des g. V.; durch öffentliche Zustellung einer Klage; durch die Regelung des § 1678 I).

2. Wenn Adam verschollen ist, ist an eine **Todeserklärung** nach § 2 i. V. m. §§ 1, 3 VerschG zu denken. A ist i. S. des § 1 VerschG verschollen, und zwar kriegsverschollen gem. § 4. Eine Todeserklärung, die auf Kriegsverschollenheit basiert, ist frühestens 1 Jahr seit Vermißtsein (Abs. 2), normalerweise erst ein Jahr seit Friedensschluß oder faktischer Beendigung der kriegerischen Handlungen (Abs. 1) möglich. Doch im Ergebnis hilft die Todeserklärung für das vorliegende Problem auch nicht. Denn seit dem 1. 7. 1998 haben die Eltern von A nicht mehr wie früher gem. § 1595 a II i. V. m. I 4, 5 die Möglichkeit, die Vaterschaft des Sohnes für K anzufechten. Sie werden daher die Großeltern von K bleiben, ob es ihnen gefällt oder nicht.

3. Das einzige, was dem A helfen würde, ohne daß jedoch die Elten etwas tun können, ist folgendes: Gleichgültig, ob A für tot erklärt wird (das begründet nur die widerlegbare Vermutung, daß er tot ist) oder nicht, so liegt für ihn, wenn er in Kriegswirren verschwindet, ein Grund vor, daß die Anfechtungsfrist von zwei Jahren nicht abläuft. Die Verjährung ist gehemmt im Sinne des § 203 II (Verhinderung wegen höherer Gewalt). Diese Vorschrift ist auch bei einer Vaterschafts-

---

1 OLG Koblenz v. 18. 12. 1973, FamRZ 1974, 222.
2 Vgl. dazu *Beitzke/Lüderitz*, § 40 IV 1.

anfechtung anwendbar, § 1600 b VI 2. Wenn Adam also wiederkommen sollte, bleiben ihm die sechs Monate der noch nicht abgelaufenen Anfechtungsfrist. – Im übrigen hat K, wenn er vj. wird, auch noch einmal die Möglichkeit, A's Vaterschaft anzufechten. – E's Frist dürfte dagegen nach dem Sachverhalt verstrichen sein.

Vierter Teil

Verzeichnisse

Abkürzungsverzeichnis*

a. A.	anderer Ansicht
aaO	am angegebenen Ort
Abs.	Absatz
Abschn.	Abschnitt
AdVermiG	Adoptionsvermittlungsgesetz
a. e. c.	argumentum e contrario (= im Umkehrschluß)
a. F.	alte Fassung
AmtsG	Amtsgericht
AK	Alternativkommentar
Alt.	Alternative
a. M.	anderer Meinung
Anm.	Anmerkung
AnpV	Anpassungsverordnung
AO	Anordnung
ASD	Allgemeiner Sozialdienst
BAföG	Bundesausbildungsförderungsgesetz
BayObLG	Bayerisches Oberstes Landesgericht
BeurkG	Beurkundungsgesetz
BGB	Bürgerliches Gesetzbuch
bgf	beschränkt geschäftsfähig
BGH	Bundesgerichtshof
BKGG	Bundeskindergeldgesetz
BSHG	Bundessozialhilfegesetz
BT-Drucks.	Bundestagsdrucksache
BtG	Betreuungsgesetz
BuReg	Bundesregierung
BVerfG	Bundesverfassungsgericht
BVerwG	Bundesverwaltungsgericht
bzw.	beziehungsweise
ca.	circa
dgl.	dergleichen
d. h.	das heißt
DIV	Deutsches Institut für Vormundschaftswesen
DV	Deutscher Verein

* Die gebräuchlichen Abkürzungen von Zeitschriften sind im Literaturverzeichnis enthalten.

EG(BGB)	Einführungsgesetz (zum Bürgerlichen Gesetzbuch)
EheG	Ehegesetz
einstw.AO	einstweilige Anordnung
ET	Elternteil
etc.	et cetera (= und so weiter)
e. V.	eingetragener Verein
evtl.	eventuell
EZ	Empfängniszeit
f	und die folgende
FamG	Familiengericht
FamR	Familienrichter
FamRÄndG	Familienrechtsänderungsgesetz
FEH	Freiwillige Erziehungshilfe
ff	und die folgenden
FGG	Gesetz über die Angelegenheiten der Freiwilligen Gerichtsbarkeit
FN	Fußnote
geb.	geboren
gesch.	geschieden
GG	Grundgesetz
ggf.	gegebenenfalls
gunf	geschäftsunfähig
gSchV	gesetzliches Schutzverhältnis
g. V.	gesetzlicher Vertreter
HausratVO	Hausratsverordnung
HessVGH	Hessischer Verwaltungsgerichtshof
h. M.	herrschende Meinung
Hs.	Halbsatz
i. d. R.	in der Regel
i. S. d.	im Sinne des/der
i. V. m.	in Verbindung mit
JA	Jugendamt
JWG	Jugendwohlfahrtsgesetz
KG	Kammergericht
KJHG	Kinder- und Jugendhilfegesetz
LB	Lehrbuch
LG	Landgericht
Lit.	Literatur
LJA	Landesjugendamt

LKH	Landeskrankenhaus
LM	Lindenmaier/Möhring
m.Anm.	mit Anmerkung
mj.	minderjährig
MJ	Minderjährige(r)
MSA	Haager Minderjährigenschutzabkommen
mtl.	monatlich
MünchKomm	Münchener Kommentar, Bürgerliches Gesetzbuch
NamÄndG	Namenänderungsgesetz
ne.	nichtehelich
n.F.	neue Fassung
ngf	nicht geschäftsfähig
Nr./Nrn.	Nummer(n)
NW	Nordrhein-Westfalen
o.J.	ohne Jahr
OLG	Oberlandesgericht
OVG	Oberverwaltungsgericht
PdW	Prüfe dein Wissen
PFL	Pfleger
PS	Personensorge
PSB	Personensorgeberechtigte(r)
PStG	Personenstandsgesetz
RegBetrVO	Regelbetrag-Verordnung
RegUnterhVO	Verordnung zur Berechnung des Regelunterhalts
RelKErzG	Gesetz über die religiöse Kindererziehung
RG	Rechtsgeschäft/Reichsgericht
Rspr.	Rechtsprechung
RuStAG	Reichs- und Staatsangehörigkeitsgesetz
RVO	Reichsversicherungsordnung
S.	Satz/Seite
SA/SP	Sozialarbeiter/Sozialpädagoge
SGB	Sozialgesetzbuch
SKF	Sozialdienst katholischer Frauen
sog.	sogenannt
SozA	Sozialamt
StA	Staatsangehörigkeit
Std.	Stunde
StGB	Strafgesetzbuch
StPO	Strafprozeßordnung
str.	streitig

stud.rer.pol.	Student der Staatswissenschaften
SV	Sachverhalt
TBM	Tatbestandsmerkmal
u. a.	unter anderem
u. U.	unter Umständen
UVG	Unterhaltsvorschußgesetz
v.	von/vom
vAw	von Amts wegen
VerschG	Verschollenheitsgesetz
vgl.	vergleiche
vj.	volljährig
VJ	Volljährige(r)
VM	Vormund
VormG	Vormundschaftsgericht
VormR	Vormundschaftsrichter
VS	Vermögenssorge
WoGG	Wohngeldgesetz
WS	Wohnsitz
z.B.	zum Beispiel
ZPO	Zivilprozeßordnung
z.Zt.	zur Zeit

Literaturverzeichnis

Literatur zum Familienrecht, insbesondere zum Kindschaftsrecht

(Monografien und Aufsätze sind nicht systematisch erfaßt, sondern den jeweiligen Kapiteln vorangestellt.)

I. Kommentare und Handbücher

Baumbach/Lauterbach/Albers/Hartmann: Zivilprozeßordnung, 56. Aufl., München 1998

Belchaus: Elterliches Sorgerecht, Köln 1980

Bumiller/Winkler: Freiwillige Gerichtsbarkeit, 6. Aufl., München 1995

Firsching: Handbuch der Rechtspraxis, Bd. 5, Familienrecht, 1. Halbband: 6. Aufl. 1998; 2. Halbband 5. Aufl., München 1979

Jans/Happe: Gesetz zur Neuregelung des Rechts der elterlichen Sorge, Stuttgart 1980

Jans/Happe: Jugendwohlfahrtsgesetz, 2. Aufl., Köln, Stand: August 1988

Jans/Happe/Saurbier: Kinder- und Jugendhilferecht, Kommentar, 3. Aufl., Köln 1996, 13. Lfg. Juli 1998

Köhler: Handbuch des Unterhaltsrechts, 8. Aufl., München 1993

Münchener Kommentar: Bürgerliches Gesetzbuch, Bd. V 1 (Familienrecht), 3. Aufl., München 1997; Bd. VIII (Familienrecht), 3. Aufl., München 1992 (zitiert: MünchKomm/Bearbeiter)

Oberloskamp, H.: Haager Minderjährigenschutzabkommen, Köln 1983 (zitiert: Oberloskamp, MSA)

Oberloskamp (Hrsg.): Vormundschaft, Pflegschaft, Beistandschaft für Minderjährige, 2. Aufl. München 1998

Palandt: Bürgerliches Gesetzbuch, 57. Aufl., München 1998 (zitiert: Palandt/Bearbeiter)

Rahm (Hrsg.): Handbuch des Familiengerichtsverfahrens, 4. Aufl., Köln 1994

Roth-Stielow: Adoptionsgesetz, Adoptionsvermittlungsgesetz, Stuttgart 1976

Schmidt-Bleibtreu/Klein: Kommentar zum Grundgesetz, 8. Aufl., Neuwied/Darmstadt 1995

Thomas/Putzo: Zivilprozeßordnung, 17.†Aufl. München 1991

II. Lehr-, Lern- und Übungsbücher

Arndt/Oberloskamp/Balloff: Gutachtliche Stellungnahmen in der sozialen Arbeit, 5. Aufl., Neuwied 1994 (6. Aufl. i. V.)

Beitzke, G./Lüderitz, A.: Familienrecht, 26. Aufl., München 1992 (27. Aufl. i. V.)

Beitzke/Schwab: BGB-Familienrecht, 10. Aufl., Prüfe dein Wissen, Heft†5, München 1998

Danzig, H.: Kindschaftsrecht, 2. Aufl., Neuwied/Darmstadt 1980

Dölle, H.: Familienrecht, Bd. I und II, Karlsruhe 1964/65

Feltes, Th.: Jugendrecht im Konflikt zwischen Normen und Erziehung, München 1978
Finger, P.: Familienrecht, Königstein/Ts. 1979, mit Nachtrag 1981
Ganter, A.: Praktische Einführung in das Familienrecht, 2. Aufl., Stuttgart 1992
Gastiger/Oswald: Familienrecht, Stuttgart 1978
Gernhuber/Coester-Waltjen: Lehrbuch des Familienrechts, 4. Aufl., München 1994
Henrich, D.: Familienrecht, 5. Aufl., Berlin 1995
Hundmeyer, S.: Recht für Erzieherinnen und Erzieher, 11. Aufl., München 1992
John, U.: Grundzüge des Familienrechts, 2. Aufl., München 1984
Krause u. a.: Bürgerliches Recht – Familienrecht, 2. Aufl., Stuttgart 1986
Lauer/Oberloskamp: Kinder ausländischer Arbeitnehmer, 2. Aufl., Bonn 1988
Münder, J.: Familien- und Jugendrecht, 3. Aufl., Weinheim/Basel 1993
Oberloskamp, H.: Wie adoptiere ich ein Kind? Wie bekomme ich ein Pflegekind? 3. Aufl., München 1993 (zitiert: Oberloskamp (1993a) (4. Aufl. i. V.)
Oberloskamp, H.: Ich erziehe mein Kind allein, 3. Aufl., München 1993 (zitiert: Oberloskamp (1993b) (4. Aufl. im Druck)
Oberloskamp/Adams: Jugendhilferechtliche Fälle für Studium und Praxis, 9. Aufl., Neuwied 1996, Nachtrag 1998
Raddatz, G.: Familienrecht, 9. Aufl., Alpmann/Schmidt, Münster 1998
Reuter, D.: Einführung in das Familienrecht, München 1980
Schleicher, H.: Jugend- und Familienrecht, 9. Aufl., Köln 1996
Schlüter, W.: BGB-Familienrecht, 7. Aufl., Heidelberg/Karlsruhe 1996
Schwab, D.: Familienrecht, 8. Aufl., München 1995 (9. Aufl. im Druck)
Simitis/Zenz (Hrsg.): Seminar: Familie und Familienrecht, Bd. I und II, Frankfurt 1975
Thalmann, W.: Praktikum des Familienrechts, 3. Aufl., Heidelberg 1989

III. Zeitschriften

AcP	Archiv für die civilistische Praxis (Band und Seite)
BGHZ	Bundesgerichtshof, Entscheidungen in Zivilsachen (Band und Seite)
BtPrax	Betreuungsrechtliche Praxis (Jahr und Seite)
DAVorm	Der Amtsvormund (Jahr und Spalte)
DRiZ	Deutsche Richterzeitung (Jahr und Seite)
FamRZ	Zeitschrift für das gesamte Familienrecht (Jahr und Seite)
FPR	Familie, Partnerschaft, Recht (Jahr und Seite)
FuR	Familie und Recht (Jahr und Seite)

GMBl.	Gemeinsames Ministerialblatt NW
JR	Juristische Rundschau (Jahr und Seite)
JugWo	Jugendwohl, Zeitschrift für Kinder- und Jugendhilfe (Jahr und Seite)
JuS	Juristische Schulung (Jahr und Seite)
JZ	Juristen-Zeitung (Jahr und Seite)
Kind-Prax	Kindschaftsrechtliche Praxis (Jahr und Seite)
NDV	Nachrichtendienst des Deutschen Vereins (Jahr und Seite)
NJW	Neue Juristische Wochenschrift (Jahr und Seite)
RdJB	Recht der Jugend und des Bildungswesens (Jahr und Seite)
StAZ	Der Standesbeamte (Jahr und Seite)
ZblJugR (bis 1983)	Zentralblatt für Jugendrecht und Jugendwohlfahrt (Jahr und Seite)
ZfJ (ab 1984)	Zentralblatt für Jugendrecht (Jahr und Seite)
ZfF	Zeitschrift für Fürsorgewesen (Jahr und Seite)
ZRP	Zeitschrift für Rechtspolitik (Jahr und Seite)

Stichwortverzeichnis

(Die Hauptfundstellen sind halbfett)